늙어서 노는 부동산 교과서

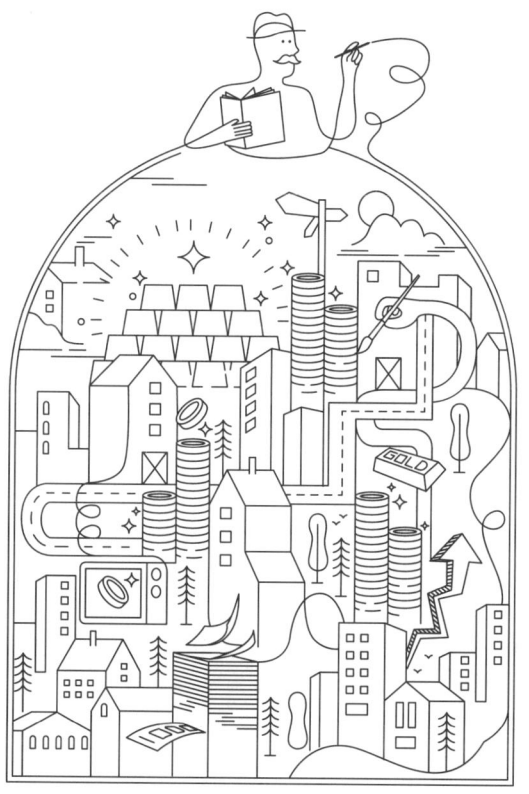

프롤로그 •8-15

PART 1 자본주의시대의 게임의 법칙 •16-37

01. 짐바브웨 달러를 기억하라. •19-20
02. 아파트 값이 오른걸까? 돈의 가치가 하락한 걸까? •21-28
03. 서민을 위한 정책이 서민을 위험하게 만든다. •29-33
04. 지옥으로 가는 길은 선의로 포장돼 있다. •34-37

PART 2 부동산의 기본적 상식과 대출 •38-79

01. 꼭 알아야 하는 부동산 용어 •40-48
  - 01-1. 투기과열지구와 조정대상지역 •40
  - 01-2. 건폐율과 용적률, 용도지역 •40-45
  - 01-3. 공급면적과 전용면적 •45-48
  - 01-4. 다가구주택과 다세대주택 •48

02. 주택에 대한 전반적인 이해 •49-61
  - 02-1. 신축아파트의 수요 폭발 •49-50
  - 02-2. 신도시 아파트값 폭발 •50-51
  - 02-3. 먼저 중요하게 살펴야 할 것은 '직주근접'과 '교통호재' •52-54
  - 02-4. 패러다임의 전환 •55-61

03. 대출 •62-79
  - 03-1. 대출은 무서운 존재인가? •62-64
  - 03-2. 대출 용어 •64-79

PART 3 재개발·재건축 •80-177

01. 주택 •85-128
- 01_1. 구축아파트와 재건축에 대한 이해 •85-86
- 01_2. 재개발과 재건축 •87-90
- 01_3. 재개발&재건축 추진 절차 •90-100
- 01_4. 재개발·재건축에서 알아야 할 모든 것 •101-128

02. 비(非)주택 재개발 투자 •129-143
03. 리모델링 •144-153
04. 지역주택조합 •154-161
05. 소규모주택정비사업 •162-177

쉬어가기 - 부자 되는 49:51 법칙 •178-185

PART 4 부동산 실전 투자 •186-293

01. 일반 아파트 고르기 •190-197
02. 재건축 아파트 고르기 •198-227
- 02-1. 재건축이 가능한 아파트 •198-201
- 02-2. 사업성 판단하기-사례1 •202-207
- 02-2. 사업성 판단하기-사례2 •208-213
- 02-2. 사업성 판단하기-사례3 •214-218
- 02-2. 사업성 판단하기-사례4 •219-223
- 02-3. 비슷한 시기에 지어진 여러 아파트들을 데이터화 시킨 후 그 중 유리한 아파트 선정하기 3단계 •223-227

03. 재개발·재건축이 이미 진행 중인 매물 보는 법 •228-243
  03-1. 재개발·재건축이 진행 중인 사업장 찾는 방법 •228-233
  03-2. 재개발·재건축이 진행 중인 물건을 전세끼고 갭투자 후
        다른 곳에서 실거주하기 •234-243

04. 분양권투자 •244-246
05. 입주권 투자 •247-249

06. 소규모주택정비사업이 가능한 아파트 빌라 매수 •250-282
  06-1. 첫번째 예시) - 안양시 동안구 호계동 삼덕아파트 •251-254
  06-2. 두번째 예시) - 인천시 미추홀구 용현동 동아아파트 •254-260
  06-3. 세번째 예시) - 부천시 고강동 인성아파트 •261-265
  06-4. 네번째 예시) - 서울시 송파구 오금동 빌라 밀집지역 •265-268
  06-5. 다섯번째 예시) - 서울시 금천구 시흥동 빌라 Case 1. •269-274
  06-6. 여섯번째 예시) - 서울시 금천구 시흥동 빌라 Case 2. •274-278
  06-7. 일곱번째 예시) - 서울시 광진구 자양동 빌라 •279-282

07. 사업성을 갖춘 아파트와 빌라 찾는 방법 •283-293
  07-1. 네이버부동산 •283-291
  07-2. 부동산플래닛 •291-293

PART 5 세금 •294-313

01. 취득세 •296-303
  01-1. 주택 취득세 •296-297
  01-2. 취득세 중과를 피하는 경우 •298-303

02. 보유세 •304-313
  02-1. 재산세 •304-305
  02-2. 종합부동산세 •305-308
  02-3. 양도소득세 •308-313

PART 6　부동산 투자는 어떻게 해야 하나? •314-345

01. 투자 철학을 확고히 하라 •316-319

02. 무주택 사회초년생이 취할 수 있는 부동산 투자방법 •320-345

02-1. 먼저 알아야 할 두 가지 •320-322
02-2. 돈이 부족할 때는 재개발 가능성이 있는 빌라를 택하라 •323-327
02-3. 20㎡ 이하의 주택을 매수 후 청약하는 방법 •328-330
02-4. 퇴근 후에는 투자공부를 하라 •330-338
02-5. 부동산 투자 사례를 보며 느끼라 •339-345

에필로그 •346-348

프롤로그

　나는 2009년인 20대 후반 취직을 했다. 고향은 대전이었고 서울에 직장을 얻게 된 것이다. 직장을 얻으면 세상이 끝날 것 같았지만 현실을 깨닫는 데는 그렇게 오래 걸리지 않았다. 당시 월급은 세금을 제하고 160만원 정도였다. 보증금 500만원에 월세 30만원의 반지하 원룸에서 자취를 했는데 돈이 쉽사리 모이지 않았다. 누구나 같은 생각이겠지만 나 역시도 부자가 되고 싶었다. 어떻게 하면 돈을 벌 수 있는지 알기 위해 많은 책을 뒤져보았다. 그리고 대한민국은 부동산을 통해 부를 쌓을 수 있다는 것을 알게 되었다. 하지만 부동산에 투자하려면 큰 돈이 들어가는 것이 문제였는데, 그나마 적은 돈으로 부동산을 투자할 수 있는 방법 중에 '법원경매'가 있다는 것을 알게 됐다. 그 후 나는 20권이 넘는 법원경매의 책을 독학으로 공부했고 어느 정도 많은 경매지식을 갖고 있다는 자신감이 붙었기에 어서 빨리 법원경매로 부동산을 낙찰받고 싶은 마음이었다. (부동산에 대한 전반적인 공부와 이해 없이 단순히 저렴하게 살 수 있는 법원경매만 공부하고 부동산 시장에 뛰어드려 한 것이다. 이것이 후에 큰 독이 될 줄은 꿈에도 몰랐다.)

　그렇게 2016년 봄, 나는 생애 처음으로 서울 내 부동산을 법원경매로 매수하기로 했다. 설레임과 두려움이 공존했다. 넉넉하지 못한 월급과 서울에서 월세 자취 생활을 하는 것도 문제였지만 돈을 모으는 재주가 없던 터라 종잣돈을 만드는데 시간이 꽤 걸렸고 결국

2016년 봄 3천만원이라는 돈을 만들 수 있게 된 것이다. 종잣돈 3천만원에 70% 대출을 일으키면 1억 초반의 물건을 매수할 수 있어 나는 1억 언저리의 물건을 찾아보았다. 그렇게 나는 직장에서 멀지 않은 성남시의 상대원동 성지아파트를 살펴보았다.

▲ 상대원동성지 - 사진출처 : 네이버지도

1987년도에 지어진 아주 오래된 아파트로 위치도 좋지 않다고 생각했는데 너무 낡다 보니 월세도 30만원을 받는 수준이었다.

처음에 나는 "매가 1억원에 월세가 30만원 뿐이라고? 7천만원 대출에 대한 이자가 30만원이 나올텐데 월세 내고 나면 남는 것도 하나도 없네?" 라고 생각했다.

두 번째로 알아본 곳은 법원경매로 2호선 상왕십리역 부근에 있는 도시형생활주택 원룸이었다. 지어진 지도 얼마 되지 않은 상태였고 2호선 역세권이라 종로에서 출퇴근을 하는 직장인 수요가 충분히 있을 것이라 생각이 들었다. 부동산을 방문하며 시장조사를 해본 결과 보증금 3천만원에 월세 50만원은 충분히 받을 수 있는 물건이었고, 결국 이 물건을 응찰하려 마음을 먹었다. 아무리 생각해도 다 쓰러져가고 월세도 30만원 밖에 못 받는 상대원동 성지아파트보다는, 서울에 소재하고 2호선라인 역세권이라 임대수요도 빵빵하고 관리가 쉬운 신축의 원룸을 받아 월세 50만원 받는 것이 훨씬 더 큰 이익이라 생각한 것이다. 그렇게 나는 7천만원의 대출을 일으켜 이 상왕십리역 원룸을 2016년 봄 1억 1천만원에 낙찰 받았다. 예상했던 보증금 3천만원까지는 못 받았지만 2천만원에 월세 50만원을 받을 수 있었다.

   7천만원의 대출을 받을 때 원리금상환기간을 몇 년으로 할지 고민하다가 월세를 50만원을 받을 수 있다는 데에서 아이디어를 얻어 매월 원리금 50만원이 나오는 '15년'으로 설정했다. 월세 50만원을 받으면 고스란히 은행에 납부를 했는데 원리금 50만원 중 이자는 약 30만원, 원금은 20만원의 수준이었으니 매월 20만원씩 적금을 넣고 있다는 생각을 했다. 1억1천만원에서 7천만원의 주택담보대출, 2천만원의 보증금을 제하면 실투자금은 2천만원(각종 부대비용 제외)이었고, 매월 20만원의 수익이 나서 1년 수익은 240만원으로 총 투자금 2천만원 대비 연 20%의 수익률을 낸 것이다. 이 정도면 좋은 선택 아닌가? 나는 아주 만족했고 나 스스로를 대견하게 생각했다.

   그로부터 6년이 지난 2022년 8월 결과는 어떻게 됐을까? 상대원동 성지 아파트는 현재 재건축이 진행되며 사업시행인가를 준비 중에 있으며 시간이 지나면 800세대의 신축 아파트로 바뀌게 될 예정이다. 현재 시세는 약 5억원에 형성돼 있고, 상왕십리역 초 역세권의 원룸은 전세 1억2천만원에 시세는 약 1억3천만원에 형성돼 있다. 만약, 당시 상대원 성지아파트를 매수했다면 4억원의 시세차익이 발생(비과세까지 되었으니)할 수 있었던 것이다.

그렇게 나는 부동산에 대한 지식이 너무 부족한 상태에서 단지, 법원경매로 사면 싸다는 것만 알고 미래가치가 없는 부동산을 투자하고 기회를 날린 것이다. 구체적으로 무엇이 잘못된 걸까?

> **첫째,** 미래가치가 없는 빌라를 샀다는 것
>
> **둘째,** 빌라 중 가치상승이 가장 떨어지는 원룸을 샀다는 것
>
> **셋째,** 나이가 어릴수록 시간에 투자를 했어야 했는데 시간 투자를 하지 않았다는 것
>
> **넷째,** 담보대출을 일으킬 땐 원리금 상환기간을 최대한 길게 끌었어야 했다. (이건 상황에 따라 다르지만)

첫째, 미래 가치가 없는 빌라를 매수했다.

물론 빌라라고 해서 무조건 안 좋은 건 아니다. 미래가치가 훌륭한 빌라들도 있다. 미래가치가 훌륭한 빌라들은 결국 재개발이 되어 신축아파트에 입주할 수 있는 입주권으로 변한다. 이렇게 입주권으

로 변하게 되면 웃돈(프리미엄)이 붙게 된다. 현재 서울에 프리미엄은 최소 4억원 이상씩 붙어 있다. 즉, 1억원을 주고 산 빌라가 재개발이 진행된다면 5억원으로 가치 상승이 되는 것이다. 하지만 내가 법원경매로 낙찰받은 이 빌라는 재개발이 되기 힘든 지역의 빌라였다. 재개발이 되려면 충분히 노후되어야 하는데 신축이라 당연히 노후도가 충족되지 않았고, 게다가 네모 반듯하게 주변에 구획정리가 되어 있어 이곳에 재개발이 이뤄지기 힘든 것이다. (물론 소규모주택정비사업은 가능하긴 하다.) 당시 법원경매만 공부했던 나는 부동산에 대한 이해도가 전혀 없는 상태였기에 낙찰받은 원룸이 재개발이 될 가능성이 거의 없는 빌라라는 것을 모르고 있었다. 나는 단지 단순히 우리나라는 '부동산 공화국'이라는 믿음과 함께 내 이름으로 부동산을 취득하고 싶었던 것이다. 다시 말하지만 빌라를 사더라도 미래가치가 훌륭한 빌라를 골라낼 줄 알아야 하기에 부동산에 대한 공부가 필요한 것이다.

둘째, 빌라 중 가치상승이 가장 떨어지는 원룸을 샀다.

빌라에도 원룸, 투룸, 쓰리룸이 있다. 투자금이 얼마되지 않아 원룸을 샀지만 원룸이 가격상승이 힘들다는 것을 나는 몰랐다. 투룸, 쓰리룸은 혼자서도 살 수 있지만 결혼하고 가정을 꾸렸을 때 생활이 가능한 곳이기에 수요가 꾸준히 몰린다. 반면, 원룸의 수요는 시간이 갈수록 부족할 수 밖에 없다. 원룸은 1인가구로 살 수밖에 없는 사회초년생이 잠시 거쳐가는 곳일 뿐이다. 게다가 돈이 있다면 혼자라도 넓은 곳에서 살고 싶은 것이 인간의 본성이 아닌가. 그렇다 보니 원룸의 가격 결정은 특별한 일이 없을 경우 단순히 월세가 얼마나 나오는지에 따라 가격 결정이 이뤄진다. 예를 들어 보증금 2천만원에 월세가 50만원일 때 시장에서 원하는 수익률이 5%라면 1억 4천만원에 형성이 될 확률이 매우 크다. 물론 지역에 따라 시장에서 원하는 수익률이 달라질 수 있다. 이를테면 강남의 원룸은 연 수익률이 낮더라도 매수를 희망할 것이고 지방의 원룸은 연 수익률이 높아야 매수를 희망할 것이다. 아무튼 당시 내가 부동산에 대해 좀 더 이해를 하고 있었다면 굳이 원룸을 고르지 않았을 것이다.

셋째, 나이가 어릴수록 시간에 투자를 해야 했는데 시간 투자를 하지 않았다.

20대의 최대의 무기는 '시간'이다. 이것을 최대한 활용해야 한다. 부동산에는 수익형 부동산이 있고 차익형 부동산이 있다. 수익형 부동산은 월세가 따박 따박 나오는 부동산을 말하고, 차익형 부동산은 시간이 지남에 따라 시세가 올라 팔고 나왔을 때 차익을 볼 수 있는 부동산을 말한다. 수익형 부동산의 투자는 경제적 활동이 없어 안정적인 수익을 필요로 할 때 유리한 투자법이다. 그렇기에 아직 2-30대인 시간이 많은 사람들은 시간이 지남에 따라 큰 수익을 낼 수 있는 차익형 부동산에 투자를 해야 한다. 내가 낙찰 받은 도시형생활주택 원룸은 월세를 받는 수익형 부동산이었고, 성남시 상대원동에 위치한 성지아파트는 차익형 부동산이었다. 성지아파트가 1억원에서 5억원까지 오른 데에는 시간의 힘이 가장 컸다. 6년이라는 시간이 지나지 않았다면 5억원까지 오르지도 못했을 것이다. 어릴수록 시간 투자를 해 차익형 부동산으로 큰 수익을 냈어야 했는데 부동산에 무지했던 난 당장의 이익을 쫓아 월 20만원을 더 받을 수 있는 원룸에 투자를 한 것이고 그 대가는 상당히 컸다.

넷째, 담보대출을 일으킬 땐 원리금 상환 기간을 최대한 길게 받았어야 했다.

이 방법은 무조건 옳은 것은 아니고 상황에 따라 다르다. 상환기간을 길게 하면 길게 할수록 매월 납부하는 원리금(원금+이자)이 낮아진다. 원리금이 낮아지면 무엇이 좋을까? 대출을 받을 때 은행에서는 부채 상환이 가능한지 여부를 보는데 원리금이 낮아진 만큼 다음 대출을 받을 때 여유가 있으며, 매월 가계자금 운용을 여유롭게 할 수 있는 것이다. 물론 상환기간이 길어지면 그만큼 납부하는 총 이자가 높아지니 무조건 옳다고만 볼 수는 없으니 각자의 상황에 맞추어 활용하면 되는 부분이다. (주택담보대출은 30년 상환기간을 두고 있으나 정부에서 시행하는 보금자리론의 경우 최대 40년까지 상환기간을 주고 있으니 소득이 높지 않은 직장인은 주택을 매수할 때 40년 상환기간을 선택해서 월 지출을 줄일 수 있으니 활용하는 것을 추천한다.)

이렇게 무지한 선택을 하고 6년이 흐른 지금, 두 매물은 4억원의 금액 차이가 발생하게 된 것이다. 내가 더 현명했더라면, 나는 좀더 부자가 되어있었을 것이다. 가슴 아프지만 나는 이 경험을 토대로 부동산에 대해서 더 철저하게 공부했고, 부동산 지식을 직접 가슴에 와닿게 이해할 수 있었다. **이후 부동산 공부가 재미있다 싶어서 공인중개사 시험에도 도전했고 가까스로 합격했다. 우리 부부는 거의 매주말마다 피크닉처럼 전국 각 지역에 임장을 간다. 또 나는 유튜브로 거의 매일 부동산 방송을 한다. 주변사람들은 우리에게 부동산에 미친 것 같다고 말한다. 맞다. 나는 부동산이라는 분야에 미쳤다고 볼만큼 푹 빠져 있는 사람이 되었다.**

책을 쓰고 싶다는 생각을 했었지만 막상 출간제안을 받으니 어떻게 책을 써야 하나 고민을 많이 했다. 그리고 가장 먼저 떠오른 생각이 위에서 말한 나의 첫 부동산 실수의 기억이었다. 사람들이 나처럼 이런 아픈 실수를 저지르지 않도록 도움이 되고자 책을 써보자고 마음을 먹었다. 글을 쓰는 것이 서툴고 부족하지만 '내가 처음에 이런 책을 읽었으면 첫 투자를 잘 했을 텐데'라는 확신이 스스로 들 수 있도록 꼼꼼하게 잘 써보려고 많은 애를 썼다. 부동산에 미친 내가 직접 경험하고 공부하고 느낀 것들을 이 책을 통해 아낌없이 나누고 싶다. 이 책을 읽은 당신이 한 발 더 대한민국 부동산 부자가 되는 길에 가까워지기를 바란다.

PART-1
자본주의시대의 게임의 법칙

나는 본격적으로 부동산 이야기에 들어가기에 앞서 1장에서는 현재 경제의 상황과 원리에 대해서 간략히 이야기하고자 한다. 부동산을 근본적으로 더 잘 이해하기 위함이니 한번 같이 짚고 넘어갔으면 좋겠다.

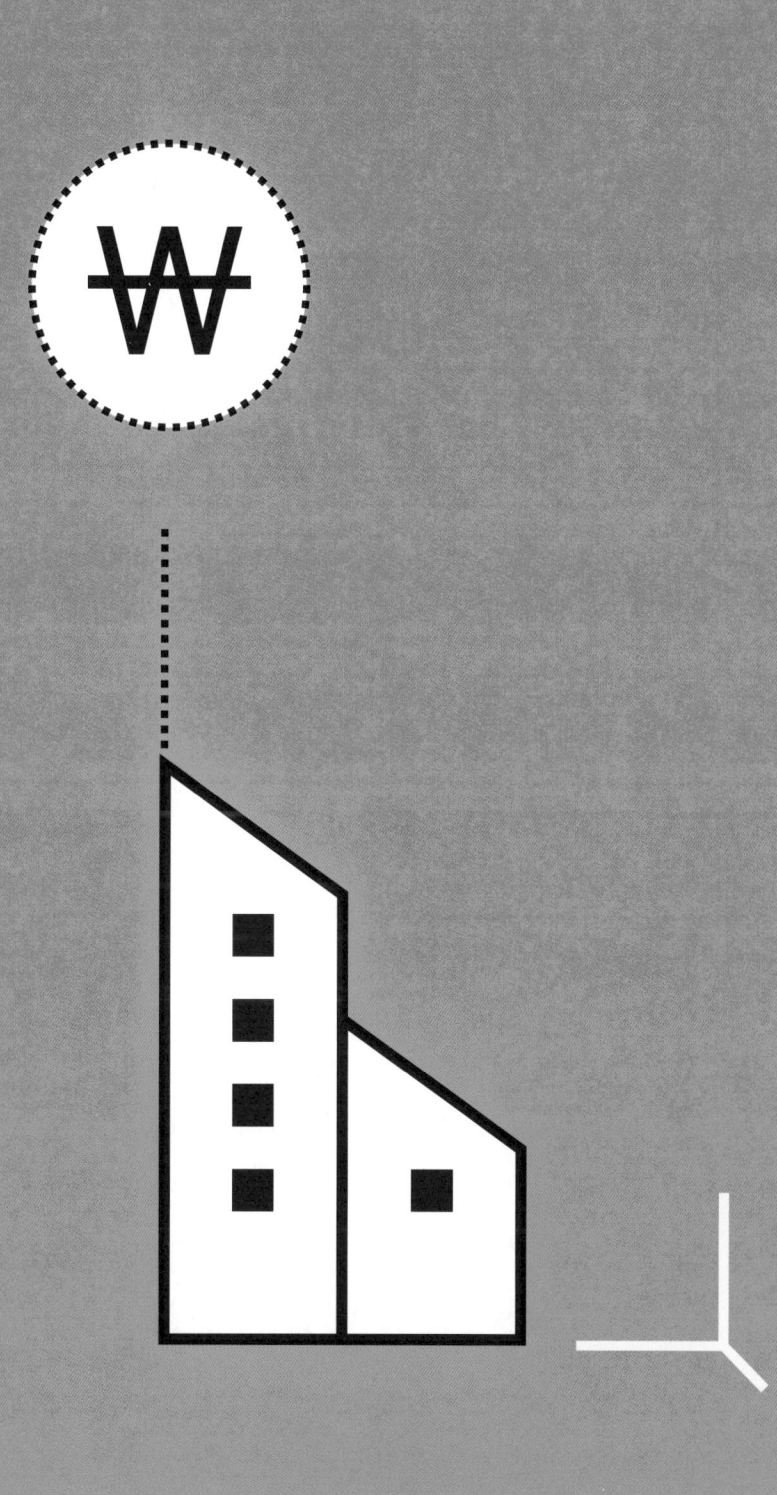

01.
짐바브웨 달러를 기억하라.

　짐바브웨는 아프리카 남부에 위치한 인구 1,420만의 국가다. 짐바브웨의 무가베 대통령은 토지가 없는 흑인들에게 재분배한다는 명분으로 백인의 토지를 몰수하기 시작했다. 1890년대 영국의 식민 지배 시절 흑인들이 강제로 빼앗겼던 토지를 되찾는다는 이유였다. 백인들이 소유한 토지를 무상으로 회수해 흑인들에게 분배한 농지개혁을 했는데, 그 자금을 마련하기 위하여 화폐를 마구 발행하면서 초 하이퍼 인플레이션이 오기 시작했다. 그 인플레이션의 수치는 너무 말도 안 되는 수치라 평균 물가상승률이 매일 98.68% 정도 오른다고 추정할 수 있으며(공식적인 집계가 이 정도이고 비공식적으로는 훨씬 더 심한 인플레이션이 왔다고 한다.) 실제로 이 시기에는 가격표를 하루에 최소 두 번 꼴로 바꿨다고 한다. 골프 라운드를 돌고 오면 음료수 값이 평균 50%가 올랐다고 하니 웃음만이 나올 뿐이다. 화폐를 너무 많이 찍어낸 탓일지 결국 2015년 미국의 1달러가 짐바브웨 3억 5천조 달러가 됐다. 짐바브웨에서는 장을 보기 위해 수레에 돈을 싣고 가야 하는 진 풍경이 펼쳐졌고, 비효율적인 활동으로 인해 자국 달러를 없애고 미국 달러를 사용하기에 이르렀다.

한번 대한민국이 짐바브웨와 같은 하이퍼 인플레이션이 현재 벌어지고 있다고 가정해보자. 어떻게 될까? 오늘의 천원이 내일은 오백원이 되는 것이다. 콜라값이 오늘은 천원이지만 내일은 2천원이 되기 때문에 오늘의 천원 돈의 가치는 내일 오백원이 되는 것과 마찬가지다. 불가능한 일이라 생각되는가? 하지만 여러분 중의 상당수는 분명히 기억할 것이다. 15년 전만 해도 김밥천국에서는 김밥 한 줄에 1천원이었다. 하지만 지금은 3천원이다.(심지어 5천원인 곳도 있다!) 이것이 인플레이션인데 속도의 차이일 뿐 지금도 분명히 일어나고 있다.

부루마블 게임을 해본 적이 있는가? 5명이 부루마블 게임을 한다고 생각해보자. 처음 시작할 때 인당 200만원씩 공평하게 돈을 갖고 시작한다. 5명이니 시장에는 총 1천만원의 돈이 풀려 있는 것이다. 한 바퀴를 돌면 인당 20만원씩 돈을 지급한다. 5명이 모두 한 바퀴를 돌면 100만원씩 시장에 돈이 풀리고 있는 것이다. 점점 후반으로 갈수록 시장에 많은 돈이 풀리고 누군가는 파산하기도 하고 누군가는 시장에 풀린 돈을 쓸어 가기도 한다. 돈이 한 사람에게 쏠려 가고 있는 것이다. 현실도 이와 똑같다. 부루마블 게임이라고 생각 하면 된다. 시장에 돈은 점점 풀리는데 누군가는 부자가 되고 누군가는 빈자가 되고 있다. 우리는 이런 자본주의 시대의 게임에서 부를 축적하기 위한 툴 중 하나인 '부동산'을 이용할 줄 알아야 한다.

02
아파트 값이 오른걸까?
돈의 가치가 하락한 걸까?

　아파트 값이 오른 걸까? 돈의 가치가 하락한 걸까? 아파트 값이 오른 이유도 있겠지만 돈의 가치가 하락한 것도 이유가 될 것이다. 10년전의 1천만원 가치와 지금의 1천만원의 가치는 어떤가? 느낌이 많이 다르지 않은가? 그럼 앞으로 10년 후의 1천만원의 가치는 어떻게 될까?

　83년생인 나는 초등학생 때 하루 용돈을 백원으로 해결할 수 있었다. 당시 과자는 50원이었고 오락실도 50원이면 가능했다. 오죽했으면 친구 중 '백원만'이라는 별명의 친구가 있었을까? 이 친구는 돈 많은 친구에게 "백원만"하면서 항상 돈을 빌려 달라 했다. 그 때에 비해 지금은 돈의 가치가 하락했고 실물가치는 그에 맞게 올라왔다. 돈의 가치는 왜 하락하는 것일까? 위에서 언급한 짐바브웨 사태처럼 시중에 돈이 많이 풀리면서 나타나는 현상이다. 한국은행경제통계시스템에 가보면 우리나라 현금이 얼마나 풀렸는지 알아볼 수 있다.

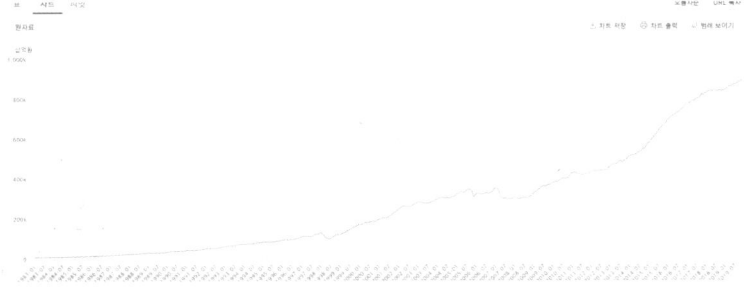

🔺 **한국은행경제통계시스템 M1-1** - 출처 : 한국은행경제통계시스템

83년 1월부터 2019년 11월까지 *M1(시중에 유통되는 '현금과 수시 입출금 예금을 더한 값)의 수치를 표기한 그래프 이다. 1983년 1월에는 약 9조3600억이 풀려 있었으나 2019년 11월에는 약 898조가 시중에 풀렸다. 38년 동안 약 96배가 되는 돈이 풀리게 된 것이다. 그래프 기울기를 보면 대략 우리나라의 성장과 비슷하게 흘러간 듯 보인다.

그리고 2019년 12월쯤 코로나가 창궐하며 전세계로 뻗어나가기 시작했다. 경제가 잘 돌려면 많은 돈을 소비해야 해야 하는데 코로나로 인해 소비가 급격히 줄면서 전 세계의 경제는 마비에 가까운 수준으로 가고 있었다. 돈을 많이 빌려주고 그 돈으로 소비를 하며 경제를 살리려는 취지로 정부는 저금리를 유지하며 돈을 풀려고 했다. 여기서 그치지 않고 '재난지원금'이라고 인당 얼마씩 돈을 지급한다. (이렇게 돈을 푸는데도 불구하고 돈을 사용하지 않으면 유동성 함정에 빠지게 되어 경제가 살아나지 않는다. 그래서 재난지원금을 지급하면서 사용기한을 정해주고 그때까지 사용하라고 하는 것이다.) 이때부터 시장에 돈이 급격하게 풀리기 시작했다.

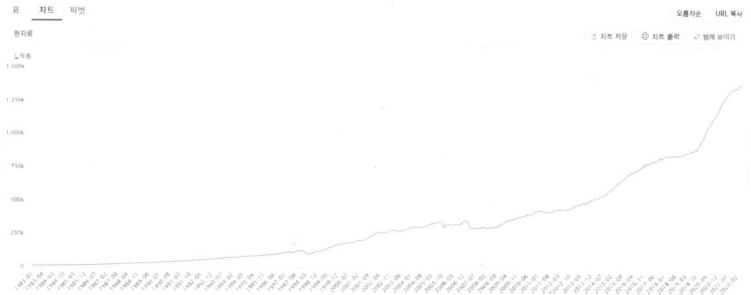

▲ **한국경제통계시스템 M1 - 출처 :** 한국은행경제통계시스템

위 그래프는 1983년 1월부터 2022년 2월까지의 M1 수치이다. 2020년 1월부터 그래프 기울기가 보이는가? 그전과는 확연히 다르게 각도가 심상치 않다. 2019년 11월 약 898조였던 수치가 2022년 2월에는 단숨에 1,352조가 되어버린다. 2년 2개월만에 454조가 늘어났으며 이는 단순 수치로 판단하면 1983년 1월부터 2012년 12월까지 늘어난 수치와 같다. 2년 2개월 동안 풀린 돈의 양이 지난 1983년부터 2012년 말까지 무려 30년 동안 풀린 돈의 양만큼 풀린 것이고 그만큼 급하게 인플레이션이 우리나라를 덮쳤다는 것이다. 현재 정부에서는 돈이 너무 많이 풀린 걸 우려해 금리를 올려 조절하고 있는 단계이다.

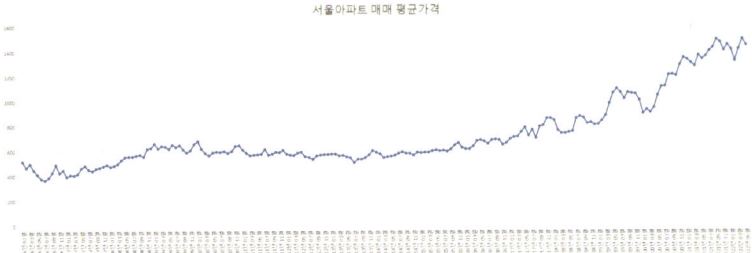

▲ 서울아파트매매평균가격

2006년 1월 서울 아파트 매매 평균 가격은 5억원이었다. 그 이후 점점 오르면서 2009년 정점을 찍고 국제금융위기가 오면서 조정을 받았고, 2014년을 기점으로 오르기 시작해 2022년 5월 현재 서울 아파트 매매 평균 가격은 15억원에 달한다. 이 그래프에 M1의 그래프를 대입해보자.

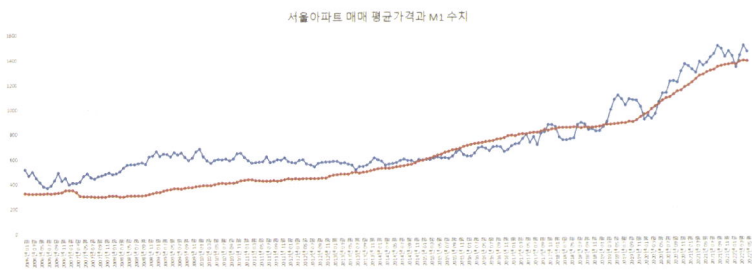

▲ 서울아파트매매평균가격과 M1수치

2006년 서울 아파트 매매평균가와 M1의 수치를 비교해 보자. M1의 수치보다 서울아파트 매매평균가가 높지 않은가? 시중에 돈이 풀린 수치보다 서울 아파트 가격이 고평가라 평가할 수 있을 것이다. 그렇게 아파트 가격은 조정을 받아가며 하락하고 있었고 그 사이 시중에 돈이 풀리기 시작하면서 2015년 1월에 두 그래프가 교차하게 된다. 그 이후 돈이 풀리면서 아파트값이 따라붙게 되는 현상이 계속 이어지다가 2020년 1월부터 급격하게 돈이 풀리면서 서울의 아파트값도 같이 급격히 상승하게 된다. 이 차트를 통해 알 수 있듯이 집값이 오른 것은 아파트값이 오른 경향도 있겠지만 시장에 많은 돈이 풀리면서 돈의 가치가 하락하며 가격이 올라간 영향도 있다고 볼 수 있다. 이렇게 인플레이션이 급하게 올 때 현금은 점점 가치가 하락하게 되는 것이다. 인플레이션을 대비하기 위해서는 현금을 최대한 실물 자산으로 옮겨 놔야 한다.

짐바브웨 사태를 빗대어 설명해 보자. 짐바브웨에서는 하루에 2배씩 돈의 가치가 하락하는 하이퍼 인플레이션이 일어났다. 오늘의 1천만원이 내일은 500만원이 되고 이틀 뒤엔 250만원이 되는 현상이 발생하지만, 1천만원 만큼의 식료품이라도 사놓았다면 최소한의 돈의 가치 하락은 막을 수 있었을 것이다. 만약 1천만원 만큼의 코카콜라라도 사 놓고 일주일 뒤에 팔아도 6억 4천만원이 생기는 웃픈 상황이 발생하는 것이다. 이렇듯 인플레이션이 급하게 일어날 때에는 최대한 실물자산으로 옮겨 놔야 하며 받을 수 있는 대출이 있다면 최대한 대출을 받아 실물자산으로 옮겨 놓아야 한다.

대출을 받으라고? 이게 또 무슨 말인가? 왜 돈을 빌려서 실물자산으로 옮겨 놓으라는 말인가? 3년 뒤 2배의 인플레이션이 왔다고 생각해보자. 단순비교로 1억원의 돈을 빌려 1억원의 아파트를 매수했는데 2배의 인플레이션이 오면서 아파트가 2억원으로 올랐다. 그럼 2억원에 매도해 1억원을 갚으면 수중엔 1억원이 생기는 마법이 발생한다. 구체적으로 예를 들어보자. 3년전 A, B, C모두 현금을 1억원씩 보유하고 있으며 모두 무주택자라고 가정해보자. 갑자기 코로나와 같은 경제 위기가 왔으며 정부는 경제 활성화를 위해 대출금리를 1%대로 낮추며 돈을 풀기 시작했다.

> **A는** 대출을 극도로 싫어하는 사람이라 대출을 받지 않고 1억원을 보유하고 있었다.

> **B는** 1%대의 금리로 1억원의 대출을 받아 자동차를 바꾸고 여가생활을 즐기는 데 사용했다.

> **C는** 1%대의 금리로 1억원의 대출을 받아 그 돈으로 2억5천만원의 아파트를 2억원의 전세를 떠안으며 5천만원 투자로 2채를 매수(이를 갭투자라고 한다) 했다.

3년이 지나는 동안 2배의 돈이 풀려 인플레이션이 일어나 돈의 가치가 하락하며 아파트 값이 2배 올라 C가 매수한 아파트는 2억 5천만원에서 5억원이 되었다. A,B,C의 자산은 어떻게 달라졌을까? A는 그대로 현금 1억원을 보유하고 있지만 물가가 2배가 올라 실질적으로는 5천만원의 가치만 보유하고 있는 것이다. B는 현금 1억원에 대출 1억원을 보유하고 있다. 이에 반해 C는 현금 1억원에 5억원 아파트 2채를 보유 중이다. 이 5억원의 아파트는 전세보증금 2억원, 대출 5천만원을 제외한 '2억 5천만원'의 자기자본이며, 2채를 소유하고 있으니 아파트 순자산만 5억원이 되는 셈이다. 기존 보유하고 있는 1억원을 포함한 총 6억원의 순자산을 갖게 된 것이다.

불과 3년 밖에 지나지 않았는데 불구하고 A와 C는 6배의 자산차이가 발생하게 됐는데 이는 C가 돈이 많이 풀리는 시점(인플레이션이 급하게 오는 시점)에 저금리에 대출을 받아 실물자산인 부동산으로 자산을 옮겨 놓아 인플레이션을 방어했고, 결국 큰 자산을 일굴 수 있게 된 것이다. 더구나 급격한 인플레이션으로 인해 돈의 가치가 2배 하락했으니, C는 3년 전 대출 받은 5천만원의 가치가 2,500만원처럼 가볍게 느껴질 것이다.

불가능한 일이라 생각되는가? 최근 3년 안에 실제로 우리나라에서 일어났던 일이다. 지금은 시기가 많이 늦었지만 혹시, 다음 경제위기가 와서 정부에서 저금리를 유지하며 돈을 급하게 풀기 시작할 때에는 절대 두려워하지 말고 최대한 돈을 많이 빌려 실물자산에 옮겨 놓는 자본의 배치를 해야 한다. 그래야만 최소한의 인플레이션은 방어할 수 있으며 자본주의에서 살아남는 길일 것이다.

인플레이션은 비단 우리나라에서만 일어나는 일이 아니다. 세계 각국에서 일어나고 있다. 미국 바이든 대통령은 당선되고 나서 곧 1조 달러 인프라 개선안을 통과시켰다. 1조 달러는 한화로 약 1200조에 달하는 돈이다. 2021년 대한민국의 한 해 예산이 558조였으니 2배의 금액을 편성한 것이다. 지하철 및 교통, 범죄 예방 시설 등등 미국의 각종 인프라 시설들이 굉장히 열악한데 이를 개선하는데 1200조의 돈을 편성한 것이다. 이 천문학적인 돈이 시중에 풀리게 되면서 인플레이션은 점진적으로 다가와 시장에 미치는 영향은 어마어마할 것이다. 우리나라와 밀접한 연관이 있는 미국에서 인플레이션이 온다면 우리나라에도 적잖은 영향을 미칠 것이라 예상된다. 이러한 인플레이션을 방어하기 위해서 지금이라도 현금성 자산을 실물자산에 옮겨 놔야 할 것이다.

03
서민을 위한 정책이
서민을 위험하게 만든다.

　정치적인 얘기를 하는 것이 아니고 정책적인 얘기를 하고자 한다. 정치인들도 결국엔 비지니스다. 유권자 즉 국민으로부터 표를 얻어 당선이 되어야 하고 재임 기간을 늘려야 한다. 그러기 위해서는 국민의 마음을 얻는 정책을 펼쳐야 한다. 아무래도 부자보다는 서민의 비율이 높기 때문에 서민을 위한 정책을 배제할 수는 없다. 그래야 높은 비율의 표를 얻게 되고 정치를 계속 할 수 있으니 말이다. 하지만 이런 서민을 위한 정책이 결국에는 서민을 위험하게 만들고 있다는 사실을 알아야 한다. 대표적으로 전세자금대출을 들 수 있는데 전세자금대출이 아파트 값을 올리는 주범이다. 문재인 정부 때 주택을 구매하는데 필요한 대출을 강하게 규제했다. 서울로 한정지어 말하면 LTV를 40%로 규제한 것이다. LTV(Loan To Value)는 '주택담보대출비율'이라고 하는데 전부 자기자본으로 아파트를 매수하는 게 힘들어 대출을 받을 때 얼마만큼의 대출이 나오는지의 척도가 되는 수치이다. 예를 들어 LTV가 40%라면 9억원의 아파트를 산다고 할 때 9억원의 40%인 3억 6천만원이 대출이 나오게 되니 이 아파트를 사려면 3억 6천만원의 대출을 제하고 5억 4천만원이라는 자기 돈이 필요한 것이다. 하지만 전세자금 대출의 LTV는 80%를 받을 수 있게 하여 규제를 하지 않았다. 전세자금대출은 집을 매수하지 않고 세 들어 살 수 있는 서민에게 있어 매우 중요한 정책이기 때문에 이를 건드렸다가는 대다수의 표를 보유하고 있는 서민을 등지게 되는 정책이니 함부로 시행하기 힘들었을 것이다.

위에서 언급한 9억원의 아파트를 전세로 입주한다고 가정해보자. 2022년 8월 현재 서울의 전세가율은 60.3%이다. 9억원 아파트의 전세비용은 60.3%인 5억 4천만원이란 셈이다. 9억원 아파트의 전세가는 5억 4천만원인데 전세자금대출을 받으면 5억 4천만원의 LTV 80%인 4억 3천만원이 대출로 나온다. 자기자본 1억 1천만원이면 9억원의 아파트에서 전세로 살 수 있는 것이다. 정리해 보면, 9억원의 아파트를 매수해서 거주하려면 5억4천만원이라는 돈이 필요하지만 전세로 살게 되면 1억1천만원만 있으면 가능하다!

구분	매수 후 실거주	전세로 실거주
매매가	90,000	-
전세가	-	54,000
대출	36,000 (LTV 40%)	43,000 (LTV 80%)
필요 현금	54,000	11,000

단위 : 만원

이 얼마나 매력적인 일인가? 이렇게 보면 전세를 택하지 않을 이유가 없다!

그러나 이렇게 전세를 살다가 전세 가격이 올라 피해를 보는 경우가 많이 있다는 것을 알아야 한다. 나의 한 지인은 서울 강북에 아파트를 자가로 살고 있다가 2018년 말쯤에 팔고 다른 지역에 매매가 8억원이었던 아파트를 전세 6억원에 들어갔다. 다행히 2020년 말쯤 계약갱신 청구권으로 인해 5% 인상된 금액으로 계약갱신을 해 아직 거주 중에 있다. 이 아파트는 현재 전세금은 2억원이 오른 8억원에 형성돼 있고 매매가는 5억원이 오른 13억원에 형성돼 있다. 이제 계약만료가 되는 시점이 다가오고 있어 이 분은 현재 갖고 있는 돈으로는 너무 올라버린 집값과 전세값에 이사할 곳을 찾는데 벌써 걱정이다. 전세자금대출을 받아서 전세로 아파트를 살고 있다고 가정해 보자. 2년이 지나서 계약갱신 시점이 나가오면 임대차 3법으로 인해 5% 인상한 금액으로 계약갱신이 가능할 수 있겠지만(이 마저도 집주인이 들어온다고 하면 나가야 한다.) 계약갱신조차 끝나는 4년이 지난 시점에 이사를 가야 하는데 인플레이션으로 인해 전세가가 억 단위로 올라가 버린 경우가 부지기수다. 이렇게 올라버린 전세가를 맞출 수 없어 외곽으로 쫓겨나 집을 구하거나 전에 살던 집보다 좁은 집으로 이사 가는 수밖에 없다. 적응된 환경을 떠나 새로운 곳으로 그것도 기존에 살던 집보다 다운그레이드를 해서 이사를 해야 한다는 상황을 받아들이는 것이 참으로 어렵다는 것을, 경험해본 사람들은 알 것이다. 만약 자녀가 있다면 더더욱 힘든 상황일 것이다.

그렇다고 해서 전세자금대출을 없앨 수는 없는 일이다. 전세자금대출을 없애 버리게 되면 당장 서민들의 거주할 집을 해결할 수 없기 때문에 계속 유지가 될 것이다. 그러나 이렇게 한 번 전세자금대출을 받고 2년, 4년을 거주했더니 집값이 올라 집주인만 좋은 일을 시켜주고 정작 본인은 피해를 받게 되는 경우가 생긴다. 이렇게 전세자금대출제도는 서민을 위한 정책인데 이는 결국 서민을 위험하게 만드는 것이다. '집값과 전셋값이 너무 많이 올라 비정상이니 곧 정상화를 찾아 가격이 내려갈 거다'라고 말하는 사람도 있겠지만, 이미 풀려버린 많은 돈 때문에 약간의 조정은 있을 수 있겠지만 과거의 가격으로 돌아가는 것은 불가능하다. 이것을 빨리 인정하고 앞날을 준비해 가야 한다.

    서민들이 3금융권에 대출을 받아 고금리에 힘들다고 한다. 그래서 모 정치인은 서민들의 부담을 덜어주기 위해 28%인 3금융권의 금리를 20%까지 인하해 주겠다고 한다. 그렇게 하면 과연 3금융권의 금리를 이용하는 모든 사람들이 행복할까? 주택을 담보로 대출을 받는 주택담보대출이 있고 보험을 담보로 대출을 받는 보험담보대출 등 모든 대출에는 담보를 잡고 대출이 이뤄진다. 이런 확실한 담보가 없을 경우에는 신용을 담보로 대출이 이뤄지는데 이를 신용대출이라 한다. 확실한 담보가 없다 보니 주택담보대출에 비해서 이율이 높게 책정이 된다. 3금융권 중 한 곳이 신용대출을 해준다고 가정해 보자. 그 곳은 당연히 그 사람의 신용을 보고 대출을 해줄 것이다. 그 사람의 신용이 이자 28% 대출을 받을 수 있는 사람이기 때문에 대출을 해주는 것이다. 만약 이 사람의 신용이 좋지 않아 28% 금리의 대출을 받을 수 없는 사람이라면 대출을 안 해줄 것이다. 이 업체에서는 굳이 대출상환능력이 부족한 위험을 감수하고 대출을 해줄 이유가 없으니 말이다. 이렇게 생각해 볼 때 3금융권의 대출금리를 20%로 낮추면, 20~28%의 금리만을 이용할 수 있는 신용을 갖고 있는 사람은 3금융권의 대출을 이용하기 불가능해질 것이다. 이 사람들이 급하게 돈이 필요하다면 결국 법의 테두리 안에서 보호받기 힘든 사금융권으로 몰리게 될 수 있다. 이 정책이 과연 서민을 위한 정책일까? 서민을 위한 정책이랍시고 정책을 펼치는데 정작 보호를 받아야 할 서민들은 위험해지고 있는 것이다.

04
지옥으로 가는 길은
선의로 포장돼 있다.

　오스트리아의 유명한 경제학자 프리드리히 하이에크(Friedrich Hayek)가 한 말이다. 미혼인 지인이 서울내 1.5룸을 보유하고 실거주 하고 있었다. 나는 2019년 말 아파트를 매수하기 위해 임장을 열심히 할 때 4억원이라는 적당한 가격에 20평대 아파트를 보게 됐다. 주변에 호재가 가득했고 좋아질 일만 남은 지역이라 생각해서 이 분에게 강력하게 추천을 했고 같이 임장을 가기도 했다. 지인의 직장은 강남인데 강남까지 출퇴근도 괜찮았고 서울에서 계속 경제활동을 하려면 내 집 한 채는 필요할텐데 1.5룸은 너무 작았고 20평대는 되어야 한다고 생각했다. 4억원이라는 금액이 지인에게는 약간 부담되는 수준이었지만 보금자리론 대출을 이용해서 실거주만 한다면 70%의 대출을 받을 수 있어 현재 보유하고 있는 현금 + 소유하고 있는 1.5룸을 처분만 한다면 충분히 매수할 수 있는 아파트였다. 두 차례 만나면서 실거주 목적이라면 매수하는 것이 낫다고 설득했고 계획을 얘기해 줬다.

1. 보유하고 있는 현금으로 계약금 10%를 입금하고 잔금기일을 3개월 뒤로 하고 계약서를 작성한다.

> 2. 종전주택(실거주 하고 있는 1.5룸)을 내놓는다.
> 3. 신규 아파트 매매계약서로 보금자리론을 신청한다.
> 4. 종전주택 매도(1.5룸)에 따라 입금된 계약금 + 중도금으로 매수주택(20평대 아파트) 중도금을 입금한다.
> 5. 종전주택 매수자와 아파트 매도자와 입주일자 협의 진행한다.
> 6. 보금자리론 실행으로 아파트 매도자에게 잔금 입금 및 종전주택 잔금을 받고 아파트 입주한다.

대개 갈아타기를 할 때 이렇게 진행을 한다. 그런데 여기서 지인이 몇 가지 걱정이 되는 부분이 있었다.

> 1. 아파트 매매계약서를 썼는데 만약 종전주택인 1.5룸이 안 팔린다면?
> 2. 종전주택 매도에 따른 이사날과 아파트 매수에 따른 입주날이 협의가 불가능해 날짜가 딱 맞지 않는다면?

나도 이런 이유 때문에 걱정해 본 적이 있고 많은 사람들이 이 부분 때문에 걱정을 한다. 지인도 이에 대한 걱정이 강했다. 그래서 나는 종전주택을 처분하는 계약서를 쓰고 진행하는 방법, 임시거처로 잠깐 이사해서 살며 현금을 보유하고 있다가 매수할 만한 아파트가 다시 나오면 바로 진행하는 방법, 1.5룸이라 종전주택이 팔리지 않는다면 전세로 내놓고 자금을 회수해서 아파트를 매수하며 전세로 돌린 1.5룸을 임대사업자로 등록하는 방법 등 다양한 대처 전략을 알려줬다. 하지만 지인은 아파트 매수하는 것을 포기했고 여전히 1.5룸에서 거주하고 있다. 그리고 2020년 초까지만 해도 4억원이었던 그 아파트는 현재 7억원에 거래가 되고 있다.

이 분은 그때 왜 아파트를 매수하지 못했을까? 인간은 새로운 것을 받아들이는 것에 대해 거부감을 강하게 가질 수밖에 없는 존재이기 때문이다. 인간의 뇌가 그렇게 설계가 돼 있다. 무언가를 시도하는 것에 대한 귀찮음, 실패에 대한 두려움, 그에 대한 스트레스가 강하게 든다. '굳이 시도를 하지 않아도 살아가는 데에 불편함이 없는데 왜 해야 하는가?' 하는 생각이 드는 것이다. 이것은 나도 그렇다. 갑자기 그 부동산에 꽂혀 계약을 위해 일사천리로 진행하다가도 굳이 이렇게까지 위험을 무릅쓰면서 진행해야 하나? 하는 생각이 든다. 이럴 때 스스로 '잘 될거야'라는 긍정적인 마인드로 무장하고 마인드업을 시키며 계약서를 썼다가도, 문득 이것이 과연 옳은 선택이었나 하는 생각이 들 때도 있다.

지옥으로 가는 길은 선의로 포장돼 있다고 했다. 지인의 일을 예로 드는 것은 너무 비약적인 비유일 수 있지만, 이 경우 지옥으로 가는 길은 '아파트를 매수하지 않는 것'일 것이고, 이 길로 가는 것이 선의로 포장돼 있다는 말은 '아파트를 매수하지 않으면 그에 따른 스트레스, 중압감, 두려움을 겪지 않아도 된다'는 선의로 포장돼 보인다는 이야기다. 반대의 길을 선택했다면 아파트 매수에 따른 경험을 하는 동안에는 힘들었을 수도 있었겠지만 지금 와서 보면 큰 자산이 돼 있을 것이다.

굳이 부동산이 아니어도 삶을 살아가는 데 있어서 선택을 해야 하는 경우가 종종 나타나는데 우리는 대부분 '선의로 포장되어 있는

길'을 택한다. 나쁜 것이 아니다. 인간의 본성이 그렇게 설계돼 있기 때문에 어쩔 수 없는 것이다. 그런데 선택한 길을 따라가다 보면 지옥이 나오는 경우가 대부분이다. 인간은 막연한 일반론 또는 일어나지도 않은 일을 과잉 해석하여 망상한다. 실제로는 그렇지 않은데도 마치 지금 자기 자신에게 큰일이 일어난 양 믿는 것이다. 그 두려움으로 인해 새로운 환경과 선택을 거부한다. 이 같은 현상으로 인해 지인은 아파트 계약을 하게 되면 일어나지도 않은 일인 '소유하고 있는 1.5룸이 팔리지 않아 잔금납부를 못하는 상황', '집 값이 떨어지는 상황'이 자신에게 일어난다고 믿었기 때문에 선택을 하기 힘들었을 것이다. 만약 삶을 살아가면서 무엇인가를 선택해야 하는 날이 온다면 잘 살펴보자. 그럴듯한 선의로 포장되어 있는 길이 어디인지 말이다.

PART-2
부동산의 기본적 상식과 대출

　부동산에 대한 이해를 돕기 위해 기본적으로 알아야 할 용어들을 설명하겠다. 이 용어들을 알아야 뒤에서 다루는 내재가치가 있는 부동산을 찾는 데 도움이 되니 꼭 알아두도록 하자. 또한, 대출을 활용해 수익을 극대화 시킬 수 있는데 자신의 상황에 얼마만큼의 대출을 받을 수 있는지 아는 것이 큰 경쟁력이 될 수 있으니 대출에 대한 부분도 다루도록 하겠다.

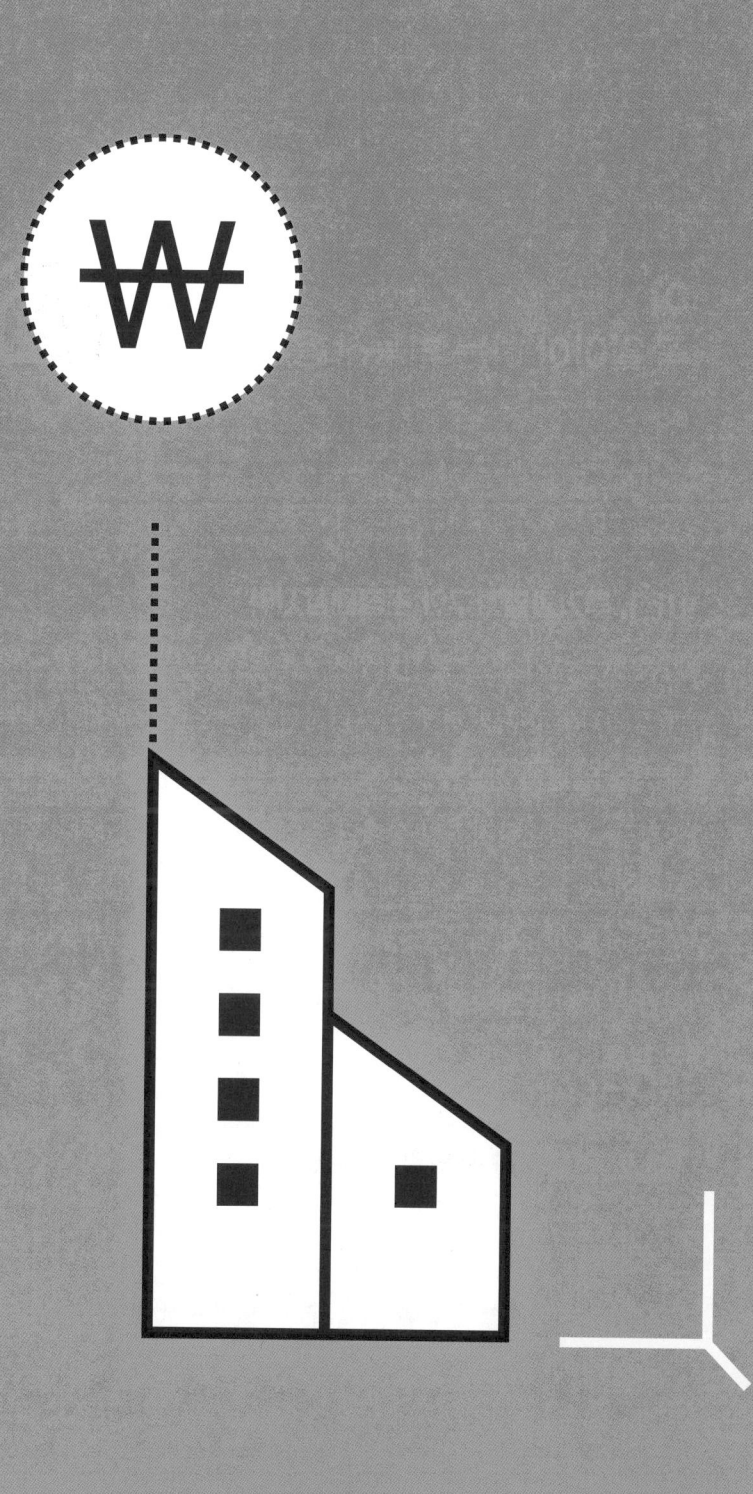

01
꼭 알아야 하는 부동산 용어

부동산을 알기 위해 필요한 기본적인 용어들이 있다. 이 용어들을 알고 있어야 접근할 수 있으니 알아보도록 하자. 뒤에 가서 계속 사용할 용어들이니 여기에서 잘 숙지해 두면 좋겠다.

01_1. 투기과열지구와 조정대상지역

기존에는 투기지역, 투기과열지구로 나뉘었으나 지금은 투기지역과 투기과열지구의 경계가 무너지면서 별도로 구분하지 않는다. 현재 서울은 현재 강남구, 서초구, 송파구, 용산구 4개 지역만 투기과열지구, 조정대상지역인 상태다. 그 외 전지역은 비규제지역이다. 세부적인 지역 설정은 정부에서 언제든지 바꿀 수 있는 것이니 개념만 알아두길 바란다. 투기과열지구, 조정대상지역, 비규제지역에 위치한 부동산을 매수할 때 대출, 세금이 달라지니 용어들을 알아두어야 한다.

01_2. 건폐율과 용적률, 용도지역

| **건폐율**

'건폐율'은 **대지에 건물을 지을 수 있는 면적에 대한 비율**이다. 예

를 들어 대지 면적이 100평인데 건폐율이 50%라고 하자. 그럼 50평의 땅에만 건축을 할 수 있고 나머지 50평의 땅은 건축할 수 없다. 강남역에서 역삼역까지 이어지는 빌딩숲의 테헤란로를 본 적이 있는가? 해당 지역은 일반상업지역으로 건폐율이 80%나 된다. 그러다 보니 빌딩과 빌딩 사이가 굉장히 좁다.

🔼 동래sk뷰3차

위 사진은 건폐율이 49%인 부산에 있는 한 주상복합의 모습이다. 높은 건폐율답게 동간 거리가 좁은 걸 알 수 있다. 아파트단지는 건폐율이 20% 밑으로 나와야 동간 거리가 확보되어 쾌적한 주거환경이 보장된다고 볼 수 있다.

| **용적률**

용적률은 **건축물의 연면적(건축물 각 층 바닥면적의 합계)을 대지면적으로 나눈 값**을 %로 나타낸 것이다.

$$\frac{건축물의 연면적}{대지면적} \times 100 = 용적률\,(\%)$$

만약 100평의 땅이 있는데 이 땅의 용적률이 200%라고 한다면 연면적(바닥의 총면적)을 200평까지 지을 수 있는 것으로 추리할 수 있다. 연면적이 200평이 가능하다면 몇 '층'까지 지을 수 있다는 것일까? 이는 건폐율과 함께 보아야 한다.

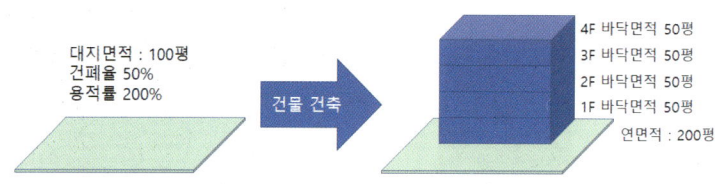

🔺 건폐율과 용적률

100평의 땅이 있는데 이 땅의 건폐율과 용적률은 각각 50%, 200%라고 가정하고 생각해보자. 먼저 주어진 땅이 100평이고 건폐율 50%이기 때문에 50평의 땅에 건축을 할 수 있는 것이다. 그리고 용적률이 200%라면 200평의 바닥면적의 합만큼 활용할 수가 있다는 것인데, 현재 50평에 건축을 할 수가 있으니 4층의 건물(한 층당 50평씩 4층)을 지을 수가 있을 것이다.

이렇게 건축물을 지을 때는 용적률이 굉장히 중요한 역할을 한다. 건축할 수 있는 면적이 달라지니 당연한 일이다. 가령 토지의 위치 등 모든 조건이 동일하다 가정할 때 한 토지의 용적률은 500%고 다른 토지의 용적률은 250%라 한다면, 용적률 500%인 토지가 250%인 토지보다 2배 비싸야 하는 것이 정상일 것이다.

| **용도지역**

토지에는 '용도지역'이라는 것이 있는데 이것에 따라 용적률과 건폐율이 정해지므로 아주 중요하게 체크해야 하는 부분이다. 용도지역은 크게 도시지역, 관리지역, 농림지역, 자연환경보전지역으로 나뉘고 도시지역은 주거지역, 상업지역, 공업지역, 녹지지역으로 나뉜다.

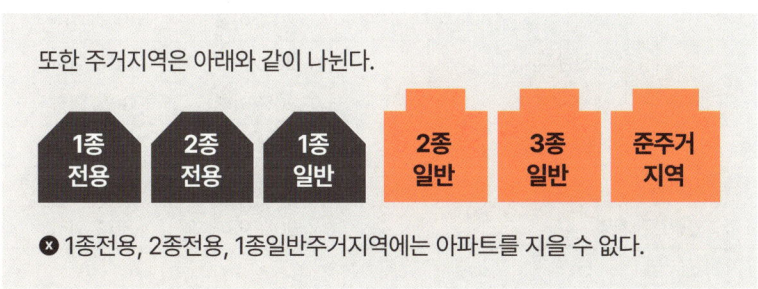

각 지역별 용적률과 건폐율은 표를 참고하자.

용도지역			건폐율	용적률
도시지역	주거지역	1종전용주거지역	50% 이하	100% 이하
		2종전용주거지역	50% 이하	150% 이하
		1종일반주거지역	60% 이하	200% 이하
		2종일반주거지역	60% 이하	250% 이하
		3종일반주거지역	50% 이하	300% 이하
		준주거지역	70% 이하	500% 이하
	상업지역	중심상업지역	90% 이하	1,500% 이하
		일반상업지역	80% 이하	1,300% 이하
		유통상업지역	80% 이하	1,100% 이하
		근린상업지역	70% 이하	900% 이하
	공업지역	전용공업지역	70% 이하	300% 이하
		일반공업지역	70% 이하	350% 이하
		준공업지역	70% 이하	400% 이하
	녹지지역	보전녹지지역	20% 이하	80% 이하
		생산녹지지역	20% 이하	100% 이하
		자연녹지지역	20% 이하	100% 이하
관리지역	보전관리지역		20% 이하	80% 이하
	생산관리지역		20% 이하	80% 이하
	계획관리지역		40% 이하	100% 이하
농림지역			20% 이하	80% 이하
자연환경보전지역			20% 이하	80% 이하

위 표에서 나오는 용적률은 최대 용적률이며 각 시도 조례(지방자치단체의 의회에서 제정되는 자치법규)마다 정한 최고 용적률이 있으며 이에 따르게 된다.

2종 일반주거지역의 최고 용적률은 250%지만, 서울시 조례는

200%이며 3종 일반주거지역의 최고 용적률은 300%인데 반해 서울시는 조례로 250%까지만 허용하고 있다. 서울 시내 3종 일반주거지역의 땅 1천평에 건물을 짓는다면 최고 용적률 300%를 적용받는 것이 아니라 서울시 조례에 따른 250%의 용적률을 받아 연면적 2,500평의 건축물을 지을 수 있는 것이다.

※가끔 예외로 건축물이 공공성의 증진에 기여한다는 목적을 인정받으면 용적률 인센티브가 적용되어 최고 용적률인 300%를 적용시켜 지을 수 있다.

01_3. 공급면적과 전용면적

면적에도 참 다양한 것들이 존재한다. 공급면적, 전용면적, 공용면적, 계약면적…. 이게 다 무슨 말이지? 기준은 어떻게 되는 걸까? 흔히들 얘기하는 25평형 아파트를 예로 들어 설명을 해보자.

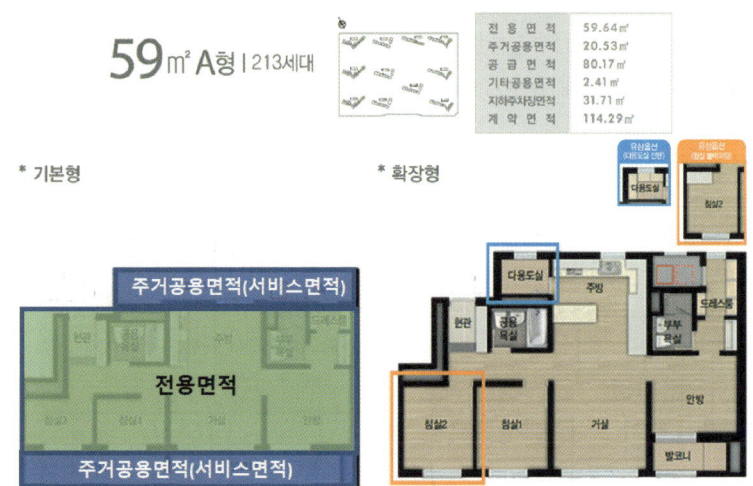

▲ 59형평면도

먼저 공급면적은 전체 공급되는 면적이라고 보면 된다. 위 사진은 25평형 아파트의 평면도이며 공급면적은 80.17m²로 표기돼 있다. 80.17m²를 평으로 환산하면 24.25평이다. (m²를 평으로 환산하려면 0.3025를 곱하면 된다. 80.17x 0.3025 = 24.251) 정확히 25평이 아니기 때문에 25평형이라 불리고 있다. 전용면적은 '실사용면적'이라고 보면 되는데 25평형의 전용면적(실사용면적)은 59.64m²로, 이를 평으로 환산하면 18.04평이며 발코니가 확장되기 전의 면적이다. 그래서 25평형의 아파트를 59m²로 부르기도 한다. 주거공용면적은 서비스면적이라고도 하는데 발코니 면적이라고 생각하면 쉽다. 20.53m²이고 평으로 환산하면 6.21평이다. 2005년 12월에 발코니 확장이 합법으로 바뀌면서 최근 지어진 아파트들은 기본적으로 발코니 확장을 염두에 두고 설계가 들어가고 확장해서 나오기 때문에, 구축과 신축 아파트의 실사용 면적은 꽤 차이가 난다. 즉 전용면적(59.64 m²) + 주거공용면적(20.53 m²) = 공급면적(80.17 m²)이 되는 것인데 여기에 기타공용면적(계단, 엘레베이터)과 지하주차장면적 이런 것들이 합쳐져 계약면적이 이뤄진다.

● 발코니확장 - 사진설명 : 발코니 확장 전(좌), 발코니 확장 후(우)

위 그림을 보면 발코니 확장 전과 후의 실사용면적이 확연히 차이가 나는 게 느껴질 것이다. 2005년 12월 이전에는 발코니 확장이 불법이었기 때문에 2005년 12월 이전에 지어진 아파트의 경우 발코니 확장을 할 수 없었다. 이후 발코니 확장이 합법화되면서 실사용면적을 늘리기 위해 사비를 들여 발코니 확장을 한 아파트들도 있다.

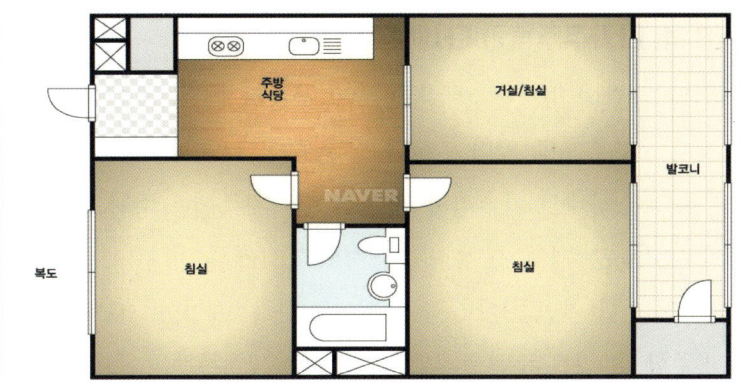

위 그림은 2005년 12월 이전에 지어진 복도식 아파트다. 최근 발코니 확장을 염두에 두고 설계가 들어간 아파트들과 다르게 전용면적만 사용하다 보니 실사용면적이 많이 협소한 편이다.

> **오피스텔의 경우**
> 서비스면적이 있는 아파트와는 다르게 오피스텔은 서비스면적이 없다. 그래서 아파트 84m²와 오피스텔 84m²는 같은 84 m²지만 실사용 면적에서 엄청난 차이를 보여준다. 아파트 84 m²의 경우 서비스 면적인 발코니를 약 27m²를 제공하며 발코니를 확장할 경우 실 사용면적은 111m²(약 33.5평)을 제공하는 반면, 오피스텔 84 m²는 서비스면적이 없으니 딱 84m²(약

25.4평)만을 제공하고 있다.
아파트 59m²의 경우 약 22m²의 서비스면적을 제공해 발코니를 확장할 경우 81m²를 실사용 할 수 있으니 오피스텔 84 m²과 비슷한 면적인 수준이다. 그러니 오피스텔 84m²를 아파트 84m²(34평형)이 아닌 59m²(25평형) 아파트의 면적이라 생각하고 가격을 봐야 할 것이다.

01_4. 다가구주택과 다세대주택

다가구주택과 다세대주택은 다르다. 부동산을 좋아한다면 최소한 이 정도는 구분할 줄 알아야 한다. 우선 다가구주택은 소유주가 1명이라 등기가 하나로 이루어져 있다. 또 다가구주택은 주택으로 쓰이는 층수(지하층 제외)가 3개 층 이하이고, 1개 동의 주택으로 쓰는 바닥면적의 합(연면적)이 660m²(약 200평) 이하이며, 19세대 이하가 거주할 수 있는 주택을 말한다. 반면 다세대주택의 소유주는 각 세대별로 다르다. 101호 주인이 따로 있고 102호 주인이 따로 있어 각 세대별로 등기가 이루어진다. 또한 주택으로 쓰는 1개 동의 바닥면적의 합이 660m²(약 200평)이하이고, 층수가 4개층 이하인 주택이다. 흔히 얘기하는 '빌라'가 여기에 속한다.

업자들은 오래된 다가구주택을 매수해서 철거하고 다세대주택(빌라)을 지어서 각 호 별로 분양을 하기도 한다. 다세대주택은 아파트에 비해 환금성이 낮아 투자하기를 꺼리는 경향이 있어 아파트에 비해 가격이 낮게 형성돼 있었다. 하지만 그동안 아파트값이 많이 올라가며 대체재인 다세대주택의 가격도 최근에 많이 올랐다.

02
주택에 대한 전반적인 이해

02-1. 신축아파트의 수요 폭발

앞에서 언급하였듯 요즘에는 처음부터 발코니 확장에 따른 면적을 고려하여 설계가 되고 있다. 그래서 구축아파트에 비해서 훨씬 더 넓은 공간이 제공되고 있다. 또한 최근 들어 주거의 개념이 많이 바뀌었다. 과거에는 집이 단순 주거 용도로만 사용되었지만 최근에는 집 자체를 다채로운 생활 공간으로 만들려고 노력하고 있는 만큼 조경과 커피숍, 손님을 위한 게스트룸 등 커뮤니티 시설에 상당한 공을 들이고 있다. 놀이터도 아이들이 다치지 않도록 고급자재를 쓰는가 하면 부모들이 걱정하지 않도록 CCTV를 설치하는 등 여러 신경을 쓴다. 이는 주차창도 마찬가지인데 과거에 비해 차량보급률이 늘어났고 차체도 커진 만큼 신축 아파트들은 주차장도 넓고 쾌적하게 설계한다. 하지만 과거의 아파트는 차량보급률이 현저히 낮았던 과거에 맞추어 설계가 되었기 때문에 주차공간이 부족할 뿐만 아니라 주차경계선도 과거의 차 넓이에 맞춰져 있어서 좁다. 그래서 구축아파트 주차상황이 많이 열악하다. 상황이 이렇다 보니 신축아파트에 대한 수요가 폭발하며 이는 곧 가격에 반영되고 있다.

02-2. 신도시 아파트값 폭발

이렇게 삶의 질을 중요시하는 시대가 오면서 위례, 마곡, 미사 등 신도시 아파트의 인기가 치솟았다. 신도시는 철저한 계획 하에 도시를 만들어 나간다. 차도와 인도, 학교와 상업지역 공원 등 생활에 필요한 시설들이 용도에 맞게 깔끔한 모습으로 위치해 있다. 반면 구도심은 과거에 이용됐던 도로 등 환경이 그대로이기에 주거환경이 열악하며 아무리 개선을 해도 신도시의 주거환경을 따라올 수는 없을 것이다.

나는 신혼생활을 구도심에서 한 적이 있는데 이때 나는 자차로 출퇴근했으며 와이프는 대중교통을 이용했다. 와이프가 출근할 때 지하철을 타기 위해 700m쯤을 걸어가야 했는데 인도가 굉장히 좁을 뿐더러 그 좁은 인도에 과일바구니 등 팔 물건들을 내놓고 장사하시는 분들 때문에 인도는 더 좁아졌다. 그 좁아진 인도에 노인 한 분이 손수레를 끌고 가시기라도 한다면 뒤에서 걸어오시는 분들은 칙칙폭폭 기차놀이를 해야 했다. 와이프는 출근 시간에 대한 압박에 결국 차도로 나가서 추월해 걸어야 했는데, 이를 피하기 위한 차량은 서행하거나 옆 차선을 초과해 운행해야 하니 왕복 2차선인 이 도로는 교통체증이 자주 발생했다. 하지만 신도시는 처음부터 인도를 넓게 설계하여 사람들의 편안한 보도 생활에 부족함이 없게 만들어졌다. 그렇기에 어르신들의 손수레보다도 유모차가 많이 보인다. 이러한 사소한 것들이 쌓여 주거환경에 영향을 주게 되는 것이다. 구도심에서 주거환경개선을 위해 재개발이 이뤄져 아파트 단지가 들어온다 하더라도 신도시 아파트의 주거환경을 따라잡기에는 분명한 한계가 있다.

구도심신도시길비교 - 사진설명 : 구도심(좌)과 신도시(우)의 비교

과거에 '미사신도시'를 분양할 때만 해도 그 먼 데까지 어떻게 출퇴근하냐(자차를 이용해 잠실에서 올림픽 대로를 타고 가면 생각보다 가까운데도)는 비아냥과 함께 인기가 없었다. 하지만 살아본 사람들의 높은 만족도와 5호선 연장에 대한 기대감(지금은 5호선이 개통됐다)과 함께 아파트 가격은 치솟았고, 지금은 누구나 살고 싶은 도시가 되었다. 그만큼 입지가 조금 떨어진다 하더라도 주거환경이 주는 만족감을 선호하는 시대가 된 것이다.

02-3. 먼저 중요하게 살펴야 할 것은 '직주근접'과 '교통호재'

직주근접(직장과 주거지가 가까이에 있음)은 불변의 진리이다. 직장과 집이 얼마나 가까이에 있느냐 출퇴근거리가 얼마나 되느냐가 집값을 결정짓는 주요요인이 되는 것이다. 고소득의 직장이 몰려 있는 곳일수록 배후지의 집값이 비싸지기 때문에 고소득의 직장이 얼마나 몰려있는지가 중요하다. (반면 지방 소도시에 있는 산업단지는 소득이 그리 높지 않기 때문에 주변 아파트값에 큰 영향을 미치지는 않는다.) 이렇게 고소득 직장인이 거주하는 지역은 씀씀이도 그에 맞게 이뤄진다. 이에 맞춰 주변 인프라들이 형성될 것이고, 이 인프라들이 주거환경의 질을 더욱 높여주며 이에 따라 주거수요가 풍부해지는 것이다. 이렇게 해당 지역의 집값은 더욱 견고해지는 선순환이 만들어진다.

서울의 3대 도심은 강남, 여의도, 종로라고 볼 수 있다. 이 3대 도심 안에는 양질의 일자리가 풍부하고 그만큼 사람들이 높은 연봉을 받고 있다. 이외에 추가 지역을 말하자면 마포, 마곡, 성수, 판교, 송도, 영통 등이 될 것이다. 이곳들에 대한 접근성이 얼마나 좋은지에 따라 집값이 결정된다고 봐도 될 것이다.

| 노세 추천

그럼 아직까지 위 도시들에 대한 접근성이 좋지는 않지만 지하철 개통으로 인해 접근성이 개선될 곳을 눈여겨 보자. 대표적으로 신안산선을 주목해 볼 필요가 있다.

마곡신도시의 아파트값 상승에는 LG등 대기업의 입주, 신도시에 대한 주거의 만족 등의 여러 요인이 작용했지만 9호선의 개통이 가장 큰 요인일 것이다. 9호선은 황금노선으로 불릴 만큼 강남을 관통하고 있다. 특히 급행을 이용하면 강남에 대한 접근성이 획기적으로 빨라진다. 신안산선은 안산시의 한양대역에서부터 목감, 광명, 독산, 구로디지털단지, 영등포를 통과해 서울 3대도심 중 하나인 여의도까지 계획되어 있고 2024년 개통을 목표로 현재 공사중에 있다. 또한 2단계로는 공덕역을 지나 서울역까지 계획되어 있다. 역을 하나하나 따져보자. 광명역은 KTX가 있어 환승이 가능하며 그에 맞춰 일자리가 유입되고 있다. 또한, 구로디지털단지, 여의도뿐만 아니라 2단계로 예정되어 있는 공덕, 서울역도 풍부한 일자리가 있는 지역이다. 강남을 관통하지는 않지만 9호선 못지 않은 파급력이 미칠 것으로 예상된다. 이처럼 지하철이 어느 지역을 통과하는지에 따라 그 지역이 빛을 볼 수 있다.

그래서 나는 2년 전 초창기 유튜브를 할 때 목감지역에 대해 다룬 적이 있다. 지금은 비록 읍내 같은 동네이지만 목감1구역, 목감2구역에서의 재개발, 신안산선의 개통, 그리고 근처 광명 시흥 신도시의 완공은 목감지역을 완성형 도시로 변모시킬 것이고 이는 목감지역 자체에 대한 재평가를 이끌어 내어 부동산 가격을 끌어올릴 것이라 기대했기 때문이다. 당장 그렇게 된다는 것은 아니다. 부동산은 긴 호흡으로 보아야 하는 것이다. 목감이라는 지역은 여러 가치가 반영이 되려면 아직 시간이 많이 남았다. 지금 당장 목감은 주거환경개선이 이뤄지지 않은 동네(개통 예정인 목감역을 기준으로 남쪽은 택지개발이 되어 깔끔하지만 북쪽은 아직 정비가 되지 않았다.)라 사람들이 거주하기를 선호하는 지역은 아니기에 광명역 주변 아파트 가격의 60%내로 형성이 되어 있다. 하지만 신안산선이 개통이 되어 광명까지 한 정거장에 접근이 가능해지고, 목감역 북쪽이 재개발로 인해 주거정비가 된다면 분명 광명역 주변의 거주비용에 부담을 느끼는 사람들은 목감으로 넘어올 것이고, 이에 따라 지금보다는 가격이 더 올라갈 수 있다고 본다.

이렇게 지금은 지하철이 없어 접근성이 떨어지지만 대중교통이 놓이면서 양질의 일자리가 많은 지역까지 접근성이 좋아질 곳을 눈여겨 보아야 한다.

02-4. 패러다임의 전환

사고의 틀을 패러다임이라고 하는데 부동산에서 사람들의 패러다임이 전환될 때 큰 부가 따라온다. 여의도에 직장을 갖고 있는 부자들은 목동에 많이 거주한다. 5호선을 이용하면 목동에서 여의도까지의 출퇴근이 원활하고 목동은 학군과 백화점 등 훌륭한 인프라로 따라올 데가 없으니 말이다. 그런데 직접적인 위치로 따지고 보면, 여의도까지 목동보다는 신길동이 훨씬 가깝다. 신길은 바로 위에 여의도가 있으며 강남까지도 접근이 가능한 7호선이 지나가고 있다. 여의도까지 연결되는 지하철은 없지만 2024년 신안산선이 개통이 된다면 해결될 수 있는 문제다. 하지만 신길동은 불과 몇 년 전만 해도 사람 살 곳이 못된다며 쳐다보지도 않은 동네였다. 과거에는 도시정비가 시급한 오래된 빌라촌이었으니 말이다. 아직도 조선족들로 인해 위험하다며 다소 욕을 먹고 있지만, 어쨌든 지금은 '신길뉴타운'이 되어 아파트촌으로 변했고 계속해서 좋은 도시로 변해가고 있는 중이다. 그에 맞춰 물론 집값도 많이 올라갔다. 패러다임의 전환이 일어난 것이다.

마곡신도시도 마찬가지다. 처음에 마곡신도시 아파트를 분양할 때 34평형을 4억원대에 분양했지만 미분양이 넘쳐났다. 당시 아직 부동산시장이 하락장 분위기라서 더 그랬고 신도시라 했지만 당시 주변에 제대로 된 편의시설 하나 없었기 때문이다. 무엇보다 김포공항 옆이라 비행기 소리가 시끄럽다며 기피 대상이 되었던 이유도 있다. 하지만 지금은 호가가 17억에 달하고 있다.

🔺 **마곡나루역 - 사진설명 :** 2016년 마곡나루역인근(좌), 2022년 마곡나루역인근

성남 구도심도 그렇다. 지도를 펼쳐 놓고 보자.

🔺 성남시지도

성남 구도심(수정구, 중원구)의 위치가 기가 막히다. 위로는 송파구, 강남구, 서초구가 붙어 있고 아래로는 성남시 분당구와 붙어 있으니 말이다. 신분당선과 분당선으로 인해 분당구가 강남 접근성이 더 좋기는 하지만 절대적인 거리는 성남 구도심이 분당구보다 가깝

다. 예전에는 성남에 대한 인식이 좋지 않았다. 1960~70년대에 서울의 빈민들을 집단 이주시키기 위해 생성된 도시답게 도시계획이 많이 미흡해 도로환경이 좋지 못했고, 지형적으로 언덕도 매우 높기 때문이다. 이런 지형으로 인해 성남이 물에 잠기면 대한민국 전역이 다 물에 잠긴다는 속설까지 있을 정도였다.

🔺 성남빌라촌사진

소방차조차 지나다닐 수 없는 도로 때문에 가운데 있는 집이 불이라도 난다면 위험한 상황에 처할 수 있는 구조이다. 그만큼 주거환경정비사업이 시급한 곳이라, 성남이라 하면 다들 손사래를 치면서 거주하기를 꺼렸던 지역이다. 이런 성남에서 패러다임이 전환되기 시작했는데 바로 엄청난 규모의 재개발 때문이다. 신흥주공아파트가 재건축돼 4,000세대의 산성역포레스티아(34평 호가 10억)를 시작으로, 최근 입주한 2,500세대의 하늘채 랜더스원과 5,300세대의 e편한세상 금빛그랑메종, 4,700세대의 산성역자이푸르지오, 재개발이 진행중인 3,300세대의 산성구역, 5,500세대의 상대원2구역, 5,000세대의 수진1구역, 4,000세대의 신흥1구역, 2,200세대의 도환중1구역, 11,000세대의 상대원3구역, 신흥3구역, 도환중2구역 등 이제 총 5만세대가 넘어가는 신축 아파트단지로 바뀌게 된다.

🔺 **성남도시개발 - 사진설명 :** 성남 내 재개발 되기 전의 사진(왼)과 재개발 중이며 2022년 12월 입주예정인 e편한세상 금빛그랑메종(오)

8호선은 강동구 암사동에서 출발해 2호선 잠실역을 거쳐 성남 구도심의 중앙부를 지나가고 있다. 지금 8호선은 모란역을 종점으로 두고 있지만 모란역에서 판교역까지 연장이 될 예정이다. 8호선이 판교역까지 연장되면 뭐가 좋을까? 판교에는 양질의 일자리가 많이 있다. 판교에서 근무하시는 분들은 우선적으로 판교에서 거주하고 싶을 것이다. 학군도 좋고 직장도 가깝고 인프라도 잘 갖춰져 있기 때문이다. 하지만 판교의 집값은 비싸기 때문에 판교까지 출퇴근이 가까운 곳으로 점점 밀려 나가게 된다. 8호선이 판교역까지 연장이 된다면 판교에서 근무하는 직장인들이 지금의 성남은 아파트촌이 아니기에 관심이 없겠지만 신축 아파트가 즐비하게 들어서면 거주처를 성남까지 생각해 볼 수 있을 것이다. 고소득 직장인들이 성남으로 몰리면서 그에 맞는 인프라가 형성되고 선호하는 주거타운으로 바뀔 것이다.

인천에 '씨티오씨엘'이라고 송도 배후에 택지개발을 해서 분양하는 단지들이 있다. 개인적으로 좋아질 것이라 생각해 청약도 넣었던 곳이다. (당연히 떨어졌다.) 좋아 보이는 이유는 간단하다. 고소득 일자리가 많은 송도의 배후 도시며 택지개발이 된 신도시이기 때문이었다. 분명 송도의 집값이 비싸 튕겨 나오는 수요가 있을 것인데 구축아파트 또는 구도심에 사는 것보다는 도시계획이 잘 되어 깔끔한 신도시 신축에 살고 싶어할 것이기 때문에 그 수요층을 전부 흡수할 수 있을 거라 판단해서였다.

영상을 제작해 유튜브에 올렸는데 커피 마실 곳조차 없다는 댓글이 달렸다. 당연히 이제 짓기 시작하는 신도시니 커피 마실 곳은 아직 없을 것이지만 완공되면 커피숍은 많이 생길 것이라 걱정 안 해도 된다. 그리고 씨티오씨엘의 부지는 과거 화학공장이 즐비했던 곳이라 석유가 묻힌 땅인데 그런 땅에서 어떻게 사느냐는 댓글이 달렸다. 과연 그럴까? 1980년대 후반 노태우 정부 시절인 1988년에서 1년

사이에 서울 아파트 값이 무려 41%나 치솟았다. 집값이 폭등하자 노태우 전 대통령은 주거안정을 위해 공급폭탄을 예고하며 1기 신도시(경기 성남 분당, 고양 일산, 부천 중동, 안양 평촌, 군포 산본) 200만호를 건설하겠다고 발표를 했다. 하지만 당시 우리나라의 건설기술력을 의심하며 부정적으로 바라보는 시선도 많았다. 심지어 모래가 부족해 한강에 있는 모래로 시멘트를 공급했기 때문에 조만간 무너질 것이다, 그런 아파트에 절대 못살겠다 하는 사람들도 많았다. 지금 1기 신도시의 아파트들은 어떤가? 무너졌는가?

세상에 빈자가 많은가? 부자가 많은가? 당연히 빈자가 많다. 부자가 되려면 대중들의 생각과 반대로 해야 한다. 대중들이 "거기 사람 사는 데 아니야."라고 할수록 더 지켜봐야 한다. 그렇기 때문에 아직까지 저렴한 것이다. 하지만 그런 곳이 바뀌면서 대중들의 패러다임이 전환되면 큰 부가 따라간다. **위에서 언급한** 성남의 장점은 입지이며 단점은 언덕, 열악한 주거환경이었다. 그러나 대규모 재개발로 인해 단점들은 해소될 것이고 장점만 남을 것이다. 패러다임이 언제 전환될지는 대중들의 인식이 바뀌어야 하는 것이기 때문에 예측이 불가능하다. 오래 걸릴 것으로 예상을 했지만 갑작스러운 정부의 개발 발표와 과열된 부동산시장으로 인해 급작스럽게 전개가 될 수 있다. 예측이 불가능하니 대중들이 욕할 때는 미리 저렴한 가격에 선점해 두었다가 인식 전환이 되면서 가격이 올라가면 팔고 나오는 전략을 취해도 좋다.

성남 재개발지역인 수진1구역 내 21평 토지의 단독주택이 2017

년 8월 2.4억원에 거래되었다가 5년이 채 지나지 않은 2022년 4월에 8.6억원에 매도를 한 기록이 있다. 5년 안에 세전 수익이 무려 6.2억원이나 되는 것이다. 레버리지(대출 혹은 전세)를 활용했다면 투자금은 훨씬 더 적게 들었을 것이다.

당신이 어느 곳에 투자하려 하는데 주변에서 만류하는가? 그럴수록 더욱 집중해서 꼼꼼히 냉정하게 살펴보자. 장점은 무엇이고 단점은 무엇인가? 단점은 해소될 수 있는 부분인가? 해당 지역에 있는 호재(지하철 개통, 대규모 재개발 등)들이 단점을 해소시켜줄 수 있는가? 주변에 흔들리지 말고 자신만의 아이디어로 투자를 하고 그 아이디어가 실현될 때까지 흔들리지 말고 기다려라. 아이디어가 실현이 되면 큰 수익으로 다가올 것이다.

03
대출

자신이 얼마나 대출받을 수 있는지를 아는 사람이 집을 산다.

03-1. 대출은 무서운 존재인가?

와이프 친구 A가 인천에서 무주택으로 전세를 살고 있었다. 청약통장은 가입해 뒀기에 미추홀구 내 분양공고가 뜬 아파트에 청약을 하라고 추천을 해줬다. 처음엔 84㎡를 추천을 했는데 높은 분양가에 부담스러워해서 59㎡라도 해보라 권했다. A는 돈이 없어서 못하겠다고 했다. 분양가 전부 필요한 게 아니고 분양대금의 10%만 있으면 되고 나머지는 소득이 있으니 30년 상환으로 대출이 나올 수 있는데 매달 원리금 130만원이 나올 듯하고 원금은 45만원 이자는 85만원 정도가 나오니 너무 걱정하지 말고 청약을 하라고 권했지만 돌아오는 대답은 "매달 130만원씩 30년동안 어떻게 갚아요?"였다. 결국 A는 청약을 하지 않았다.

시장에 돈이 풀리면 돈의 가치가 하락한다고 배웠다. 그럼 지금의 130만원과 10년 뒤의 130만원의 가치가 같을까? 20년뒤의 130만원은? 30년뒤의 130만원은? 지금의 130만원과 어떻게 차이가 날까? 물론 매달 주거비로 130만원을 지출한다는 게 큰 부담인 것을 너무도 잘 안다. 하지만 30년 동안 갚는 것보다 10년 동안 원리금을 상환하다가 적당한 시기에 시세차익을 보고 팔고 대출상환 후 집을 다운사이징을 해도 되고 상황이 좋으면 더 좋은 집으로 이사해도 된다. 30년 동안 대출을 갚는다고 생각하지 않아도 되는 것이다. 이미 해당지역의 비교대상인 59제곱미터 아파트의 월세가 130만원에 형성돼 있었다. 월세를 내고 사는 것보다 원리금을 상환하는 것이 더 낫지 않을까? 건전한 대출은 최고의 레버리지 상품으로 활용이 가능해 수익률을 극대화할 수 있다.

위에서 언급한 성남의 한 단독주택을 예를 들어보자. 이 단독주택은 2017년에 2억4천만원이었으며 2022년에 8억 6천만원에 매도되었는데 세전 시세차익은 6억2천만원이었다. 만약 실거주 목적으로 대출을 받았다면 약 65%의 금액인 1억5,600만원의 대출이 실행되어 8,400만원의 돈만 있으면 투자가 가능했다. 만약 이 주택을 대출을 하나도 받지 않고 매입했다면 수익률은 258%다. 그러나 이렇게 대출을 받아 매수를 했다면 8,400만원 투자로 6억2천만원의 수익을 올린 것이 되니 수익률은 738%가 된다. 몇 년 전처럼 엄청난 상승장이 아니었다고 해도, 입지가 탄탄한 주택을 매입했다면 시간이 지나면서 입지적인 호재가 가격에 반영되고, 또 인플레이션의 영향을 받아 시세차익이 있었을 것이다.

우리나라에서 평생 거주할 것이라면 1주택은 필수이며 감당가능한 선에서의 주택담보대출은 항상 옳다고 말하고 싶다. 대출은 무서운 존재가 아니라 투자 수익률을 올려주는 마법 같은 존재니 적절하게 활용할 줄 알아야 한다.

03-2. 대출 용어

말했듯이 대출에 대해 잘 알아야 집을 산다. 대출에 대한 용어와 대출 종류를 익히며 대출에 대한 이해를 높이도록 하자.

① LTV(Loan to Value) : 주택담보대출비율

주택담보대출비율(LTV)이란 자산의 담보가치 대비 대출금액 비율을 의미한다. 가령 아파트의 시세가 5억원이고 LTV가 70%라고 가정하면 5억원의 70%인 3억5천만원까지 대출이 가능하다.

윤석열 정부의 상황

정부에 따라 부동산 정책이 당연히 다르다. 이 책을 쓰는 시점인 현 상황은 다음과 같다. 현 상황을 다루는 것은 이해를 돕기 위할 뿐, 정책은 언제든 변화할 수 있는 것이니 부동산 뉴스를 눈여겨보며 달라지는 정책에 대비하자.

현재 무주택자의 경우 주택을 매수할 때는 투기과열지구, 조정대상지역에 LTV 50%를 일괄 적용하고 있으며, 비규제지역일 경우에는 LTV 70%를 적용하고 있다. 대출 최대한도도 없어서 주택가격이 얼마이든 대출이 나온다. 가령 무주택자가 투기과열지구 내 12억원의 아파트를 매수한다고 가정하면 LTV 50%인 6억원 까지 대출이 가능한 것이다. 또한 다주택자도 LTV를 30%까지 적용하고 있는데 2022년까지만 해도 다주택자에겐 대출을 전혀 해주지 않았는데 부동산 시장이 급격하게 얼어붙게 돼 규제가 많이 완화된 것이다.

또, 윤석열 정부는 생애 최초로 주택을 매수하는 경우에 한해 LTV를 80%까지 완화해 줬다. 단 대출 최대한도는 6억원까지이다. 어느 정도 종잣돈을 모아 대출을 받아 주택을 매수하고 싶은 사회초년생에게는 LTV 80%는 반가운 소식이다. 하지만 ***DSR(총부채원리금상환비율 Debt Service Ratio: 개인이 받은 모든 대출의 연간 원리금을 연소득으로 나눈 비율을 말한다. 대출에는 주택담보대출, 신용대출, 카드론 등 모든 대출이 포함된다.)**은 40%로 규제를 풀고 있지 않아 소득이 받쳐줄 경우에만 LTV 80%까지 적용이 가능할 것이다. 이 DSR은 다음 ③번에서 다룬다.

② DTI(Debt to Income Ratio) : 총부채상환비율

DTI는 '대출자의 소득에 대한 부채의 비율'을 뜻하는데 대출자의 소득으로 연간 원리금(원금과 대출이자)을 나눈 값을 뜻한다.

$$\frac{연간원리금(원금과대출이자)}{대출자의 소득} = 총부채상환비율$$

가령 연소득 4,800만원인 직장인이 있는데 DTI 50%를 적용 받는다고 가정해보자. 4,800만원의 50%는 2,400만원이다. 연 2,400만원의 원리금 상환능력이 있다고 보는 것인데 12개월로 나누면 매월 200만원이 된다. 즉, 매월 200만원의 원리금 상환능력이 있다고 본다. 월 200만원씩 5%의 이자로 30년 원리금균등상환을 한다고 하면, 약 3억 8천만원이 나오는 것이다. 따라서 3억 8천만원이 이 직장인에게 딱 DTI 50%를 적용받았을 때 대출 가능한 수치다.

> **LTV와 DTI를 적용해보자.**
>
> **Q** 연봉 4,800만원의 위 직장인이 투기과열지구 내 '9억원'의 아파트를 매수한다고 가정해보면 대출이 얼마나 나올 수 있을까? (금리 5%, DTI 50% 적용)
>
> **A** 투기과열지구 내 LTV 50%인 4억 5천만원까지 대출이 나올 수 있지만 DTI 50%에 걸려 3억 8천만원까지만 대출이 나올 것이다. 이렇듯 DTI 또는 LTV 비율을 적용해 상한선이 걸려 낮은 금액만큼 대출이 실행된다.

③ DSR(Debt Service Ratio) : 총부채원리금상환비율

　DSR은 연간 소득에서 **각종 금융 부채의 연간 원리금 상환액이 차지하는 비율**을 말한다. DTI와 다르게 주택 대출 원리금 외에 신용대출, 학자금대출, 장기카드대출 따위를 모두 더한 부채 상환 비율이어서 대출심사 시 DTI보다 대출 한도가 축소된다.

　신용대출(마이너스통장 등)은 원리금 상환 기간을 5년으로 보는데 이게 꽤 타격이 크다. 연봉 5천만원인 직장인이 5천만원의 신용대출을 6%의 금리로 받았다고 가정하면 5년 상환으로 보기 때문에 매달 96만원의 원리금 상환액이 나온다. (30년 상환이 아닌 5년 상환이기 때문에 원리금이 훨씬 큰 것이다.)

여기에 이 사람이 주택을 구입하기 위해 대출을 받는다고 해보자. 5천만원(연봉)의 DSR 40%를 적용하면(**주택담보대출을 받을 때 DSR을 40%로 제한하고 있다.**) 연 2천만원이며 이는 매월 약 166만원이다. 즉 모든 종류의 대출 상환이 월166만원 안에서 가능하다는 말이다. 166만원에서 먼저 받았던 신용대출 5천만원의 월 원리금 상환액 96만원을 차감하면, 이 사람이 추가로 상환할 수 있는 금액은 월 70만원 밖에 남지 않는다. 주택담보대출을 월 70만원 수준으로 갚는 것으로 맞춘다면 대출이 얼마까지 나올 수 있는 것일까? 매월 70만원을 30년 동안 연이자 5%로 갚는다고 계산해보면 된다. 이는 1억 3천만원정도가 될 것이다. 즉 정리하면 연봉 5천만원의 직장인이 신용대출 5천만원이 있는 상태에서 주택담보대출을 받는다면 1억 3천만원 밖에 나오지 않게 된다. (DSR 40% 적용 시)

반면 신용대출 없이 주택담보대출을 받는다면 3억원까지 받을 수 있다. 이렇기 때문에 신용대출이 있다면 신용대출 상환 후 주택담보대출을 받으라고 하는 것이다.

※대출 금액에 따른 이자 계산은 네이버에 '원리금균등상환계산기' 라고 검색하면 나오는데 그걸 활용하면 된다.

> Q. 일반적으로 DSR과 DTI중 어떤 것을 적용받나요?
> 이것은 정부에서 정한다. 보통 일반주택담보대출은 DSR을 적용시키고 있고 보금자리론은 DTI를 적용하고 있다고 보면 좋겠다.

④ 사업자 대출

사업자 대출은 DSR에 포함되지 않고 LTV 80%까지 적용한다. 이게 무슨 말인가? 사업자 대출은 완전히 성격이 다른 것이다. 예를 들어 커피숍 사업자로 대출을 받는다면 주택과 달리 DSR에 포함하여 보지 않는다. 그리고 그 사업장을 매입하려 할 때 그 사업장을 담보로 하여 대출받을 수 있고, 혹은 자신이 가진 집을 담보로 하여 80%까지 사업자금 대출도 받을 수 있다.

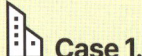
Case 1.

A는 1년 전 전세 3억원을 끼고 1억원을 투자해 4억원짜리 아파트를 매수했다. 그런데 이 아파트가 1억원이 올라 시세가 5억원이 되었다. A는 추가 대출을 받고 싶었는데 하나의 개인사업자를 만들어 두고 방치하고 있었던 것이 생각이 났다. 이때 '사업자 대출은 DSR에 포함되지 않고 LTV 80%까지 적용된다'는 것과 '사업자의 매출이 없어도 담보만 있으면 1억원까지 대출이 가능하다'는 이야기를 듣고 이를 활용하여 주택담보대출로 추가 대출을 받기로 했다.

전세가 3억원이 있는데 현재 시세가 5억원이기 때문에 주택담보비율이 60%까지 차 있는 상태다. (즉 5억원의 60%인 전세금 3억원은 이미 대출을 받은 것으로 친다는 이야기다.) **주택담보대출은 LTV 50%가 적용되는데**, 전세보증금으로 인해 LTV가 이미 60%까지 차 있는 상황이라 주택담보대출이 나올 수 없다. 하지만 사업자 대출은 주택담보비율을 80%까지 인정받을 수 있으니 20%(1억원)이 남아있는 상태다. 그래서 A는 1억원을 후(後)순위(전세보증금 3억원이 선(先)순위)로 주택을 담보로 잡고 사업자 대출을 일으켰다. (여기서 선순위, 후순위란 말은 만일 물건이 경매로 넘어갈 시에 먼저 갚아야 하는 대출의 순서를 말한다.) 그리고 A는 대출받은 1억원으로 다른 아파트를 한 채 더 매수했다.

여기서 위험한 점은 뭐가 있을까?

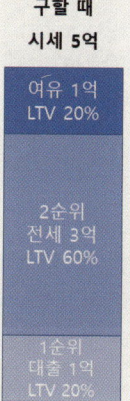

[대출] - 위험한 상황1

현 전세세입자가 나가고 다음 전세세입자를 못 구할 수 있다. A는 처음에 3억 전세금을 이용해서 4억짜리 집을 샀기 때문에 세입자에게 보증금을 돌려줄 금액 3억원을 갖고 있지 않다. 세입자의 보증금 3억원을 돌려주려면 분명 다음 전세세입자를 구해야 할 것이다. 그러나 1순위로 1억원의 사업자 대출이 실행되었기 때문에 다음에 들어오는 전세세입자는 후순위가 된다. 후순위가 된다는 건 만약 이 아파트가 경매로 넘어가게 될 경우 전세보증금을 전부 돌려받지 못하는 일이 발생될 수 있다는 말이다. 때문에 다음 세입자는 보증금 3억원보다는 낮은 금액을 요구할 수 있다. 만약 다음 세입자가 전세보증금을 2억원으로 낮출 것을 요구한다면, A는 1억원을 자비로 현 세입자에게 돌려줘야 한다. 이런 것을 '역전세현상'이라 하며 만약 A가 1억원을 마련하지 못한다면 현 세입자는 이 아파트를 경매를 진행해 자기 보증금을 돌려받으려 할 것이다.

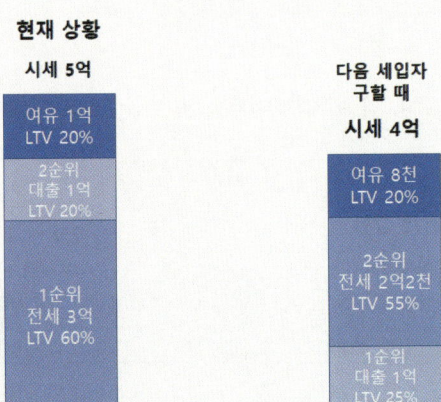

[대출] - 위험한 상황2
다음 전세세입자를 구할 때가 됐는데 시세 5억원이었던 아파트가 4억원으로 떨어졌다고 가정해보자. 이러면 정말 골치가 아파진다. 다음 전세세입자가 전세 대출을 받을 때 받을 수 있는 금액이 낮아지기 때문이다. 보통 은행에서 전세자금 대출을 해줄 땐 담보금액의 80%까지 보고 대출을 해준다. 5억원이었던 아파트가 4억원으로 시세가 낮아지니 이 아파트의 담보금액도 4억원이 되므로, 은행에서는 4억원의 80%인 3억2천만원까지 전세자금이 대출이 가능하다. 그러나 집주인이 선순위로 사업자 대출 1억원이 있는 상황이니 은행에서는 이것까지 반영을 하여, 원래 가능한 3억2천에서 그 '1억'을 뺀 2억 2천만원까지만 대출을 해준다. 이렇게 기존 세입자의 전세보증금은 3억이었으나 다음 세입자는 대출이 2억2천밖에 안나오니 훨씬 더 적은 전세보증금으로 계약을 할 수밖에 없을 것이다. 새 세입자에게 전세자금을 받아서 기존 세입자에게 돌려주어야 하는데, 이렇게 되면 아주 곤란한 상황이 벌어지는 것이다.

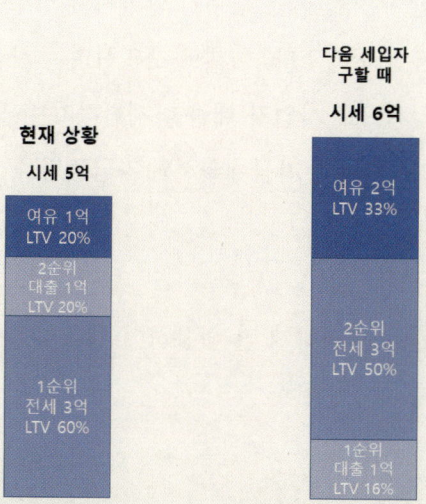

[대출] - 위험한 상황3
다음 세입자를 구할 때가 됐는데 시세가 6억원이 됐다고 가정해보자. 이렇게 되면 큰 문제가 될 건 없다. 담보가치가 5억원에서 6억원으로 늘어났기 때문에 다음 세입자도 3억원에 구할 수 있고 전세가가 올랐다면 담보가치만큼 올려 받을 수 있을 것이다.

정부에서는 개인사업 장려를 위해 매출이 없어도 담보만 있으면 1억원까지는 대출해 주고 있다. **사업자 대출은 말 그대로 사업을 활성화 시키는 목적으로 사용해야 하는 것이니 사업자 대출을 받아 부동산에 투자하는 방식은 옳은 방식이 아니다.** 게다가 위의 사례처럼 이미 자기 집에 전세가 있는 상황에서 사업자 대출을 받았는데 그 집값이 떨어지면, 다음 세입자에게 받을 수 있는 전세보증금이 줄어드는 위험한 상황도 올 수가 있다. 그만큼 리스크가 크기 때문에 권하지 않는다. 최근 가계대출을 옥죄면서 편법으로 사업자 대출을 일으켜 부동산 투자를 하는 경우가 많아지니 정부에서는 사업자 대출도 강하게 제한하고 있다. 실제로 사업하려는 사람들의 피해를 막기 위해 무조건적으로 사업자 대출을 제한하지는 않지만, 사업자 대출을 받으려면 은행에서 자금계획서와 자금증빙을 요구하기도 하니 주의해야 한다.

물론 사업자 대출을 현명하게 잘 활용하여 득을 보는 경우도 있다. 다음 사례를 보자.

case 2.

직장인 B는 2019년 말 집값이 무섭게 오르니 지금이라도 집을 마련하지 않으면 안 될 것 같은 불안감에 전세 3억원을 끼고 2억원을 투자해 5억원에 아파트를 매수를 하고, 본인은 회사 근처에서 월세를 살고 있었다. B는 부업으로 개인사업자를 내고 커피숍을 운영하고 있었는데 1층 상가가 2억원에 법원경매로 공고가 뜬 것을 확인했다. B는 입찰을 했고 2억원에 낙찰을 받았는데 그 동안 커피숍을 운영하며 나온 매출을 인정받아 80%인 1억6천만원을 사업자 대출로 상가담보 대출을 받아 잔금납부를 했다.

B는 상가담보대출을 가계대출로 받은 것이 아니라 사업자대출을 받은 것이다. 이 경우 뭐가 달라지는 걸까?

만일 가계대출로 상가를 샀다면?

전세 3억원을 끼고 5억원에 매수한 집의 세입자 계약이 만료가 되어 보증금

3억원을 내어주고 B가 입주하려 한다고 가정해보자. 여기서 상가를 낙찰받았을 때 받은 1억6천만원의 대출이 사업자 대출이 아니라 가계 대출이었다면 이것이 발목을 잡을 수 있다. 가계 대출을 받았다 가정하고 계산해보자. 상가담보대출 1억6천만원을 이자5%에 30년 원리금균등상환으로 하면 매월 약 85만원씩 납부해야 한다. B의 연봉은 5천만원인데 DSR 40%를 적용하면 연 2,000만원이며 월 약 166만원이다. 여기서 상가 대출로 원리금 85만원을 사용한다면 이후에는 166만원에서 85만원을 차감한 81만원만 남은 상태. 이자 5%에 30년 원리금균등상환으로 계산하여 약 81만원으로 맞추려면, B가 최대 대출을 받을 수 있는 한도는 1억5천만원 밖에 남지 않은 상황이다. 이렇게 되면 기존 가지고 있는 집에서 전세 세입자가 전세금을 받아서 나가려고 할 때 급하게 대출을 받아서 돌려주고 싶어도 돌려줄 수 있는 보증금이 3억원 중 1억5천만원이나 부족하다. 하지만 사업자 대출은 DSR에 포함이 되지 않으니 만약 이 상가 낙찰대금을 사업자 대출로 받았다면 전세 세입자의 보증금인 3억원 전부를 가계 대출로 받아 돌려줄 수 있는 것이다.

이런 것을 모르고 상가를 가계 대출로 받게 되면 나중에 주택을 매수할 때 대출이 원하는 만큼 안나오는 경우가 있으니 가계 대출과 사업자 대출을 잘 구분하여 활용할 줄 알아야 한다.

⑤ 보금자리론

보금자리론은 정부에서 운영하는 상품으로 집을 마련할 때 저렴한 이자로 장기간 대출을 받을 수 있는 상품이다. 정부에서 운영하는 상품인 만큼 제한 사항들이 있다.

※부동산 정책은 세부내용이 자주 바뀌는 편이다. 아래는 현재 정책 상황을 안내하였

지만, 세부 정책은 정부 의지에 따라 얼마든지 바뀔 수 있으니 항상 검색을 통해 최신 정책을 알아두도록 하자. 이 책은 부동산 정책 소개집의 역할보다는 부동산 지식의 길라잡이 역할로 생각해주었으면 좋겠다.

> **첫째, 무주택자여야 한다.** 투기과열지구 내 1주택자일 경우 종전 주택을 1년 안에 처분해야 하며, 그 외 지역은 2년 안에 처분해야 한다. 단 20m² 이하의 1주택 소유 시(20m² 이하 2주택은 제외), 85m² 이하의 단독주택 소유 시, 사용 승인 후 20년 이상 경과 된 단독주택 소유 등은 예외적으로 무주택자로 보고 있다.
> **둘째, 연소득 7천만원 이하(미혼이면 본인만, 기혼이면 부부합산)여야 한다.** 단, 신혼부부(정부에서 인정하는 신혼부부의 기준은 혼인신고일 신청일로부터 7년 이내거나 결혼예정자에 한함. 결혼예정자는 대출신청일로부터 3개월 이내에 혼인신고 완료해야 한다.)라면 부부합산 연소득 8,500만원 이하까지 인정을 한다.
> **셋째, 주택의 면적이 85 m²이하여야 한다.** 85 m² 초과할 경우에는 보금자리론을 해주지 않는다. 84 m²(34평형)을 매수할 때 보금자리론은 당연히 가능하다.
> **넷째, KB시세 기준으로 6억원을 초과하는 집은 대출이 불가하다.** 그런데 서울시 내 6억원 이하의 아파트가 거의 없기 때문에 한도를 올려 달라는 얘기도 많이 나오고 있다.
> **다섯째, 대출 실행일로부터 3개월 이내에 해당 주택에 전입신고를 해야 하며 1년간 담보 주택에 계속 거주해야 한다.**

위와 같은 제한사항들이 있는데 모두 충족이 가능하다면 보금자리론을 이용하는 것이 좋다. 보금자리론은 LTV 70%, DTI 60%를 적용받게 된다. **현재 LTV 50%까지만 대출이 실행되는 주택담보대출에 비하면 꽤나 파격적인 상품이다.** 그리고 DSR이 아닌 DTI를 적용하다 보니 대출이 여유롭게 실행될 수 있다. 단, 모든 주택에 LTV

70%가 적용되는 것은 아니고 아파트를 제외한 다세대주택(빌라), 단독주택 등은 최대 65%가 적용된다. 또한 최대 대출 한도는 3억 6천만원까지다. 즉 만일 6억원의 아파트를 매수한다면 LTV 70%를 적용하면 4억 2천만원이지만 최대한도가 있기 때문에 3억 6천만원까지만 대출이 나온다. 대출 기간은 최대 10년, 15년, 20년, 30년, 40년이 선택 가능하며 대출금리는 2022년 10월, 30년 기준 4.45%다. 2년 전만 해도 2%대의 저금리였지만 최근 금리상승으로 많이 오른 것이다.

대출실행이 되는 기준은 물건의 매수가격이 아니라 'KB시세'로 이루어진다. 부동산 시장이 상승장일 때는 KB시세가 호가를 못 따라온다. 예를 들어 5억원에 호가가 형성돼 있는데 KB시세는 4억원에 머물러 있는 경우가 많다. 5억원의 아파트를 2천만원 네고를 받아 4억 8천만원에 매수한다고 가정해보자. 보금자리론이 실행될 때 4억 8천만원의 70%가 아닌 KB시세 4억원의 70%인 2억 8천만원이 대출이 실행되니 자금 계산을 잘 해야 한다.

수학문제처럼 느껴지겠지만 자금에 대한 실제적인 이해가 있어야 부동산에 접근이 가능한 법이다. 아래 문제를 한번 풀어보자.

> **Quiz.** - 네이버에 '원리금균등상환계산기'를 이용해 직접 계산해보자.
> 4천만원 마이너스통장을 갖고 있는 연 소득 4,800만원의 **직장인이 서울에 (LTV 50%, DSR 40% 적용)** KB시세가 5억원인 아파트를 5억 5천만원에 매수한다 가정할 때 마이너스통장을 상환하지 않고 보금자리론이 아닌 일반 30년 원리금균등상환 주택담보대출을 받으면 대출이 얼마까지 나오고 신용대출과 주택담보대출을 제외하고 필요한 순수 현금은 얼마인가? (신용대출금리 6%, 주택담보대출금리 5%) 그리고 매월 지출되는 원리금(원금과 이자)는 얼마인가?

정답
대출실행 가능금액 약 1억 5500만원, 순수 필요한 현금 3억5,500만원, 매월 지출되는 원리금은 103만원

구분	금액(만원)
매수금액	55,000
주택담보대출금액	15,500
신용대출	4,000
순수 필요 현금	35,500

풀이) - 월 상환 가능금액
연 소득 4,800만원에 대한 DSR 40% 적용 = 연 소득 4,800만원에 DSR 40%를 적용하면 1,920만원이 나온다. 즉 연 1,920만원만큼 할 수 있는 능력이 된다 보는 것이다. 1년은 12개월이니 1,920만원을 12로 나누면 160만원이 나오는데 월 160만원만큼 상환할 능력이 있다 보는 것이다. 4천만원

마이너스 통장이 있는 상황인데 마이너스 통장은 신용대출인 것이다. 신용대출은 원리금 5년동안 상환하는 능력으로 평가를 한다. 대출금액 4천만원, 대출기간 5년, 연이자율 6%로 네이버에서 제공하는 원리금 균등상환 계산기를 이용하여 계산하면 매월 납입해야 하는 금액은 약 77만원이 나오게 된다.

▲ 사진설명 : 네이버 원리금균등상환계산기

한번 정리를 하면 DSR 40%를 적용할 때 매월 상환가능 금액은 160만원인데 77만원을 매월 신용대출로 상환한다 보면 160만원에서 77만원을 차감한 83만원의 한도가 남게 된다.

⇒ 상환가능금액: 160만원 - 77만원 = 83만원 남음

대출 가능한 금액과 필요한 현금
매수가격은 5억 5천만원이지만 KB시세인 5억원의 LTV 50%가 실행되므로 최대 2억5천만원까지 대출이 가능하나 DSR 40%에 걸려 남은 월 상환액 83만원 만큼만 대출이 실행된다.

대출기간 30년, 이자 5% 적용하여 월 83만원 원리금 상환을 잡는다면 1억 5,500만원을 대출 받을 수 있다.

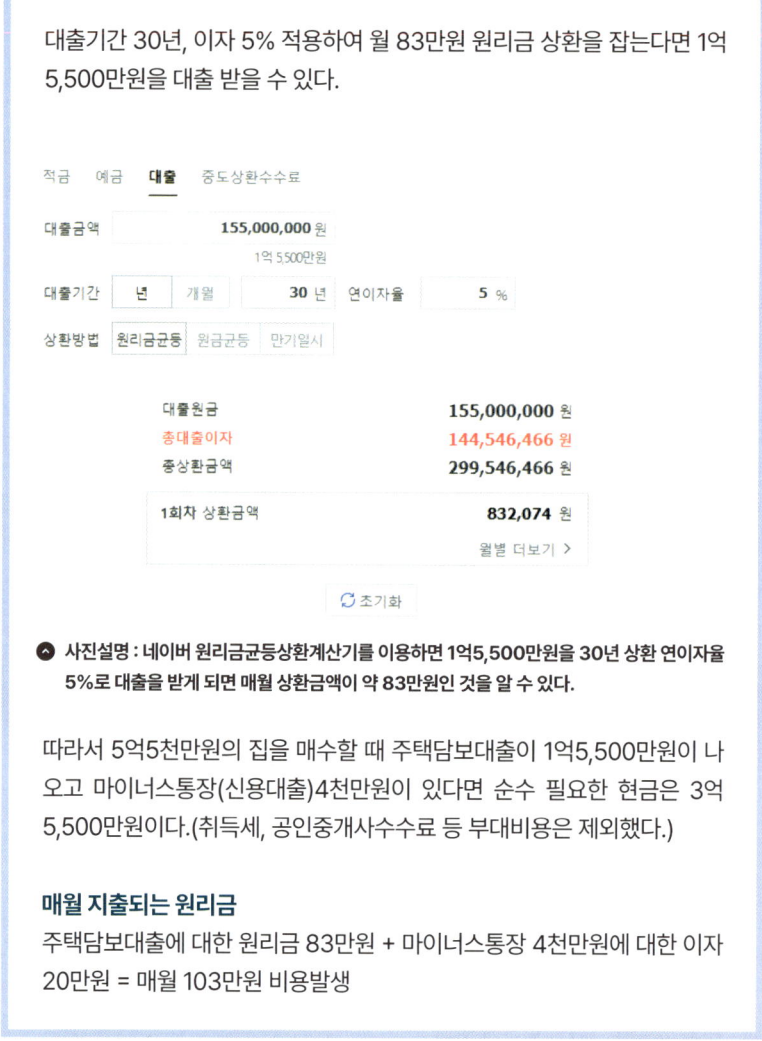

● 사진설명 : 네이버 원리금균등상환계산기를 이용하면 1억5,500만원을 30년 상환 연이자율 5%로 대출을 받게 되면 매월 상환금액이 약 83만원인 것을 알 수 있다.

따라서 5억5천만원의 집을 매수할 때 주택담보대출이 1억5,500만원이 나오고 마이너스통장(신용대출)4천만원이 있다면 순수 필요한 현금은 3억 5,500만원이다.(취득세, 공인중개사수수료 등 부대비용은 제외했다.)

매월 지출되는 원리금
주택담보대출에 대한 원리금 83만원 + 마이너스통장 4천만원에 대한 이자 20만원 = 매월 103만원 비용발생

위와 같이 혼자 계산할 줄 알아야 순수 필요한 자금이 얼마인지, 매월 비용이 얼마나 발생이 되는지 등을 파악하여 내가 감당 가능한 수준인지 여부를 결정할 수 있다. 위 사례의 경우에는 주택담보대출

(LTV 50%)보다 보금자리론에 대한 요건이 충족된다면 보금자리론 (LTV 70%)을 받는 게 더 많은 대출금액이 나올 것이다

PART-3
재개발·재건축

시간이 지날수록 신축아파트에 대한 수요는 높아지고 있다. 신축 아파트를 짓기 위해서는 땅이 필요한데 서울시 내에 새집을 짓기 위한 땅이 많이 부족하다 보니 결국 재개발 혹은 재건축을 통해 신축아파트를 지을 수 밖에 없다. 때문에 재개발·재건축이 될 수 있는 부동산은 시간이 지날수록 가치가 높아질 것이다. 이런 재개발과 재건축에 대해 배워보도록 하겠다.

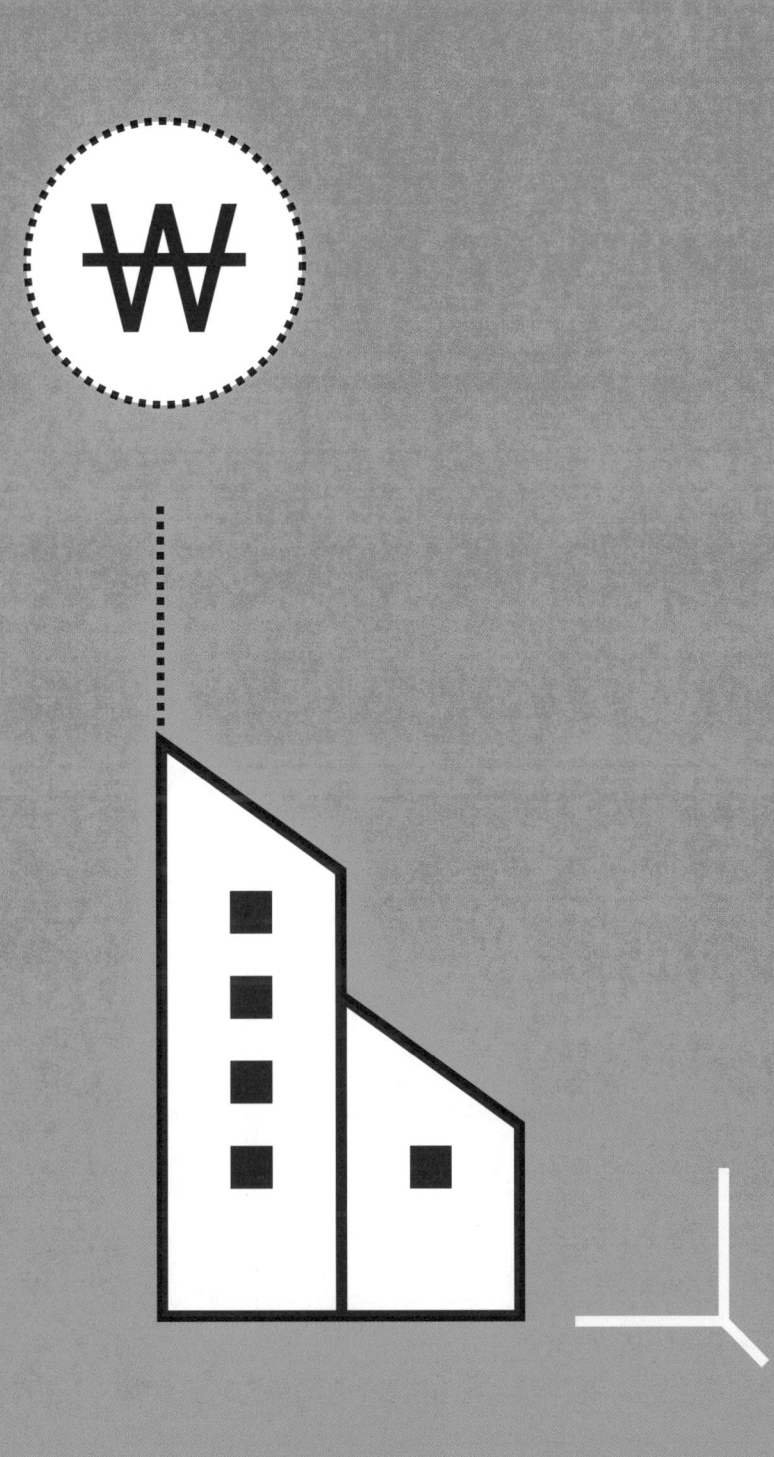

이제 부동산 투자에서 빼먹을 수 없는 '재개발과 재건축'에 대해 자세히 알아보려 한다. 우리가 투자 가능한 부동산의 종류에는 아파트, 토지, 상가, 공장 등 다양하게 존재한다. 본격적으로 재개발과 재건축과 관련된 투자에 대해 다루기에 앞서 우선 '토지'에 대해 간략하게 알고 넘어가자.

토지의 이해

건물을 지으려면 '토지' 없이는 불가능하다. 땅이 없는 상태에서 건물을 지을 수 있겠는가? 건물은 멸실되더라도 땅은 남아있고 영원하기 때문에 부동산에 있어서 토지는 매우 중요하다. 건물을 감정평가 할 때에는 건물의 가치와 땅의 가치를 더해서 책정한다.

1천평의 땅에 25평의 아파트 100세대를 지었다고 가정해보자. 이 100세대가 땅 1천평을 공유하고 있다고 생각하면 될 것이다. 즉, 아파트 1세대에는 10평의 대지지분('대지권'이라고도 함)이 있다고 할 수 있다. 이 아파트 1세대의 가격이 7억원인데 건물의 값은 2억원, 토지의 값은 5억원이라 가정해 보겠다. 한 세대의 대지지분이 10평이니 이 땅은 평당 5천만원이라고 유추할 수 있다.

구분	내역	구분	내역
대지면적	1,000평	아파트가격(25평)	7억원
총 세대수	100세대	건물가격	2억원
세대당 대지면적	10평	대지가격	5억원
		평당 대지가격	5천만원

그렇게 40년이란 시간이 흘렀고 아파트 값은 14억원으로 올랐다고 생각해보자. 40년이 된 아파트를 본 적이 있는가? 너무 오래되어서 건축물의 기능을 다하지 못하게 되어 재건축을 해줘야 하는 아파트가 되어있을 것이다. 14억원의 아파트 가격은 어떻게 구성돼 있을까? 아래 표를 보자.

구분	내역	구분	내역
대지면적	1,000평	아파트가격(25평)	14억원
총 세대수	100세대	건물가격	0원
세대당 대지면적	10평	대지가격	14억원
		평당 대지가격	1억4천만원

이렇게 낡은 건물은 곧 '시멘트 덩어리'라고 볼 수밖에 없기 때문에 시간이 지나면 지날수록 감가상각이 돼 0원에 수렴이 될 것이고, 땅은 계속해서 가격이 올라가 평당 1억4천만원까지 됐을 것이다. 대표적으로 강남구 대치동에 있는 은마아파트가 그렇다. 25억원에 가격이 형성되고 있는데 이는 은마아파트가 위치한 강남구 대치동의 땅값이 계속 올라 아파트 값이 이렇게 형성됐다고 생각하면 되는 것이다.

01.
주택

01_1. 구축아파트와 재건축에 대한 이해

'아파트'는 대한민국에서 가장 흔하게 볼 수 있는 주거 형태이다. 아파트의 가격산정은 어떻게 할 수 있을까? 신축아파트의 값이 어느 정도가 적당한지 판단하는 것은 불가능에 가깝다. 해당 지역 거주민의 소득도 작용할 것이고 금리, 부동산의 심리, 준공된 연차, 지하철역과의 거리, 학교와의 거리 등등 많은 것들이 접목돼 가격에 반영되기 때문에 산정이 어려운 것이다. 하지만 구축아파트의 가격산정은 어느 정도 가능하다.

예시1)

신축아파트 A는 15억원의 가격이 형성되어 있다고 가정해 보자. 바로 옆에 붙어 있는 B 아파트는 30년 이상이 된 아파트인데 시세는 7억원이다. 그리고 이 아파트가 재건축이 된다면 세대당 사업비가 3억원이 필요하다고 한다. 이 B아파트가 재건축이 되어 신축이 된다면 A아파트의 가격인 15억원만큼 갈 수 있을 것이다. (세대수, 브랜드 등은 고려하지 않았다.) 이렇게 되면 B아파트의 가격 7억원 + 재건축 사업비 3억원 = 10억원 즉, 미래의 15억원 아파트를 10억원에 매수할 수 있으니 5억원의 시세차익이 기대되는 것이다. 물론 재건축이 바로 진행되는 것이 아니고 긴 시간(시작조차 안됐다면 10년 혹은 그 이상)이 필요하니 바로 시세차익이 나는 것은 아니기에 지루함과 리스크를 감당해야 한다. 하지만 시간이 지나면 지날수록 건물의 노후화가 진행될 것이기에 안전상의 이유로 결국 재건축이 될 수밖에 없을 것이니 시간에 기대어 버티면 된다.

그렇게 B아파트를 매수했고 10년의 시간이 흘러 재건축이 완료되어 신축 아파트가 생겼다. 그 10년 동안에 돈의 가치가 하락하면서 A의 아파트는 25억원이 됐다고 해보자. 그럼 당연히 내가 매수한 B아파트도 25억원이 됐을 것이다. 즉 5억원의 시세차익을 기대했는데, 10년이라는 시간의 힘으로 15억원의 시세차익을 얻게 되는 것이다. 이렇게 구축아파트 투자의 장점은 부동산 상승장에서 아파트의 가격 상승에 따른 시세차익뿐만 아니라 재건축에 대한 시세차익까지 먹을 수 있다는 것이다.

예시2)

2020년 1월에 15억원인 A아파트가 너무 비싸 매수를 못하고 옆에 구축인 B아파트를 7억원에 매수했다고 생각해보자. 2년이란 시간이 흘러 2022년 1월이 되었고 A아파트는 20억원이 됐다. 과연 B아파트는 7억원에 그대로 머물러 있을까? 최소 8억원 이상으로 올라 있을 것이다. 이렇게 다른 아파트 가격이 오를 때 구축아파트도 같이 오르고, 재건축의 초기 단계인 조합설립인가가 나면 그에 따른 시세차익도 얻을 수 있는 것이다. 그래서 나는 신축아파트보다는 재건축이 가능한 아파트를 좋아한다. (당연히 실거주는 신축아파트에서 하고 싶다.) 그런데 모든 아파트가 재건축이 되는 것은 아니다. 재건축이 가능한 아파트를 찾는 방법과 그에 따른 사업비(추가분담금)가 얼마나 나오는지는 뒤에서 배워보도록 하자.

01_2. 재개발과 재건축

가끔씩 재개발과 재건축을 혼용해서 사용하는 사람들이 있는데 엄밀히 말하면 재개발과 재건축은 다른 사업방식이다.

🏠 **재건축**

재건축은 기반시설이 양호한 지역에 있는 노후, 불량주택을 철거하고 그 철거한 대지 위에 새로운 주택을 건설하는 방식이다.

🔼 **재건축과정 - 사진설명** : 서울시 강남구 개포동 디에이치아너힐즈가 재건축되어 가는 과정

🏠 재개발

반면, **재개발**은 주거환경이 열악하고 낙후되어 기반시설이 열악한 지역의 주택들을 전부 철거하여 새로 정비하고 주택을 신축함으로써 주거환경 및 도시경관을 재정비하는 방식이다.

🔼 **재개발진행과정 - 사진설명** : 성남시 중원구 금광동 한양수자인성남마크뷰가 재개발되어 가는 과정

일반적으로 아파트는 기반시설이 양호한 지역에 위치하기 때문에 재건축으로 진행이 되지만 아파트가 재개발이 진행되는 지역에 있다면 이 아파트는 재개발 방식으로 사업이 이루어지는 것이다. 그렇기 때문에 **아파트는 무조건 재건축으로 이뤄진다는 말은 틀린 말이다.**

| 재건축의 조건

먼저 재건축에 대해 좀더 알아보자. 재건축을 진행하기 위해서는 안전진단이 선행되어야 하는데 먼저 건축물이 30년 이상이 되었을 때 신청이 가능하다. 안전진단은 국가에서 지정해 실시하는 경우도 있고, 해당 주택 동별 구분소유자 1/10 이상이 동의하고 비용을 직접 부담하면 소유자가 직접 신청도 가능하다. 보통 안전진단 비용은 1천 세대 기준으로 2억원 정도의 비용이 발생하는데, 안전진단 진행을 위한 모금이 쉽지가 않아 신청하는 데까지도 시간이 오래 걸린다.

안전진단을 실시하면 해당 주택의 구조 안정성, 주거환경, 비용편익, 설비 노후도에 따라 A~E등급으로 나누어 진다. A~C등급은 건축물의 상태가 양호해 재건축이 불가능하며, D등급은 2차 정밀안전진단을 한 번 더 실시해야 하며 정밀안전진단에서 통과가 되면 재건축이 가능하고, E등급은 재건축 확정이다. 아파트 단지에 "축! 정밀안전진단 통과!"라는 플랜카드를 본 적이 있을 것이다. 이제 재건축을 할 수 있는 첫 발을 내딛은 것이다. (그러나 안전진단통과는 축하할 일이 맞지만 냉정히 따지고 보면 앞으로 넘어야 할 산이 무수히 많고, 그에 따른 시간도 상당히 오래 걸린다고 생각해야 하며 안전진단 통과로 인해 재건축이 무조건 된다는 믿음을 갖지 않는 것이 정신건강에 이롭다.)

| 재개발의 조건

반면 재개발은 안전진단을 할 필요 없이 일정 요건이 충족되면 지자체(시장, 도지사)에서 정비구역을 지정해서 진행하거나 토지등소유자가 입안을 제안해 진행할 수 있다.

이후부터는 재개발과 재건축의 절차가 같으니 함께 알아보도록 하겠다.

01_3. 재개발&재건축 추진 절차

▲ 재개발·재건축추진절차

위 표는 재개발, 재건축의 사업 절차다. 긴 과정이 있으니 전반적으로 이해하고 있어야 시장에 현명하게 참여할 수 있을 것이다.

① 정비구역지정

재개발, 재건축이 필요하다 인정받으면 지정권자는 정비구역을 지정 후 고시하게 된다.

② 추진위원회 구성

정비구역 지정, 고시됐다고 해서 무조건 진행되는 것이 아니다.

토지등소유자 과반수의 동의를 받아 조합설립을 위한 '추진위원회'를 구성해야 하는데, 과반수의 동의를 받는 것부터 만만치 않다. 그렇게 만들어진 추진위원회에서 하는 일은 사업진행에 따른 조합설립인가를 받기 위한 준비업무부터 개략적인 정비사업 시행계획서 작성 등 초기 작업들이다.

③ 조합설립인가

추진위원회는 조합설립을 위해서 만들었다고 했다. 이렇게 정비사업을 진행하려면 토지등소유자로 구성된 조합을 설립해야 하는데 재개발과 재건축의 동의요건이 다르다.

> **재개발·재건축의 조합설립 동의요건**
> **재개발**은 추진위원회가 조합을 설립하려면 <u>토지등소유자의 3/4 이상 및 토지면적의 1/2 이상의 토지소유자의 동의</u>를 받아야 하며, **재건축**의 경우 조합을 설립하려면 <u>아파트의 전체 구분소유자의 3/4 이상의 동의</u>를 받아야 한다. 예를 들어 재개발을 진행하는 지역이 있는데 이 지역의 소유자가 1천명이라고 가정해보자. 추진위원회에서 소유자 750명 이상의 동의를 구해야 하는데 이게 생각처럼 쉽지가 않다. 우선 직접 집에 찾아가면 집주인이 거주하지 않고 세를 주는 경우도 많아 집주인을 만나기가 쉽지 않다. 등기부등본에 나와 있는 집주인의 주소로 동의서를 등기우편으로 보내면 틀린 주소로 인해 반송되는 경우도 허다하다. 동의를 구하는 과정에 거래가 되어 소유자가 바뀌는 경우 등등 여간 힘든 일이 아니다. 이렇게 조합설립인가가 나면 본격적인 사업이 진행되는 것이고 가격이 한 차례 올라가는데 안전한 투자를 위해 돈을 조금 더 주더라도 조합설립인가 난 지역을 매수하는 것이 낫다. 추진위원회가 결성되고서도 조합설립인가를 못 받는 곳도 생각보다 많기 때문이다.

④ 시공사 선정

지역에 따라 사업시행인가 이후 시공사를 선정하는 곳도 있다. 이제는 건설사를 정할 단계이다. 각 건설사에서 입찰을 하게 되는데 이때 건설사는 사업을 수주하기 위해 영업활동 및 각종 혜택을 내세운다. 시공사 선정을 위해 총회가 개최되고 조합원들은 투표를 통해 건설사를 결정할 수 있다.

*2022년 1월 11일 광주 화정 아이파크 붕괴사고가 발생했다. 이로 인해 아이파크의 건설사인 HDC현대산업개발의 신뢰도가 무너졌다. 하지만 한 달이 지난 뒤인 2022년 2월 안양시 관양동 '관양 현대아파트 재건축'의 시공사 선정총회에서 총 509표(득표율 55%)를 얻어 경쟁사인 롯데건설(417표, 득표율 45%)를 제치고 시공사로 선정됐다. HDC현대산업개발의 무너진 신뢰로 인해 롯데건설이 수주할 것으로 예측했지만 평당 4,800만원 분양 보장, 미분양 발생 시 대물변제, 가구당 7천만원의 사업추진비 지급이라는 어마어마한 사업조건을 내걸어 조합원들의 마음을 사로잡았다고 풀이되고 있다. 과연 실현 가능할 지 모르겠지만 평당 4,800만원에 일반분양이 된다면 그만큼 수익이 커지기 때문에 조합원의 추가분담금이 줄어들 수 있고 가구당 7천만원을 준다고 하니 당연한 결과로 보인다. 과연 HDC현대산업개발이 공약을 지킬지 지켜볼 일이다.

⑤ 건축심의

사업 진행이 이쯤 되면 어떻게 짓겠다는 설계안이 나온 상태다. 이 설계를 통해 건축심의를 받는다. 한번은 재건축이 진행 중인 아파트 옆에 학교가 붙어 있었는데 이 사업장은 조합설립인가를 받았지만 건축 심의하는 과정에서 학교 일조권을 상당히 침해하므로 층고를 낮추라는 명령과 함께 학교 측으로부터 강당을 짓기 위한 땅 일부를 기부 채납하라는 명령을 받았다. 이렇게 심의를 통과하지 못하면 설계를 변경하여 재신청을 해야 하는데 이로 인해 사업진행 속도가 나지 않는 경우도 있다.

지난 2013년 고 박원순 서울시장 시절 '서울시 스카이라인 관리 원칙'이 생겨 3종 일반주거지역은 35층 이하로, 한강 수변 연접부는 15층 이하로 층고를 제한하기 시작했다. 무분별한 초고층 건축으로 한강변 경관을 가려 한강뷰를 사유화하는 것을 막기 위한 취지였다. 2014년엔 서울시 도시기본계획인 '2030서울 도시기본계획'에, 2015년엔 '한강변 관리 기본계획'에도 해당 내용을 포함하며 규제 기조를 이어갔다. 그 결과 35층 이상을 원한 반포주공 1단지(45층), 신반포3차(45층), 압구정 현대(45층), 은마아파트(49층), 잠실주공 5단지(50층)등 주요 재건축 단지의 초고층 건축 계획이 번번이 통과하지 못했고 조합원들은 고층으로 짓지 못할 바에 재건축을 진행하지 않고 미루기 시작했다. 오세훈 서울시장이 당선되고 2022년 3월 '2040서울도시기본계획'이 발표가 됐는데 35층 높이 기준을 삭제하고, 유연하고 정성적인 '스카이라인 가이드라인'으로 전환하게 된다. 이에 따라 용산구 이촌동 한강맨션은 시공사인 GS건설로부터 제시받은 최고 68층으로 재건축하는 방안을 검토하고 있다. 또한, 잠실주공5단지도 35층 이하로 지으라는 서울시와 50층으로 짓겠다는 조합과의 갈등으로 진행이 되지 않았다가 2022년 2월 6년 만에 심의가 통과해 50층으로 지을 예정이다. 이처럼 건축심의에서 많은 사안들이 지체되는데 건축심의가 통과했다면 상당 부분 사업이 진행됐다고 봐도 된다.

⑥ 사업시행인가

'사업시행인가'란 조합이 추진하는 정비사업 관련 내용을 최종 확정하고 인가하는 행정절차이다. 대부분 주택건설계획에 관한 내용이 담겨 있는데 사업시행인가가 났다면 사업이 무산될 가능성이 현저히 낮아진다. 그렇기 때문에 안전한 투자처를 찾는다면 사업시행인가가 난 지역의 사업지를 매수하면 되는데 가격이 꽤 높게 형성이 됐을 것이다.

⑦ 종전자산 감정평가

재개발 사업지역 내 다세대주택(빌라) 한 채를 소유하고 있다고 가정해보자. 사업을 진행하는데 이 빌라를 철거하고 신축아파트를 준다고 한다. 이 아파트의 조합원분양가는 3억원이라 할 때 조합원분양가 3억원을 전부 납부하는 것이 아니고, 기존 내가 소유한 빌라를 가져가고 신축아파트를 받는 것이니 이 빌라의 가격만큼 조합원분양가에서 차감해야 할 것이다. 이때 기존 내가 소유한 자산(다세대주택, 단독주택, 상가 등. 여기 예시에서는 해당 빌라 한 채)을 감정평가하여 금액으로 산정하는 것을 '종전자산 감정평가'라고 한다. 만약 내가 갖고 있는 빌라를 감정평가 했더니 1억원이 나왔고 조합원분양가가 3억원이라면 3억원에서 1억원을 차감한 2억원을 사업진행비로 납부해야 한다. (정확하게 따지려면 비례율까지 나와야 하지만 너무 복잡해지니 뒤에서 다루도록 하겠다.) 이때 추가로 납부해야 하는 이 2억원을 '추가분담금'이라 한다.

⑧ 조합원 평형신청

1천명의 조합원이 있는 지역을 재개발해서 2천 세대의 아파트 단지로 사업을 진행한다고 가정해보자. 2천세대 안에 다양한 타입의 평형이 존재할 것이다. 이 아파트는 84A 500세대, 84B 300세대, 74A 300세대, 74B 200세대, 59A 500세대, 59B 200세대를 분양한다고 한다. 조합원은 1순위, 2순위, 3순위~6순위까지 신청할 수 있는데 조합원 평형 신청 기간에 '1순위 84A, 2순위 84B, …, 6순위 59B' 이런 식으로 신청서를 작성해 제출한다.

*이 기간 안에 평형 신청을 하지 않으면 현금청산이 되니 주의하자. 현금청산이란 입주권(신축 아파트를 입주할 수 있는 권리)를 받지 못하고 감정평가금액만큼 현금을 돌려주고 청산되는 것을 말한다. 입주권을 받을 수 있다는 것 자체만으로도 프리미엄이 형성되는데 그것을 받지도 못하고 감정평가금액만큼의 현금만 받고 쫓겨난다면 큰 손해다.

분양신청 결과 1순위 84A에 800명이 몰렸다면 500명만 당첨이 될 수 있으니 300명은 탈락하게 되는데, 이때 기준이 되는 것이 바로 감정평가금액이다. 감정평가금액이 높은 순서대로 500명까지 84A에 당첨이 되며 나머지 300명은 2순위 신청한 평형에서 경쟁하게 된다. 그렇다 보니 감정평가금액이 중요하다. 감정평가금액이 높은 사람은 어디를 신청하든 당첨이 되겠지만, 낮은 사람들은 넓은 평형 중 상대적으로 인기가 덜한 곳이 어딘지 많은 고민을 하며 눈치 게임을 하게 될 것이다.

지인과 나는 같은 재개발지역 내 빌라를 한 채씩 갖고 있었다. 내가 가지고 있는 빌라의 감정평가 금액은 6,600만원이 나왔고 지인의 감정평가 금액은 6천만원이 나왔다. 대개 A타입이 평면이 좋게 나온다. 감정평가금액이 높지 않은 나는 84A의 높은 경쟁률로 인해 당첨될 것 같지 않아 74A를 1순위로 신청했고, 지인은 감정평가금액이 낮지만 많은 사람들이 84A에 몰리면서 84B가 경쟁률이 낮을 것으로 예상하고 84B를 1순위로 신청했다. 결과는 역시 84A에 과하게 몰려 감정평가 순으로 커트를 하게 됐고 84B, 74A 둘 다 신청이 미달됐다. 그래서 지인은 나보다 낮은 감정평가액임에도 불구하고 더 넓은 평수인 84B를 배정받게 됐다.

◉ 관리처분계획인가

관리처분계획은 재개발, 재건축 등의 정비사업 시행 후 분양되는 대지 또는 건축시설 등에 대하여 합리적이고 균형 있는 권리의 배분에 관한 사항을 정하는 계획이다. 관리처분계획인가까지 났다면 사업 진행의 끝이 보인다고 생각해도 되며, 이후부터는 입주권으로 바뀌게 된다.

> **입주권으로 바뀌면 주택수에 포함되니 주의하라**
> 이렇게 입주권으로 바뀌는 것은 중요하게 작용하는데 2020년 8월 12일 이후 입주권 취득분에 한해서는 주택수에 포함하게 되어 취득세 및 양도세에 큰 영향을 미칠 수 있으니 주의해서 접근해야 한다. 만약 주택을 한 채도 소유하고 있지 않은 상태에서 재개발이 진행되는 지역 내 입주권이 나오는 상가를 1채 매수했다고 가정해보자. 상가는 주택 수에 합산이 되지 않기 때문에 기존에 상가 1채를 소유하고 있는 상태일 때 이는 무주택이기 때문에 청약이 가능했다. 그러다 이 재개발 구역에 관리처분인가가 났다. 이렇게 되면 이 상

> 가는 '입주권'으로 변하면서 주택 수에 합산이 된다. 그러면 이 사람은 1주택자로 바뀐다. 이렇게 되면 무주택자 청약은 불가하게 된다! 이뿐만 아니라 다음 주택을 매수하게 되면 취득세가 달라질 수 있다.

⑩ 이주 및 철거

이제 아파트를 지을 단계다. 아파트를 지으려면 아무것도 없는 깨끗한 땅이 필요한데 현재 사업지역 위에는 수많은 건물들이 있을 것이다. 아파트를 짓기 위해서는 철거가 필요한데 아직 사람들이 살고 있으니 이주를 시켜야 한다. 사업지역 내에는 집주인이 거주하기도 하겠지만 세입자가 거주하고 있는 경우도 있다. 만약 집주인이 은행으로부터 대출을 받고 거주를 하고 있다면 대출을 상환해야 이주할 수 있을 것이고, 세입자가 보증금을 내고 거주하고 있다면 집주인이 세입자에게 보증금을 내주어야 세입자가 이주할 것이다. 이를 원활하게 진행하기 위해 '이주비 대출'이라는 것이 실행되는데 **감정가격의 50%가 나온다. (정책에 따라 대출 %가 달라질 수 있으니 참고하자.)** 이 돈으로 세입자의 보증금을 충당해 세입자를 내보내거나 대출금을 상환하는데 이용한다. 이주가 끝나게 되면 펜스를 치고 철거를 시작하게 된다.

⑪ 조합원 동호수 지정

기존에 평형을 신청했다면 이번에는 동호수를 추첨하게 되는데 이는 무작위로 진행한다. 총 세대수 대비 조합원의 수가 상대적으로 적을 경우, 조합원들을 로얄동과 로얄층(줄여서RR)을 우선적으로 배정해주기도 한다.

⑫ 착공 및 일반분양

착공이 시작되며 이때 즈음 맞춰서 일반분양이 시작된다. 규모에 따라 다르겠지만 보통 공사 기간은 3년~4년 정도 걸린다.

⑬ 준공 및 입주

완공되면 입주 사전점검을 해 하자는 없는지 체크하고 입주하게 된다.

| 재개발·재건축의 어려움

이렇듯 길고 긴 절차에 따라 재개발, 재건축이 이뤄지게 되고 보통은 10년 정도가 걸릴 수 있으며, 부동산 시장과 조합원의 의지에 따라 10년이 넘는 시간이 소요되는 경우도 있다. 그리고 많은 이해관계인이 있다 보니 순조롭게 진행되는 건 정말 힘들다. 조합원평형신청기간 동안 평형신청을 못해 현금청산자가 돼 앙심을 품고 비상대책위원회에 가입해 악의적으로 훼방을 놓는 사람들도 많고, 말도 안 되는 유언비어를 터트려 어르신들을 유혹해 사업을 지연시키는 경우도 많다.

재개발의 어려움 사례1 : 터무니없는 보상액을 요구하는 경우

서울의 장위10구역 재개발지역은 한 교회와 보상금 문제로 수년째 분양이 미뤄지고 있었는데 교회 측이 터무니없는 보상액을 요구한 탓이다. 서울시 등은 보상금액을 92억원을 규정했지만 교회는 약 560억원을 요구했다. 이에 조합은 교회를 상대로 소송을 진행해 승소했지만 교회는 경찰의 강제철거를 6번이나 무산시키며 거세게 반발했다. 이 사업장은 2017년 7월 관리처분인가를 받고 대부분 이주까지 마친 상황이지만 교회와 협상이 진행될 때까지 일반분양 일정이 계속 미뤄졌다. 이에 조합은 교회를 사업구역에서 제외하고 추진할 경우의 타당성 조사를 실시했고, 교회를 제외하고 추진했을 때 조합의 사업 손해액은 약 910억원으로 추산됐음에도 불구하고 조합원들은 교회를 제외하는 쪽으로 선택했다. 이렇게 교회를 제척하면 사업구역 내 설계도를 변경해야 하는데, 지자체로부터 인허가를 다시 받아야 해 약 2년가량의 사업이 지연될 일이었다. 그러다 2022년 7월 결국 교회와 조합은 500억원이라는 금액으로 협상했다. 조합 입장에서도 손해액과 사업지연에 따른 손실보다 적게 들어가는 것이라 판단했을 것인데 이 500억원은 고스란히 조합원들의 손해로 이어지게 되는 꼴이다. 이렇듯 재개발, 재건축이 생각처럼 빠르고 쉽게 이뤄지지는 않는다.

재개발의 어려움 사례2 : 세입자가 있는 경우

지인이 재개발이 진행되고 있는 사업지 내 빌라를 전세보증금 7천만원을 안고 1억원을 투자해 1억7천만원에 매수를 했다. 이미 관리처분인가 신청을 한 단계라 꽤 많이 진행된 재개발 지역이었다. 그런데 어느날 이 분으로부터 전화가 왔다.

" 노세님 갑자기 세입자가 나가겠대요. 어떻게 하면 좋죠? "

지인은 당장에 세입자의 보증금 7천만원을 빼 줄 여력이 되지 않았다. 그렇다고 해서 곧 관리처분인가가 나고 이주계획이 잡히면 이주해야 할 것인데 다음 세입자가 들어올 리도 없었다. 지인은 이주계획이 잡힐 때까지 시간적 여유가 있으니 그동안 자금을 모으고 부족한 돈은 이주비 대출을 통해 마련해 보증금 7천만원을 돌려줄 계획이었는데, 예상치 못하게 세입자가 이사를 할테니 보증금 7천만원을 돌려 달라고 한 것이다. 나는 세입자에게 사정을

> 설명하고 이주 때까지 살 수 있도록 부탁을 해보고 대화로 풀어보라고 했다. 지인이 대화를 해보니 세입자는 부모님의 집으로 이사를 가려 한다고 했다. 다행히 세입자는 몸만 이사를 가고 전입신고를 퇴거하지 않아도 됐었다. 그래서 지인은 이주 때까지 거주하면 세입자의 전세자금대출의 이자를 매달 대납해주는 것과 조합에서 지급하는 이사비 300만원을 주겠다는 조건으로 세입자를 잡아둘 수 있었다.

재개발, 재건축의 절차 중에 최소한 추진위원회 구성, 조합설립인가, 사업시행인가, 관리처분인가는 기억해 두는 게 좋다. 부동산 투자를 하려고 공인중개사 사무실에 방문해서 물건 브리핑을 듣는데 "건축심의는 통과했고 사업시행인가 준비 중입니다." 라고 했을 때 어느 정도까지 진행됐는지는 알아야 하니까 말이다.

01_4. 재개발·재건축에서 알아야 할 모든 것

재개발·재건축에서 알아야 할 것
❶ 재개발, 재건축 프리미엄(P)

재개발, 재건축은 결국 시간과의 싸움이다. 사업 초기일수록 저렴할 것이고, 사업 절차가 진행되면 될수록 가격(프리미엄)이 올라간다. 자본주의 사회 이치가 그렇듯 재개발·재건축도 돈으로 시간을 사는 일이다. 만일 돈이 많고 시간이 부족하다면 관리처분인가가 난 사업지를 매수하여 완공이 되면 입주해서 살면 될 것이고, 돈이 부족하고 시간이 많다면 추진위원회가 구성된 초기재개발이나 조합설립인가가 난 사업지를 매수해서 기다리면 되는 것이다. 이번엔 이 '프리미엄'은 어떻게 구성이 되는지 더 알아보자.

사업시행인가가 난 지역의 빌라를 5억원에 판다고 한다. 이 빌라의 감정평가금액은 1억원이다. 여기에 프리미엄은 얼마나 붙어 있는 것일까? 매도가 5억원에서 감정평가금액인 1억원을 차감한 4억원이 프리미엄이 되는 것이다.

재개발·재건축에서 알아야 할 것
❷ 추가분담금 ★

위 단계 중 '⑨관리처분계획인가'가 나는 시기에 대략적인 추가분담금도 결정이 된다. 추가분담금이란 조합원의 자격으로 신축아파트를 받아야 하는데 추가적으로 납부해야 하는 금액을 말한다. 추가분담금을 알아야 내가 새로 짓는 집에 입주할 때 필요한 비용을 알 수 있지 않겠는가? 그래서 중요한 부분이 아닐 수 없다.

추가분담금을 알기 위해 먼저 다음 용어들을 이해하자.

> **'종후자산평가액'**은 총 분양수입이다. 이는 후(後) 자산평가액, 그러니까 재개발이 완료가 된 후의 총수입을 말하는데 이에는 일반분양가, 조합원분양가, 상가분양가, 임대아파트 분양가(국가가 저렴한 가격에 매수해 임대로 공급)의 합이다.

> **총 사업비**는 사업을 진행하는데 들어가는 철거비, 공사비, 각종 금융비, 조합운영비 및 인건비 기타 사업비 등 재개발, 재건축을 시작해서 완공까지 하는데 들어간 총비용을 말한다.

> **종전자산평가액**은 사업시행인가가 난 후 감정평가가 이뤄지는데 재개발, 재건축이 진행되는 사업지역 내 모든 부동산 감정평가의 합을 말한다.

> **비례율(중요!)**
> 비례율은 **종후자산평가 합계에서 총사업비를 뺀 수치를 종전자산 합계로 나누어 100을 곱한 값이다.** 이렇게 말로 표현하니 어렵지만 쉽게 말해 해당 사업의 '수익률 지표'라고 생각을 하자. 이는 재개발, 재건축에 꼭 필요한 수치이다.

$$\frac{\text{종후자산평가액} - \text{총사업비}}{\text{종전자산평가액}} \times 100 = \text{비례율}$$

비례율은 추가분담금 결정에 주요한 역할을 하며 비례율이 높을수록 추가분담금이 낮아지고 비례율이 낮을수록 추가분담금이 높아진다. 아래 예시를 보며 이해했으면 좋겠다.

<예시>

2개의 단독주택이 있는 지역에 재개발을 진행해 총 4세대의 아파트를 짓는다고 가정해보자. 단독주택의 감정평가액은 각 집당 4억원씩 나왔다. 이 재개발이 이루어지는 데 들어가는 총 사업비는 12억원이다. 새로 지어지는 4개의 주택 중 2개는 조합원에게 배정을 해줘야 할 것인데 조합원을 위한 분양가는 5억원이며, 나머지 2개의 주택은 일반분양 될 것이며 일반분양가는 6억원이라고 한다.

정리해보면 다음과 같다.

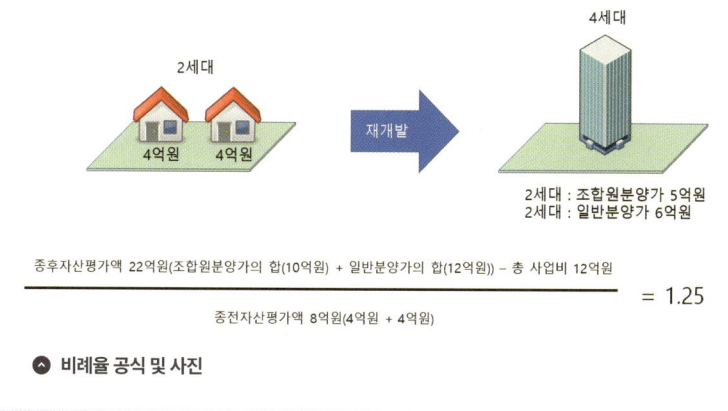

● 비례율 공식 및 사진

 이렇게 각 용어와 비례율까지 알아보았다. 이제 비례율을 이용해 추가분담금을 구하는 법에 대해 알아보자.

★추가분담금을 구하는 방법★

기존 주택의 감정평가액에 비례율을 곱한 값(권리가액)과 조합원 분양가의 차이가 추가분담금이 된다.

조합원분양가 - 권리가액(기존주택의 감정평가액 x 비례율) = 추가 분담금

위에서 비례율을 구할 때 사용했던 예시에서 보면 조합원은 총2명으로 단독주택 한 채씩 갖고 있었는데 이 단독주택의 감정평가금액은 4억원이었다. 감정평가액 4억원에서 비례율 1.25를 곱하면 권리가액 5억원이 나오는데 조합원 분양가도 5억원이기 때문에 추가분담금은 0원이 되는 것이다. 즉, 이 재개발 사업지역 내 단독주택 1채를 소유하고 있었다면 추가분담금 없이 새 아파트 1채를 받을 수 있게 되는 것이다.

추가분담금에 대해 또 다른 예시를 통해 한번 더 익혀보자.

① 만약 재개발지역 내 빌라 1채를 소유하고 있다고 하자. 종전자산감정평가를 했는데 감정가격이 1억원이 나왔다.
② 비례율은 110%가 나왔다. 비례율이 적용되어 이 빌라의 권리가액은 1억원의 110%인 1억 1천만원이 나오게 된다.
③ 조합원평형신청에서 34평을 신청했고 당첨이 됐으며 조합원 분양가는 3억 4천만원이라 가정해보자.
④ 추가분담금은 3억4천만원(조합원분양가)에서 1억1천만원(권리가액)을 차감한 2억3천만원이 된다.

즉, 34평의 신축 아파트를 받으려면 2억 3천만원을 추가로 납부해야 하는 것이다. 그런데 이 금액을 한 번에 납부하는 것은 아니고 분납하게 되는데 대개는 10/60/30 순으로 납부를 한다. 계약금 10%(2,300만원), 중도금 10%(2,300만원)씩 6번, 그리고 입주할 때 잔금 30%(6,900만원)를 납부하는 것이다.

재개발·재건축에서 알아야 할 것
❸ 감정평가가 불가한 시점에서 감정평가금액 예측방법

감정평가금액을 안다면 프리미엄이 얼마인지 정확히 예측이 가능하겠지만 감정평가가 이뤄지는 시점은 '사업시행인가가 난 후'다. 만약, 조합설립인가가 나지도 않았다면, 혹은 조합설립인가가 갓 이루어진 지역의 재개발에 투자하겠다고 한다면 당연히 감정평가가 이뤄지지 않았을 것이다. 이럴 경우에는 어떻게 감정평가금액을 예측하고 프리미엄이 얼만지 계산할 수 있을까? 대략적인 방법을 알아보자.

① 공동주택가격 유추하기

정확한 예측은 아니지만 보통은 공동주택가격을 기준으로 산정한다. 공동주택가격이란 매년 정부에서 1월1일 기준으로 적정가격을 조사하여 4월 말에 발표를 하는 정부에서 정한 가격을 말하며 이 금액은 세금을 산정하는 기준이 되기도 한다. **공동주택가격은 국토교통부에서 운영하는 '부동산공시가격알리미'라는 사이트에서 제공을 하는데 해당 사이트에 들어가서 지번과 호수를 입력하면 확인이 가능하다.**

● 공시가격알리미

예를 들어 조합설립인가가 난 재개발 사업지 내 빌라를 누군가 1억5천만원에 매도한다고 한다. 이 매물의 공동주택가격을 확인해 보니(대개는 공인중개사 분들이 공동주택가격을 알고 있다.) 1억원이라고 한다. 그럼 프리미엄은 매매가 1.5억원 - 공동주택가격 1억원 = 5천만원이 되는 것이다.

(사업시행인가가 나고 감정평가가 되면 공동주택가격과 동일하게 나오지는 않지만 가격을 산정할 수 없기 때문에 공동주택가격을 기준으로 추정하는 것이다.)

② 추가분담금 유추하기

재개발·재건축에 참여했을 때 지급해야 하는 추가분담금도 대략적으로라도 알아야 접근이 쉬울 것이다. 추가분담금을 알기 위해서는 조합원분양가를 알아야 하는데 이제 막 조합설립인가가 난 지역의 사업장은 조합원분양가가 나왔을 리 없다. 이를 확인하기 위해서는 **인근 재개발/재건축 사업장의 최근 조합원분양가를 확인하는 방법**밖에 없다.

최근에 인근 재개발 사업장에서 어떤 매물을 평당 1,000만원에 분양했다고 가정해보자. 이것을 기준으로 추가분담금을 생각해보는 것이다. 원칙은 '감정평가금액'과 '비례율'을 알아야 권리가액이 나오고 추가분담금을 알 수 있지만, 사업초기단계에서는 감정평가금액과 비례율이 나왔을 리 없으니 대략적으로 유추해 보아야 한다. 우선 감정평가금액을 유추해 보자면 정확한 건 아니지만 대략 공동주택가격에 1.3를 곱한 금액을 감정평가금액으로 산정한다. 즉, 감정평가금액은 공동주택가격(1억원) x 1.3 인 1억3천만원이 되는 것이고, 인근의 조합원 분양가 3억4천만원(1,000만원 x 34평)에서 1억3천만원을 차감한 2억1천만원이 추가분담금으로 나올 것으로 추측할 수 있다.

구분	내역	구분	내역
매매가	15,000	공동주택가격	10,000
공동주택가격	10,000	예상 감정평가액	13,000
프리미엄	5,000	예상 조합원분양가	34,000
-	-	예상 추가분담금	21,000

단위 : 만원

많은 부동산들에서도 이런 방법으로 대략적인 추가분담금을 알려준다. 그러나 위 계산은 다른 방법이 없으니 어쩔 수 없이 해보는 대략적인 유추일 뿐 실제 많은 변동이 있을 수 있음을 감안하여야 한다. 여기서 대입한 조합원분양가와 감정평가금액이 정확한 게 아니기 때문이다. 최근에는 건자재값과 인건비 폭등으로 인해 조합원분양가가 높아지고 있다. 그래서 기존에 분양됐던 아파트들의 조합원분양가가 평당 1,500만원 정도였지만 최근 분양되고 있는 재개발지역 내 조합원분양가는 평당 2천만원이 넘어가고 있는 실정이다. 위의 예시에서는 인근의 조합원 분양가가 평당 1천만원이었던 것을 두고 계산을 했지만 시간이 흘러 확정된 조합원분양가는 더 높아질 것이고 그에 따른 추가분담금도 늘어날 것이다. 그렇게 되는 사례를 생각해보자.

감정평가금액이 1억원이며 프리미엄 1억원을 주고 2억원에 매수를 했다고 가정해보자. 당초 **인근 재개발 사업장**의 매물 가격을 기준으로 예상했던 조합원 분양가는 평당 1천만원으로, 34평의 조합원 분양가는 3억 4천만원이라 추가분담금을 약 2억 4천만원으로 잡고 있었다. 즉 실제로 매수한 가격은 매수금액 2억원 + 추가분담금 2억 4천만원 = 4억 4천만원으로 생각을 한 것이다. 하지만 건자재값과 인건비의 상승으로 실제 조합원분양가가 400만원이 오른 평당 1,400만원이 됐고 조합원분양가는 4억7,600만원(1,400만원 x 34평)이 나왔다. 그러나 감정평가금액은 그대로 1억원이기 때문에 이에 따라 추가분담금은 3억7,600만원이 될 것이다. 처음 예상했던 금액보다 추가분담금이 무려 1억 3,600만원이 높게 나와 총 매수 가격은 처음 예상했던 4억 4,000만원이 아닌 5억 7,600만원이 되는 것이다.

구분	예상	실제	차액
감정평가금액	10,000	10,000	-
프리미엄	10,000	10,000	-
매수금액	20,000	20,000	-
조합원분양가(34평)	34,000	47,600	13,600
추가분담금	24,000	37,600	13,600
실 매수가	44,000	57,600	13,600

단위: 만원

이때 인근 신축 34평의 아파트의 시세가 6억원이라고 한다. 조합원 분양가를 평당 1천만원으로 예측했을 때는 1억6천만원의 시세차익이 기대됐지만 막상 조합원분양가가 나오고 보니 3,400만원의 시세차익이라니 그렇게 매력적인 투자는 아닐 것이다. 조합원분양가가 높아짐에 따라 투자의 매력이 급격히 떨어지게 된다.

이렇게 생각했던 것보다 조합원분양가가 올라가거나 감정평가금액이 낮게 나오면 추가분담금이 높아져 실망매물이 나오기 마련이다. 이렇게 예상보다 부담해야 하는 가격이 달라질 수 있다는 것을 여유있게 감안하고 접근해야 한다.

재개발·재건축에서 알아야 할 것
❹ 초기재개발 물건을 싸게 매입하는 법

초기재개발을 투자한다고 생각하고 접근해보자. 과연 어떤 빌라들을 사는 게 좋을까? 그리고 어떠한 항목들을 파악해봐야 할까?

일단 무조건 저렴하게 사야 한다. 정확하게 얘기하면 감정평가가 높게 나올 매물을 저렴하게 사야 하는 것이다. 재개발은 사업 기간이 굉장히 길다. 생각하는 것보다 더욱 오래 걸린다. 만약 재개발 빌라를 매수했는데 누수가 생긴다거나 예상치 못한 하자가 발생될 경우 세입자와의 실랑이로 인해 고통을 받게 되고, 거기에 사업 진행이 더디게 된다면 차라리 빨리 팔아버리고 싶을 것이다. 그렇기 때문에 장기적으로 보고 관리가 편한 물건으로 매수하는 게 좋다.

그럼 감정평가금액이 높게 나올 매물은 어떻게 알 수 있을까?

부동산의 감정평가금액은 건물값과 토지값의 합이다. 그리고 이 모든 걸 지표로 보여주는 것이 공동주택가격이다. 답은 나왔다. 공동주택가격이 높은 것을 싸게 사면 되는 것이다.

그럼 이제부터 초기재개발 물건을 싸게 사는 방법을 알아보자. 먼저 어느 지역이 초기재개발이 진행되고 있는지 알아야 한다. 초기재개발은 지정 고시도 되지 않았기 때문에 각종 앱을 확인해도 정보가 나오지 않는다. 이럴 때는 네이버 검색을 활용하는 수밖에 없다. 인천 지역을 확인하고 싶다면 네이버에 '인천초기재개발'이라고 검색하면 다양한 정보들이 나온다. 인천 만수1구역에 초기재개발을 진행한다고 한다. 이 사업지역 내 물건을 찾는다고 생각하고 접근해보자.

아래 예시들을 통해 초기재개발 데이터를 추려내고 결정하는 모든 방법을 알아보자.

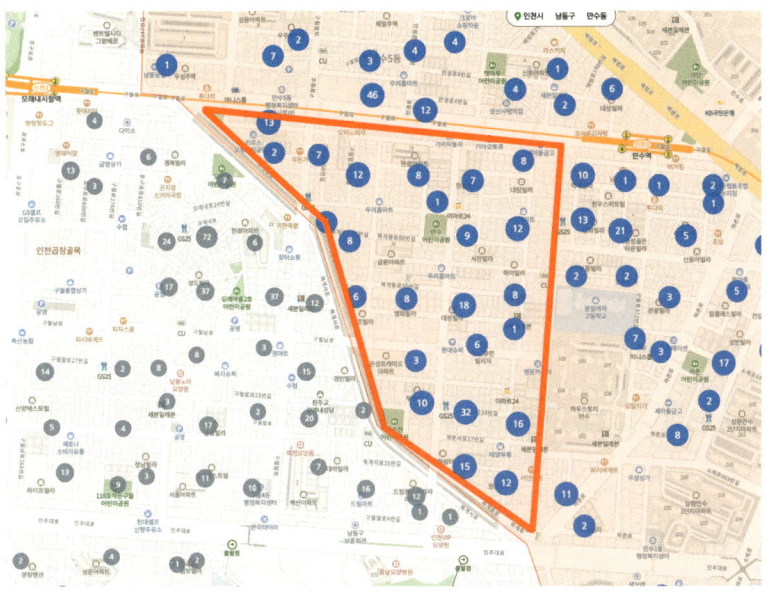

🔺 만수1구역 – 전체

우리는 이 수많은 물건 중에 무엇을 사야 할까? 여기서 파악해야 하는 정보는 매매가, 전세가, 준공년도, 대지지분, 건물면적, 공동주택가격이다. 전부 파악하기 힘들다면 매매가, 전세가, 공동주택가격은 필수로 확인해야 한다. 매매가와 전세가를 알아야 하는 이유는 투자금을 파악하기 위해서이다. 만약 매매가가 1억원인데 전세가가 7천만원이라면 투자금은 3천만원이 들 것이다. 혹시 집주인이 살고 있는 상태에서 매도를 원한다면 공인중개사한테 전세를 맞추면 얼마까지 가능할지도 물어서 확인해야 할 것이다. 그 집에서 실거주를 할 것이 아니니 투자비용을 알기 위해서 전세금액을 파악하는 것이다.

> **❋리모델링이 필요한 경우**
> 가끔 집주인이 살고 있던 20년 된 빌라가 매물로 나오기도 하는데, 집주인이 거주하는 동안 한 번도 수리를 한 적이 없어 세입자를 맞추려면 화장실을 올 수리하고 싱크대를 교체해줘야 세입자를 받을 수 있다. 그렇게 인테리어를 새로 하면 전세보증금을 1천만원 더 받을 수 있다고 공인중개사분께서 말씀해주시는 경우가 있다. 빌라 매매가격이 1억원인데 현재 상태로 전세를 놓으면 6천만원 받을 수 있다고 한다. 하지만 500만원을 들여 리모델링을 하여 전세보증금 7천만원을 받을 수 있다면 안 할 이유가 없다. 리모델링을 하기 전엔 투자금이 4천만원(매매가격 1억원 – 전세보증금 6천만원)이 들어가지만 리모델링을 하면 투자금이 3,500만원(매매가격 1억원 + 리모델링 500만원 – 전세보증금 7천만원)으로 500만원이 적게 들어가고 리모델링을 함으로써 관리적인 측면에서도 좋기 때문이다.
> 　개인적으로는 천만 원을 들여 리모델링을 했는데 전세보증금을 천만 원 더 받을 수 있다고 해도 진행한다. 투자자의 눈으로 보는 것과 세입자의 눈으로 보는 것은 확연히 다르다. 투자자는 실거주하지 않기 때문에 내부의 컨디션이 중요하지 않겠지만, 세입자는 건물 상태가 낙후돼 있어도 실내 인테리어를 싹 바꿔 컨디션이 좋다면 다른 집보다 보증금이 조금 더 비싸더라도 거주하고 싶어 한다. 그러니 부동산 매물을 볼 때 인테리어를 하게 되면 공사비용이 얼마나 들어가는지 그리고 그렇게 인테리어를 했을 때 얼마만큼의 전세보증금을 받을 수 있을지 파악하는 것도 능력이다.

이제 네이버부동산을 기반으로 초기재개발 구역에 나와있는 매물들의 데이터를 확보해 보자.

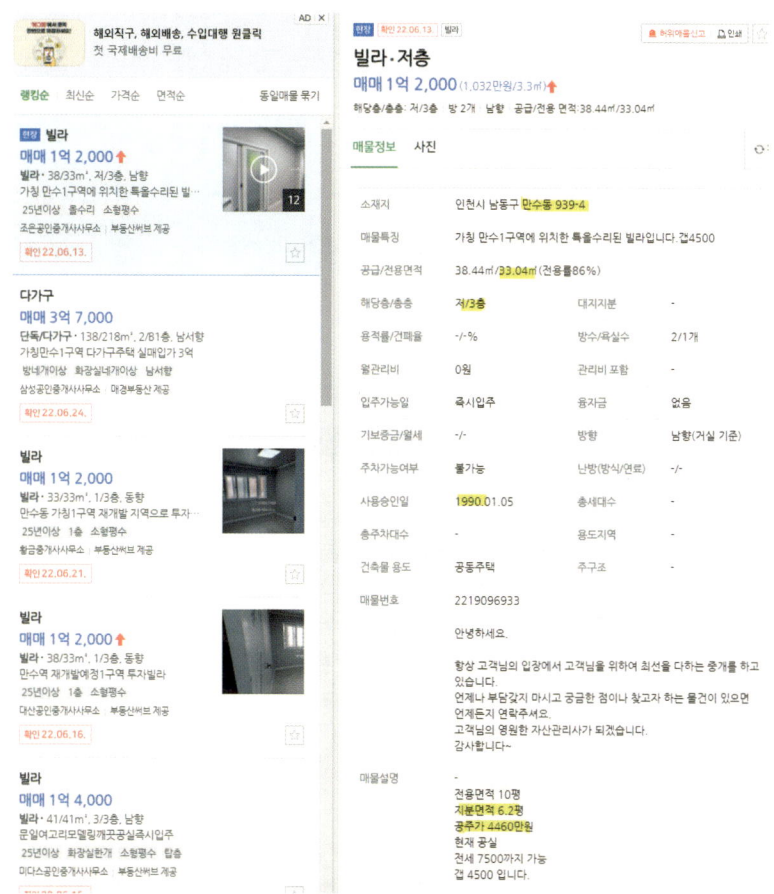

🔺 **만수1구역 - 빌라매물예시**

네이버부동산에서 매물 하나를 가지고 와 필요한 정보를 음영처리 했다. 위의 정보를 엑셀에 옮겨 적으면 된다. 간혹, 공동주택가격이 없는 경우가 있는데 위에서 말한 대로 국토교통부에서 운영하는 '부동산공시가격 알리미' 사이트에 들어가서 확인을 하면 된다.

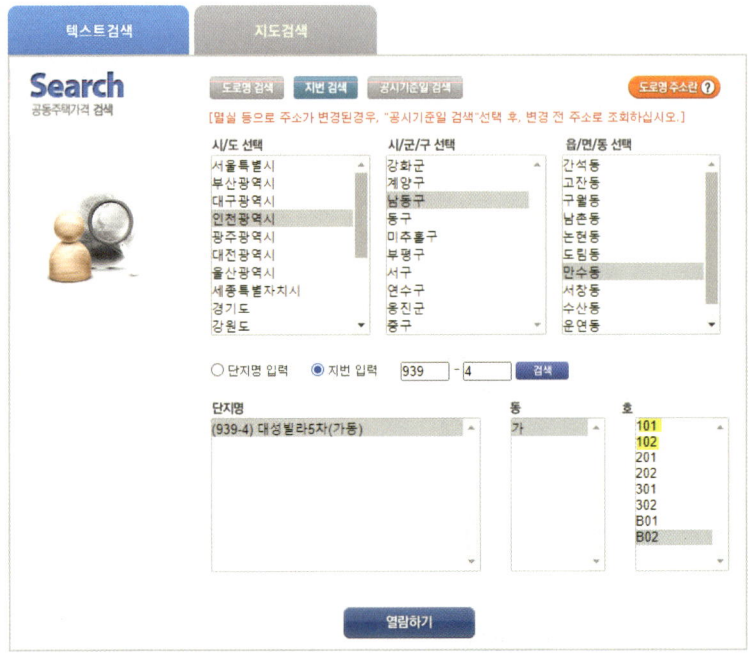

🔺 만수 1 구역 – 공동주택가격

위에서 언급한 만수동 빌라를 주소로 검색해 공동주택가격을 알아보려 한다. 매물정보에 보면 소재지에 만수동 939-4번지라고 주소가 나오는데 이 주소로 검색해 보면 된다. 공동주택가격을 알기 위해선 주소와 호수까지 정확히 파악해야 하는데 매물정보에는 호수까지는 표기가 안 되어있다. 해당 층을 보면 매물의 층수를 확인할 수 있는데 총 3층에 저층이라 표기돼 있다. 3층 건물이다 보니 저층은 당연히 1층일 것이다. 1층은 101호와 102호 두 개의 세대가 있다.

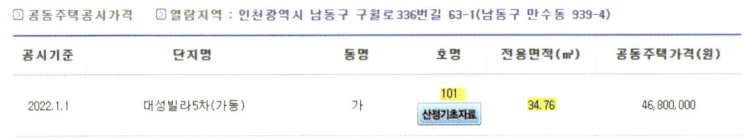

🔺 만수 1 구역 – 101호

101호를 검색하니 전용면적이 34.76m² 라고 나와있지만 매물정보에 표기되어 있는 전용면적은 33.04m²로 101호는 아닐 듯하다.

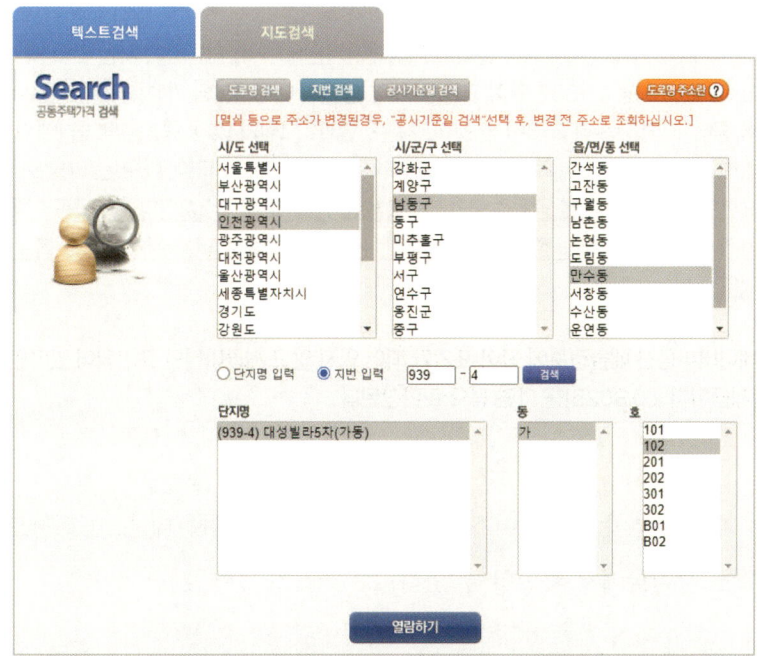

공시기준	단지명	동명	호명	전용면적(㎡)	공동주택가격(원)
2022.1.1	대성빌라5차(가동)	가	102 산정기초자료	33.04	44,600,000

● 만수1구역 – 102호

102호를 검색해 보니 전용면적이 33.04㎡로 네이버부동산에 올라온 매물이 맞다. 공동주택가격이 4,460만원으로 나오는데 이렇게 확인해보면 된다.

주소	층수	매가	전세가	투자비용	준공년도	건물면적	대지지분 제곱미터	평	대지지분당 가격(평)	공동주택가격	비율
만수동 939-4	저층	12,000	7,500	4,500	1990	33.04		6.2	1,935	4,460	2.690583

● 만수1구역 – 빌라매물엑셀표1

지금까지 얻은 정보들을 엑셀로 데이터화 시켰다. 대지지분 당가격(평)은 매가에서 대지지분(평)을 나눈 값이다. 건물의 가치는 시간이 지날수록 0원에 수렴할 것이니 30년 이상이 된 빌라의 가치는 온전히 땅의 가치로만 산정된다고 생각해도 될 것이다. 위의 매물을 예시로 든다면 90년도에 지어져 32년차에 접어든 빌라로서 건물의 가치는 0원에 가까울테니 결국 6.2평(대지지분)을 1억2천만원에 사는 것이 되고, 땅 값은 평당 1,935만원이 되는 것이다. 당연히 대지지분당 가격(평)은 낮을수록 좋다. 그럼 단순히 가격이 싼 것이 좋은 것인가? 그렇지 않다. 공동주택가격에 대비해서 매가가 싼 것이 가장 좋은 매물이다. 이를 엑셀표 마지막에 나오는 '비율'로 표현했다. 이는 매가를 공동주택가격으로 나눈 값을 표현한 수치이다. 즉, 공동주택가격 대비 매가가 어느 정도인지를 나타내는 척도로 비율은 '낮을수록' 좋다고 볼 수 있다.

네이버부동산 매물정보에 평이 표기가 되어 있지 않고 제곱미터만 표기되어 있다면 [제곱미터 x 0.3025]를 하면 평으로 환산된다.

대지지분이 표기되어 있지 않다면 알아내야 하는데 '스마트국토정보' 사이트에서 확인할 수 있다.

▲ 스마트국토정보 홈페이지

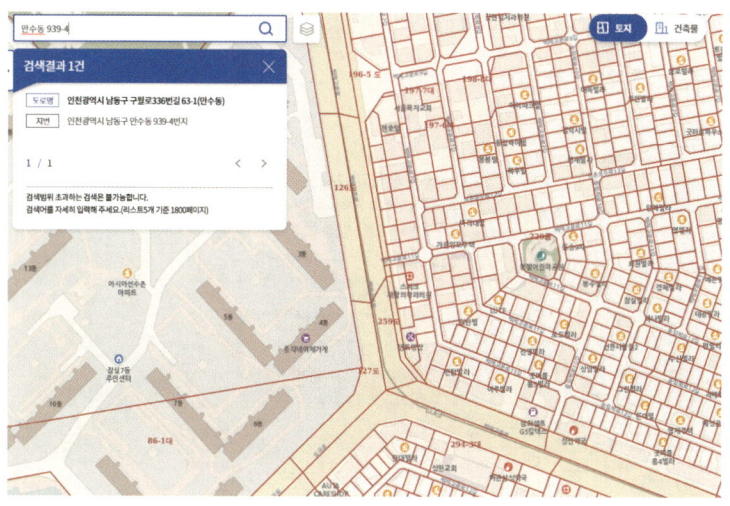

🔺 스마트국토정보-만수동1

해당 주소를 클릭하고 토지 카테고리에서 대지권등록부란에서 102호를 조회해보자.

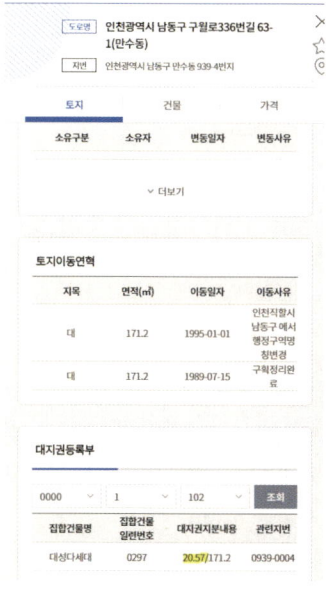

🔺 스마트국토정보-만수동2

대지권지분내용에 20.57이라고 보이는가? 102호의 대지지분은 20.57m² 인 것이고 평으로 환산하면 6.22평(20.57 m² x 0.3025)이다.

스마트국토정보 홈페이지에서는 빌라뿐만 아니라 아파트의 대지지분도 찾아볼 수 있으니 유용한 사이트이다. 지금까지는 매물 하나의 정보만 알아보았기에 이 매물이 비싼지 싼지 판단이 불가능하다. 이와 비교할 수 있는 해당 지역의 매물들의 정보를 좀더 찾아보자.

🔺 만수1구역-비교 - 같은 만수 1구역내 다른 물건의 정보다.

주소	층수	매가	전세가	투자비용	준공년도	건물면적	대지지분 제곱미터	평	대지지분당 가격(평)	공동주택가격	비율
만수동 939-4	저층	12,000	7,500	4,500	1990	33.04		6.2	1,935	4,460	2.690583
만수동 941-4	2	12,000	5,000	7,000	1989	33.1	32.38	9.8	1,225	5,040	2.380952

🔺 만수1구역-두매물비교

해당 물건의 정보를 입력해 봤더니 한 개를 입력했던 것과 다르게 비교가 가능해졌다. 매매가는 같은 1억 2천만원인데 반해 두 번째 물건의 대지지분이 훨씬 높다. 건축년도는 1년밖에 차이가 나지 않기 때문에 대지지분이 높은 두 번째 물건이 더 매력적으로 다가온다. 뿐만 아니라 공동주택가격도 높다.

두 번째 매물처럼 전세를 끼고 살 경우 전세가가 낮은 것은 단점이다. 이때 주의해야 할 일은?

두 번째 매물의 단점이 있다면 기 보증금이 5천만원으로 첫 번째 물건에 비해 전세 보증금이 낮으므로, 초기투자 비용이 첫번째 물건에 비해 2,500만원이 더 들어간다는 점이다. 이럴 땐 두 번째 물건을 올린 공인중개사와의 통화로 세입자의 전세계약 만기일시가 언제 인지, 계약갱신청구권을 사용했는지, 재계약을 한다면 보증금을 얼마만큼 받을 수 있는지 확인해 볼 필요가 있다. 만약 세입자가 계약갱신청구권을 아직 사용하지 않아서 현 계약이 끝나고 사용한다면, 집주인은 전세가를 많이 올리지 못하고 5%까지만 올려서 재계약을 해야 한다. 즉 두 번째 물건에 계약갱신청구권을 사용하지 않은 세입자가 5천만원에 살고 있고 계약 만료일이 2023년 1월이라면, 세입자는 계약갱신청구권을 사용하여 보증금을 5%인 250만원을 증액해 5,250만원에 2년을 더 거주할 수 있는 것이다.

*물론 세입자가 2023년 1월 계약이 만료되고 계약연장을 안하고 나가겠다고 한다면 다음 세입자를 시세와 비슷한 가격의 보증금으로 증액이 가능할 것이다. 데이터로만 봤을 때는 준공년도(1989년, 1990년)와 건물면적(33.1 m^2, 33.04 m^2)이 비슷하지만 두 번째 물건은 2층으로 첫 번째 물건 1층에 비해 좋은 층수에 위치해 있다 보니 첫 번째 물건과 비슷한 7,500만원의 전세는 맞출 수 있을 것으로 기대된다.

🔵 국토부실거래가

두번째 물건인 만수동 941-4번지의 <국토부실거래가시스템>에 들어가 보니 2020년 9월에 전용면적 33.1 m²인 2층이 전세 5천만원에 계약된 걸 확인할 수 있었다. 이걸로 보아 세입자는 2022년 9월에 계약갱신청구권을 사용할 수 있는 것으로 확인됐다. 이렇게 <국토부실거래가시스템>에서 월세, 전세, 매매가격을 확인할 수 있으니 참고하자.

이렇게 두 가지 물건만 입력해도 비교가 가능하며 무엇을 사야 할지 눈에 보이는데, 해당 지역 내 모든 물건을 입력해 보면 무엇을 사야 할지가 더욱 확실하게 보일 것이다. 물론 굉장히 번거롭고 오래 걸리는 일이다. 하지만 한두 푼 투자하는 것도 아니고 시간을 투자한 만큼 좋은 물건을 매수할 수 있을 것이다. 뿐만 아니라 데이터를 입력하는 동안 해당지역에 대한 이해도도 높아질 것이다.

재개발·재건축에서 알아야 할 것

5 가능한 넓은 평수에 신청하라

'거거익선'이라는 말을 들어봤는가? 우리나라에서 자주 쓰이는 말인데 '클수록 좋다'는 뜻이고 이는 집에도 해당되는 말이다. 집도 넓으면 넓을수록 좋다. 과거에 비해 인당 사용하는 주거면적이 넓어지고 있고, 1인가구도 여유만 된다면 넓은 데서 살고 싶어 할테니 말이다.

많은 사람들이 84m^2 이상에서 살고 싶어 하지만 특히 서울에서 59m^2에 거주하는 이유는 주거비용이 비싸기 때문일 것이다. 만약 실거주 목적으로 재개발 투자에 접근할 것이라면 최소 84m^2 이상을 배정받을 수 있는 물건을 매수해야 나중에 프리미엄도 높게 받을 수 있고 수요층도 많아진다.

간혹 조합원들 중에 큰 집 필요 없고 혼자 살 것이니 14평형을 신청한다는 분도 계신다. 재개발지역은 낙후되었기 때문에 연로하신 분들이 살고 있는 경우가 많다. 이 분들은 현금흐름이 없어 추가분담금 내는 것을 부담스러워하신다. 이런 분들을 위해 조합 측에서는 작은 평형을 만들어 추가분담금 없이 새 아파트를 받아갈 수 있게 해드리고 있다. 취지는 매우 좋으나 아무 생각 없이 이렇게 작은 평형을 신청하는 것은 자산을 크게 축소시키는 행위이다.

조합원에게 제공되는 분양가는 일반 분양가에 비해 저렴하다. 그리고 일반분양가는 시세에 비해 저렴하다. 즉, 조합원분양가는 시세에 비해 많이 저렴한 것이다. 정확히 단정짓기는 어렵지만 이해하기 쉽게 예를 들어보자. 조합원분양가는 평당 1,500만원, 일반분양가는 평당 1,800만원, 현재 시세는 평당 2,100만원이라고 해보자. 조합원분양가와 시세는 평당 600만원 차이가 난다. 25평을 신청한다 하면 1억5천만원(600만원 x 25평)의 차익이, 34평을 신청한다고 가정하면 2억 400만원(600만원 x 34평)의 차익이, 48평을 신청한다 하면 2억8,800만원(600만원 x 48)의 차익이 발생되며 평수가 넓어질수록 수익을 더 많이 가져가는 구조다. (25평에 수요가 몰리면서 25평의 평당가격이 48평의 평당가격보다는 비싸게 형성되어 있어 단순계산으로 비교하기는 어렵긴 하다.)

구분	조합원분양가 (평당 1,500)	일반분양가 (평당 1,800)	시세 (평당 2,100)	시세와 조합원분 양가의 차액
25평	37,500	45,000	52,500	15,000
34평	51,000	61,200	71,400	20,400
48평	72,000	86,400	100,800	28,800

단위: 만원

넓은 평형을 신청하면 추가분담금이 많이 나오는 것은 사실이다. 하지만 조합원 중도금대출 혹은 입주하지 않고 중간에 매도하는 방법 등 다양한 방법이 있으니 너무 겁먹지 않아도 된다. 물론 본인의 현금흐름 등 재무상태를 객관적으로 따져보고 선택해야 한다. 그러나 가능하면 최대한 큰 평수에 신청하라!

> **가능하면 큰 평수를 추천하지만 작은 평수라도 될 수 있다면 이득이 된다.**
> 발코니 무상확장 등 조합원혜택들이 다양하고, 청약 분양에 당첨되기도 힘 든데 일반분양가에 비해 조합원분양가가 훨씬 저렴하기 때문에 조합원이 된 다는 것 자체로도 큰 메리트가 있다. 그래서 최소한의 돈을 지불해 조합원이 될 수 있다면 그렇게 하는 것이 이득이다. 만약 5천만원으로 투자할 수 있는 재개발 물건을 찾고 있는데 작은 평수 물건 딱 한 개가 나왔고, 1억원으로 투자할 수 있는 재개발 물건 5개가 나왔다고 가정해보자. 1억원을 투자해 넓은 평형을 받을 수 있다면 따져볼 듯하지만 단 5천만원 투자로 조합원이 될 수 있는 것이라면 작은 평수 물건이라도 선택할 것이다.

넓은 평수를 배정받을 수 있는 물건인지 알아보는 법

사업시행인가가 나고 조합원평형 배정이 끝나 사업 진행이 꽤 이루어진 구역이라면 당연히 해당 물건이 몇 평형의 타입을 받을 수 있는지 알 수 있겠지만 조합원평형신청이 끝나지 않은 사업장일 경우 84m²이상 배정받을 수 있는 물건인지를 어떻게 알 수 있을까? 정확하게 알 수는 없으나 유추는 가능하다.

조합설립인가가 났고 시공사 선정까지 갔다면 각 타입별로 몇 세대를 지을 건지는 나왔을 것이다. 총 조합원이 1,000명이고 84 m² 500세대, 74 m² 500세대, 59 m² 500세대 총 1,500세대를 짓는다고 가정해보자. 평형 신청은 감정평가 순으로 정한다고 위에서 말했다. 84m²가 500세대를 짓는다고 했으니 최소 300등안에 들 수 있는 감정평가금액을 받는다면 84 m² 신청해서 배정받을 확률이 높다고 말할 수 있다. (500세대 중에는 재개발을 통한 분양이 아닌 일반분양분도 있으니 300등 안에는 들어야 할 것으로 보인다는 이야기다.) 그런데 사업시행인가가 나지 않은 단계이니 당연히 감정평가금액이 나왔을 리 없다. 감정평가금액의 기준이 되는 것이 공동주택가격이니 해당 물건의 '공동주택가격'이 300등 안에 들어가면 되는 것이다. 이렇게 되면 안정적으로 84m²이상의 타입을 배정받을 것으로 기대할 수 있다.

그런데 각 타입별로 몇 세대를 지을지조차 알 수 없는 극 초기 단계라면 감으로 의존하는 수밖에 없을 것이다. 조합원이 1,000명이라고 한다면 물론 타입을 몇 세대로 만들지는 알 수 없으나 대략 감을 잡아 300등 안에 들면 84 m²을 받을 수 있을 듯하다. 그럼 공동주택가격 300등 안에 있는 물건을 매수하면 되는 것이다. 공동주택가격이 300등 안에 들어가는 물건인지 아닌지는 어떻게 알 수 있을까?

첫번째, '국가공간정보포털' 사이트에 들어가서 확인하는 방법

'국가공간정보포털' 사이트에 들어가서 국가공간정보포털API - 국가중점개방데이터API - 국가공간개방데이터 - 공동주택가격정보 카테고리 순으로 들어가면 전국 각 지역에 공동주택가격정보를 엑셀데이터로 제공을 해준다. 해당 엑셀파일을 다운 받아서 내가 찾고자 하는 지역의 데이터만 따와서 가공하면 되는데 데이터양이 워낙 방대해서 가공하는데 시간이 오래 걸리고 나오지 않는 지역들도 있으니 참고하자.

둘째, 직접 입력하는 방법

참 무식하고 오래 걸리지만 확실한 방법이다. 재개발이 진행되는 지역의 번지수 및 호수를 '부동산공시가격알리미' 사이트에 들어가서 하나하나 찍어보면서 엑셀에 기입하는 방식이다.

'GIS law'라는 사이트에 들어가서 재개발이 진행되는 지역을 구역설정을 하면 구역설정 한 지역의 모든 번지수가 나온다. 다운로드 버튼을 누르면 엑셀로 다운로드가 가능하다.

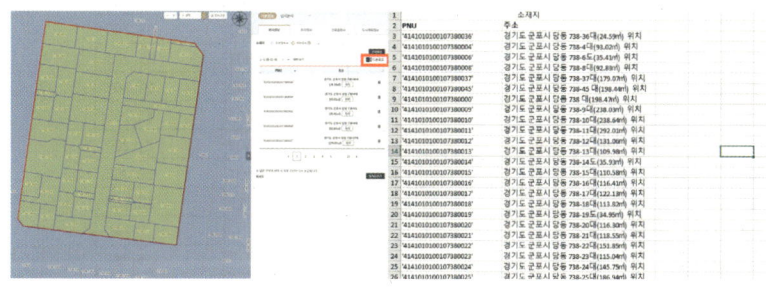

🔺 **gislaw** - gislaw 홈페이지(좌), gislaw에서 구역설정 후 엑셀로 데이터 화(우)

이렇게 받은 데이터를 가공해서 공동주택가격을 하나하나 기입하면 된다. 단독주택일 경우는 각 지자체 '개별주택가격열람' 사이트에서 확인이 가능하다.

	주소	종료	공시가격
3	경기도 군포시 당동 738-36대(24.59㎡) 위치		
4	경기도 군포시 당동 738-4	단독	8,130
5	경기도 군포시 당동 738-6	도로	
6	경기도 군포시 당동 738-8	단독	17,900
7	경기도 군포시 당동 738-37	근생	
8	경기도 군포시 당동 738-45	201	11,200
9	경기도 군포시 당동 738-45	202	11,200
10	경기도 군포시 당동 738-45	301	11,200
11	경기도 군포시 당동 738-45	302	11,200
12	경기도 군포시 당동 738-45	401	11,200
13	경기도 군포시 당동 738-45	402	11,200
14	경기도 군포시 당동 738-45	501	10,800
15	경기도 군포시 당동 738-45	502	10,800
16	경기도 군포시 당동 738	201	11,200
17	경기도 군포시 당동 738	202	11,200
18	경기도 군포시 당동 738	301	11,200
19	경기도 군포시 당동 738	302	11,200
20	경기도 군포시 당동 738	401	11,200
21	경기도 군포시 당동 738	402	11,200
22	경기도 군포시 당동 738	501	10,800
23	경기도 군포시 당동 738	502	10,800
24	경기도 군포시 당동 738-9	B01	5,780
25	경기도 군포시 당동 738-9	B02	5,780
26	경기도 군포시 당동 738-9	B03	6,140
27	경기도 군포시 당동 738-9	101	7,450
28	경기도 군포시 당동 738-9	102	7,450
29	경기도 군포시 당동 738-9	103	8,000
30	경기도 군포시 당동 738-9	201	8,090
31	경기도 군포시 당동 738-9	202	8,090
32	경기도 군포시 당동 738-9	203	8,630
33	경기도 군포시 당동 738-10	B01	5,450
34	경기도 군포시 당동 738-10	B02	5,450
35	경기도 군포시 당동 738-10	B03	5,770
36	경기도 군포시 당동 738-10	101	7,130
37	경기도 군포시 당동 738-10	102	7,130
38	경기도 군포시 당동 738-10	103	7,540
39	경기도 군포시 당동 738-10	201	7,680
40	경기도 군포시 당동 738-10	202	7,680
41	경기도 군포시 당동 738-10	203	8,180

🔺 <gislaw다운로드 가공>

'GIS law'에서 데이터화한 주소를 기반으로 '부동산공시가격알리미' 사이트에 들어가 공동주택가격을 전부 찾아 입력한 화면이다. 하나하나 찍어보고 엑셀에 옮겨 적어야 하기 때문에 시간이 굉장히 오래 걸린다. 그리고 지루한 작업이다. 하지만 어떤 물건을 사면 투자금 대비 이득인지 확실히 알 수 있게 된다. 이렇게 데이터를 가공하는 기술을 나만의 경쟁력으로 만들라. 정보가 투명하면 다른 사람들도 쉽게 접근할 수 있지만, 정보가 불투명해서 나만 알 수 있는 정보이기에 그만큼 큰 수익이 나올 수 있는 것이다. 네이버 부동산의 매물정보를 보거나 공인중개사에게 물건을 소개받는 방식으로는 해당 물건의 매매가, 전세가, 공동주택가격 등 일반적인 것만 알 수 있고, 과연 그 물건이 사업지 내 공동주택가격이 몇 번째인지는 알 수 없다. 반면 이렇게 한 지역의 데이터를 전부 갖고 있다면 물건에 접근하는 것이 쉬워지고 나만의 무기가 될 것이다. 그중에서 투자금이 적게 들어가면서 공동주택가격이 높은 것으로 매수하면 된다. 예를 들어 시공사 선정이 끝난 재개발 사업장 내 물건 두 개가 있다고 하자. A물건은 매매가가 3억 5천, B물건은 매매가가 3억이고 둘 다 투자금은 1억원이 들어간다. 이때 A물건은 공동주택가격 순위가 1천 명 중 500번째이고, B물건은 공동주택가격 순위가 300번째라고 한다면 무조건 B물건을 사야 한다. 100% 단정 지을 순 없지만 B물건은 84m²를 받을 수 있고 A 물건은 84m²를 받기가 힘들 것이다. 만일 재개발이 완공되어 A물건지가 59m²를 받았고 B물건지가 84m²를 받게 된다면 같은 1억원을 투자했지만 수익률이 크게 달라질 수 있는 것이다.

구분	A물건	B물건
매매가	35,000	30,000
전세가	20,000	25,000
투자금	10,000	10,000
공동주택가격	10,000	15,000
가상 프리미엄 (매가-공동주택가격)	20,000	20,000
공동주택가격 순위	500번째 / 1,000명	300번째 / 1,000명

전세보증금(부채)을 A물건 보다 5천만원을 더 떠안아야 한다고 해서 불안해할 필요가 전혀 없다. 아직 사업 초기다 보니 5천만원을 갚을 수 있는 시간은 충분히 많이 남아있기 때문이다.

02.
비(非)주택 재개발 투자

재개발·재건축은 주택만 있는 것이 아니다. 재개발지 내에 상가와 같은 근린생활시설도 있고 토지에 대한 투자도 있다. 이에 대해 살펴보자.

비(非)주택 재개발 투자

재개발 사업지역 내 빌라, 아파트 등 주택만 존재하는 것이 아니다. 근린생활시설, 무허가주택, 토지도 존재한다. 과거에는 선호하지 않았지만 요즘은 이런 '비주택 재개발 투자'에 대한 수요가 증가하고 있는데 주택 수에 합산이 되지 않기 때문이다. 이것이 어떤 이점이 있는지 살펴보자.

첫째, 주택 없이 재개발지역 내 상가(근린생활시설) 1채만 보유하고 있다면 당연 무주택자로 남을 수 있다. 그렇기 때문에 청약도 가능하다.

둘째, 비주택 재개발에 투자했을 때는 다주택자도 취득세가 부담스럽지 않다. 3주택자일 경우 다음주택을 취득할 때 취득세가 6%가 나온다. 만일 2억원의 주택을 매수할 경우 취득세만 1,200만원이 나오는 것이다. 반면, 비주택을 취득할 때는 4.6%인 920만원의 취득세가 나와 상대적으로 저렴하다.

셋째, 양도세에 대한 혜택이 있다. 다주택자일 경우 양도세 중과를 맞게 된다. **2024년 5월 9일까지** 다주택자에 대한 양도세 중과를 한시적으로 유예 해줬는데(**개인적인 생각은 더 연장하거나 양도세 중과를 폐지할 듯하다.**) 유예를 해 준거지 풀어준 것은 아니기 때문에 본래는 2주택자가 주택을 팔 경우 20%, 3주택자는 30% 양도세를 중과하고 있다. 하지만 비주택이기 때문에 주택 수에 합산이 되지 않아 중과세도 피할 수 있고 비주택을 2년 이상만 보유하고 팔게 되면 일반과세(과세액에 따라 6%~45%)를 받고 팔 수 있다.

내 지인의 예를 들어보겠다. 2명의 자녀가 있는 지인은 30평대 아파트 청약에 당첨이 되었고, 이번에 입주를 했다. 또 현금 흐름이 좋아 추가로 다른 투자처를 찾고 있었다. 만약 이 상태에서 투자를 위해 추가로 주택 한 채를 더 매수하게 되면 2주택자가 되기 때문에 종전주택(청약 당첨되어 실거주하고 있는 30평대 아파트)에서 2년 이상 살아도 비과세 혜택을 받지 못하고 양도세를 과하게 내게 된다. 그렇기에 일시적 1가구 2주택을 활용하기보다는 다른 투자처를 찾고 있었다. 나는 이분께 조합설립인가가 난 지역 내 상가에 투자한 후 월세를 받는 것을 추천했다. 상가를 매수하게 되면 주택 수에 합산이 되지 않기 때문에 1세대 1주택을 그대로 유지할 수 있어 현 아파트에서 2년간 실거주를 하고 비과세를 받아 다음 주택으로 이사를 할 수 있으니 말이다.(기존 주택을 5억원에 사서 9억원에 매도해 4억원의 시세차익이라 가정할 때 일반과세시 양도세는 약 1억3천만원, 2주택에 대한 양도세 중과 시 약 2억1천만원이나 나온다. 비과세를 받게 되면 양도세를 한 푼도 내지 않으니 이 얼마나 대단한가?) 또 시간이 지남에 따라 재개발 사업이 진행되면서 상가의 가격 상승도 기대할 수 있는 것이다. 여기서 주의할 점은 재개발 사업지가 관리처분인가가 나게 되면 이때부터 '입주권'으로 바뀌기 때문에 비록 상가라 할지라도 주택으로 합산이 되어 2주택이 된다는 점이다. 이렇게 되면 1세대 1주택 비과세 혜택을 받지 못할 수 있다는 점이다. 그러나 이 지인의 경우 조합설립인가가 난 지 얼마 되지 않은 시기의 입주권이었다. 관리처분인가까지 나려면 적어도 5~6년의 기간이 있을 것으로 예상하고 이 지인은 관리처분인가가 나기 전에 **청약에 당첨된 아파트에 2년 실거주하고 비과세를 받아 팔아 실거주할 신규주택을 매수하고, 적당한 때 재개발지역 내 상가를 프리미엄을 붙여 바로 팔아버릴 생각으로 투자를 한 것이다.**

그럼 지금부터 비주택 재개발 투자처에 대해 자세히 알아보도록 하자.

비주택 재개발·재건축 종류
① 재개발지 내 근린생활시설 투자
근린생활시설이란 주택이 아니고 주택가와 인접해 주민들의 생활

편의를 도울 수 있는 시설을 말하는데 상가, 사무실 등이 이에 속한다. 근린생활시설의 취득세는 고정적으로 4.6%가 발생한다.

　*다세대주택의 경우 층수는 4층으로 제한을 두고 있다. 하지만 1층은 주차장, 2층은 근린생활 시설로 등록을 하게 되면 층수에 산입이 되지 않는다. 그래서 건물을 6층까지 짓고 1~2층은 위와 같은 근린생활시설(상가), 3~6층의 4개 층만 주택으로 등록을 해 효율을 올려 건축하는 경우가 종종 있다. 이때 1층, 2층은 주택이 아니라 상가로 등록되어 있지만 실제 사용은 주택으로 하는 경우도 있다. 방문해 보면 화장실, 싱크대가 있으며 가정용 집과 똑같이 생겼다. 그러나 이런 곳은 정식으로 주택으로 등록된 곳이 아니기 때문에 전세자금대출이 나오지 않는다. 그래서 전세를 이용할 수 있는 수요층이 얇다 보니 전세 보증금이 시세대비 저렴하게 형성된다. (왜 그냥 상가로 이용하여 세를 받지 않는지 묻는다면 이런 곳은 주로 입지적으로 상가로서 가치가 없는 곳인데다 상가는 부가세도 내야 하는 등의 문제 때문에 이렇게 주택처럼 이용하는 것이다.)

> **※ 근린 생활시설은 입주권이 안 나올 수 있다**
> 재개발지역 내 근린생활시설 투자 시 주의해야 할 점이 있는데 입주권이 나오지 않을 수 있다는 것이다. 재개발 투자를 하는 이유는 (주택)입주권을 받기 위함이다. 그런데 입주권이 안 나온다면 어쩌란 말인가? 서울시 조례에 따르면 <u>근린생활시설은 '분양신청자가 소유하고 있는 권리가액의 합산액이 최소 규모 공동주택 1가구의 추산액 이상이라면' 분양자격을 받을 수 있다.</u> 이게 무슨 말인가? 내가 근린생활시설 한 채를 갖고 있는데 이 권리가액(감

> 정평가금액 x 비례율)이 2억원이 나왔다고 가정해보자. 이 재개발지역 내 분양하는 가장 작은 타입이 59m²이며 조합원분양가는 3억원이라고 한다. 이렇게 되면 조합원분양가 3억원이 권리가액 2원억보다 비싸기 때문에 분양자격을 받을 수 없는 것이다. 즉 내가 재개발 사업장 지역 내 갖고 있는 물건 권리가액의 합이 최저 분양가보다 높아야 분양자격을 얻을 수 있게 되는 것이다. 이런 이유로 모 재개발사업장에서는 원룸 타입을 만들어서 조합원분양가를 낮추어 모든 근린생활시설 조합원이 입주권을 받아갈 수 있도록 하기도 했다. 법이 이렇기 때문에 재개발지역 내 근린생활 시설을 중개하는 공인중개사도 입주권을 받을 수 있는지 없는지 확실하게 대답을 하지 못한다. 생각해 보면 이제 막 조합설립인가가 돼 어떤 타입을 만들지 정해지지 않았고 조합원분양가도 정해지지 않았으며 해당 근린생활시설의 권리가액도 나오지 않았는데 어떻게 입주권이 나온다고 100% 장담할 수 있겠는가? 만약 아파트 입주권을 받지 못하면 아쉬운 대로 상가 조합원 분양이라도 신청하게 된다.

비주택·재개발 재건축에서 종류
② 재개발지 내 토지 투자

재건축에서는 토지만 갖고 있다 해서 입주권을 주지는 않지만 재개발은 토지만 갖고 있더라도 일정 요건을 갖추면 입주권을 받을 수 있다. 서울시 조례에 따르면 토지 90m² 이상을 소유하고 있으면 입주권이 나온다. 한 필지만을 보지 않고 재개발 사업지역 내 여러 필지의 토지를 소유하고 있으며 이 필지의 합이 90m² 이상이 되어도 입주권을 받을 수 있다. (대개 서울시의 조례를 차용하고 있으나 부산시의 경우에는 60m² 이상의 토지를 소유하고 있을 경우 입주권이 나온다.)

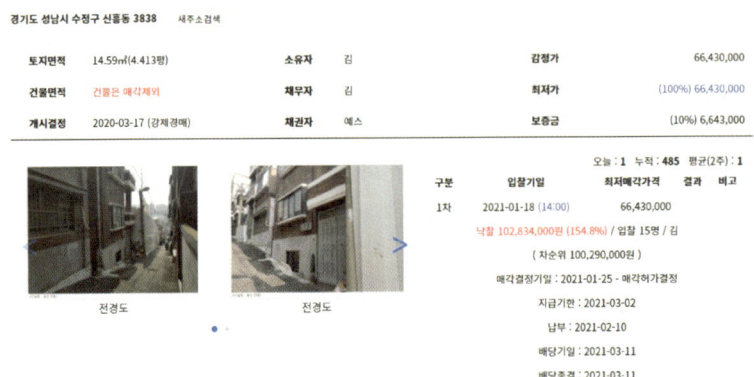

🔺 토지재개발

성남시 수정구 신흥동에 소재한 약 14 ㎡의 토지가 법원경매로 나왔는데 감정가는 6,600만원에 책정됐지만 15명이 응찰하고 154%인 1억원에 낙찰이 됐다. 이 토지가 위치한 지역은 성남에서 재개발이 진행 예정인 신흥3구역 내 소재해 있다. 아마도 해당 지역 내 80㎡의 토지만 소유하고 있는 사람에게는 꼭 필요한 물건이었을 것이다. 토지 80㎡만 소유하고 있을 경우에는 입주권을 받지 못하고 현금청산을 당하게 되는데 이 14㎡의 땅을 추가로 매입하면 입주권을 받게 되니 가치가 배로 뛰었을 것이니 말이다. 반대로 얘기해보면 이런 물건을 낙찰받아 이 토지가 간절한 사람에게 어느 정도 웃돈을 붙여 매도해도 될 것이다.

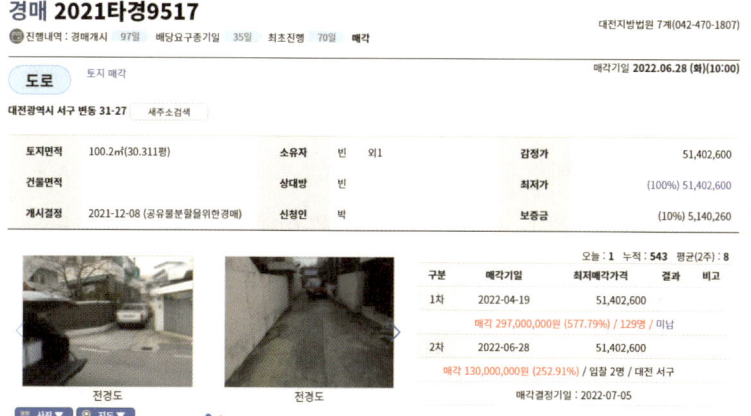

🔺 토지재개발2

　위 사진은 100 m² 도로가 경매로 나온 경우다. 감정가는 5,100만원이었는데 첫 경매 때 129명이 몰리며 낙찰가율 577%인 2억 9,700만원에 낙찰됐다가 낙찰자가 잔금을 미납하며 재매각이 되어 259%인 1억3천만원에 낙찰됐다. 이 도로도 마찬가지로 재개발지역 내 토지이다. 대전 도마변동3구역 재개발 사업장 내 위치한 도로이며 현재 사업시행인가가 났고 조합원평형신청에 들어가기 전 단계이다. 100m²이기 때문에 당연히 입주권이 나오는 물건이다. 나는 이 물건은 대전에 사는 1주택자 친구에게 추천했었다. 정말 사람이 어마어마하게 많이 몰렸었고 이슈가 되었기에 1억 2천만원을 적어냈던 이 친구는 당연히 패찰했다. 이런 물건은 토지(도로)이기 때문에 취득 시 4.6%의 취득세만 내면 되고, 사업시행인가를 득했으니 사업진행도 꽤 된 상태이며 추가분담금에 대해서도 종전주택 처분조건을 걸면 대출이 나온다. **(사건 당시에는 대전이 조정대상지역**

이라 종전주택 처분조건을 걸어야 대출이 나왔지만 지금은 대전이 비규제지역으로 바뀌면서 종전주택 처분조건을 걸지 않아도 대출이 나온다.) 그리고 완공이 되면 신축아파트에 입주할 수 있으니 1주택자인 이 친구에게는 최고의 전략이었다. 다만, 도로이기 때문에 취득할 때 대출이 안 나오는 단점이 있다. 아마 이 때문에 1차 낙찰자도 잔금마련이 어려워 미납한 듯하다. 재매각이 이뤄져 친구에게 다시 응찰해보자고 권유했지만 최근 주식이 곤두박질쳐 돈이 없다며 응찰하지 못했다.

비주택·재개발 재건축 종류
③ 재개발지 내 무허가주택 투자

말 그대로 허가받지 않고 건축한 주택을 말한다. 흔히들 '뚜껑'이라고 말하기도 하며 입주권이 나오기도 한다. (4가지 조건을 충족해야 입주권이 나오는데 아래에서 설명하겠다.)

🔺 백사마을 - 사진설명 : 서울시 노원구 백사마을

| **재개발지역 내 무허가주택 투자의 장점을 살펴보자.**

첫째, 초기투자비용이 적게 들어간다.

기존 재개발지역 내 물건은 '감정평가액' + '프리미엄'으로 가격이 구성된다. 즉 매가가 6억원이라 할 때 감정평가액이 2억원이라 하면 프리미엄이 4억원이라 보면 된다. 하지만 **무허가건축물은 감정평가액이 0원에 수렴할 것이기 때문에** 오로지 프리미엄인 4억원으로만 구성된다. 그래서 초기 투자비용이 적게 들어간다는 장점이 있다.

둘째, 취득세가 낮다.

무허가주택은 주택이 아니므로 일반취득세율인 4.4%가 발생한다. 85㎡를 초과하는 경우 4.6%를 내게 되기도 하는데 대개 면적이 좁은 편이라 4.4%에 그치는 경우가 많다. 지금같이 다주택자에 대한 세금이 무거운 시기에는 4.4%의 취득세가 상대적으로 저렴해 보인다. 하지만 주택분 재산세를 내고 있는 경우가 있기도 한데 이럴 때는 주택으로 인정되므로 취득세 중과가 되니 주의하자.

셋째, 주택이 아니므로 재산세 부과대상도 아니고 종부세에 합산되지도 않는다.

위에서 언급한 대로 주택분 재산세를 내고 있다면 재산세도 내야 하고 종부세에도 합산되니 재산세 납부 여부도 꼭 확인해봐야 할 것이다.

물론 장점만 있는 것이 아니라 단점도 있다.

첫째, 감정평가금액 순으로 평형 선택이 정해지는데 <u>감정가격이 거의 없는 무허가주택은 후순위로 밀린다</u>. 그래서 선호하는 34평형을 분양 받기가 어려울 수 있다.

둘째, <u>확인해야 할 사항들이 많다</u>. 무허가주택이라고 해서 무조건 입주권이 나오는 것이 아니고 아래 4가지의 조건을 모두 충족해야 한다.

1. 무허가건축물확인원이나 항공사진 등으로 1989년 1월 24일 당시 존재하던 건축물임을 명백히 입증
2. 현재 무허가건축물의 소유자임을 입증
3. 조합정관에 특정 무허가건축물에 조합원자격과 분양자격을 부여한다는 취지의 규정이 포함될 것
4. 주거용으로 사용하고 있을 것

때문에 공인중개사 사무실에 방문해서 무허가주택을 거래하려면 위의 조건들을 빠짐없이 확인해야 할 것이다.

> ※ **조합원 지위 양도제한**
> 조합원 지위의 양도가 제한이 되는 경우가 있으니 알아두자. 우리가 재개발 혹은 재건축을 투자하는 이유는 조합원 지위를 얻어 새로 짓게 되는 아파트에 입주하기 위함인데, 만약 조합원 지위를 얻지 못한다면 현금청산이 되기

때문에 매수할 이유가 없어지는 것이다. 현재 2018년 1월 24일 이전에 사업시행인가를 받은 사업장의 조합원지위양도는 언제든지 가능하다. 하지만 2018년 1월 24일 이후에 사업시행인가를 득한 사업장 중 투기과열지구 내에서 재건축은 조합설립인가 이후, 재개발은 관리처분인가 이후 조합원 지위 취득이 제한된다. 예를 들어 투기과열지구의 대표지역인 서울시 강남구, 서초구, 송파구, 용산구 내 재건축의 경우, 조합설립인가가 난 이후의 물건을 매수하게 되면 조합원 지위 양도가 되지 않아 '현금청산'이 되는 것이다.

단, 몇 가지 예외가 있는데 대표적으로 1세대 1주택자로서 양도하는 주택에 대한 소유기간이 10년 그리고 5년 동안 실거주를 했다면 조합원 지위 양도가 가능하다. 또 조정대상지역 및 비규제지역의 재개발, 재건축인 경우 조합원 지위 양도 제한이 걸리지 않기 때문에 언제든지 거래가 가능하다.

지금까지 재개발·재건축의 모든 내용에 관해 자세히 알아보았다. 이 쳅터를 마무리하며 재개발·재건축에 대해 주의해야 할 것들을 마지막으로 설명하려고 한다.

1. 재개발, 재건축 투자는 시간이 오래 걸린다.

　최근 아파트값이 많이 올라 여기저기 재개발, 재건축을 추진하겠다고 한다. 어떤 아파트는 재건축 안전진단통과를 했다며 플래카드를 크게 걸어 홍보를 하고, 이로 인해 갑자기 호가가 뛰기도 한다. 그러나 위에서도 언급했지만 재건축 안전진단통과는 극 초기 단계이며 갈 길이 한참 멀었다. 재개발, 재건축은 진행되는 것이 쉽지 않을 뿐 아니라 진행된다 하더라도 굉장히 긴 시간을 요하는 것이다. 게다가 그 시간 동안 매물 가격도 떨어질 수 있다. '재건축(아파트)'은 그나마 하락장에서 세입자도 구해지고 실거주도 가능해 가격방어가 강하지만 '재개발'은 주변지역이 낙후되어 주거환경이 열악하다 보니 세입자 구하기도 힘들고 팔려고 내놓아도 잘 팔리지 않아 가격하락이 심하다.

　2000년대부터의 흐름을 살펴보자. 2008년 부동산 가격이 고점을 찍고 하락하기 시작했다. 아파트 가격이 장기간 조정을 받으면서 재개발, 재건축의 사업이 무산된 곳도 많이 나왔다. 재개발이 진행된다 해도 아파트값이 조정을 받다 보니 조합원들의 의지도 꺾여 사업 진행도 지지부진했다. 그러다 몇몇은 급하게 돈이 필요해서 재개발 사업지역 내 빌라를 팔려고 내놨지만 보러 오는 사람조차 없어 가격이 계속해서 하락했다.

　그러다 이명박정부가 뉴타운을 짓겠다고 발표하자 뉴타운 지역 내 빌라들이 천정부지로 올랐다. 이 중 장위뉴타운 13구역 내 한 원룸형 빌라가 2008년 1억4,500만원에 대출 8천만원을 실행시켜 거래가 이뤄졌으나, 장위뉴타운13구역이 무산됐고 집주인의 채무상환이 제대로 이뤄지지 않아 2016년 6,500만원에 경매로 나오기도 했다. (지금은 시간이 많이 흘러 이 빌라는 3억까지 올랐다.)

부동산 시장이 고점에 도달했을 때 재개발 물건을 샀던 사람들 중 현금흐름이 여의치 않아 원리금 상환이 힘들었던 대다수의 사람들이 2013~2014년도에 손해를 보면서 많이 던졌다. (이때 저렴한 가격에 재개발 물건을 사들인 사람들이 큰돈을 벌었다.) 2014년을 기점으로 부동산 가격이 올라가는 기미가 보였으니 조금만 더 버텼으면 됐을 텐데 그게 참 쉽지 않았나 보다. 이렇게 재개발, 재건축 특히 재개발은 부동산 시장이 좋을 때는 최고의 수익을 안겨주지만 반대로 하락장에서는 최고의 고통을 안겨주며 긴 시간이 소요된다는 걸 염두에 두고 투자를 해야 한다. 특히나 지금 같은 과한 인플레이션으로 건자재값과 인건비가 폭등하는 시점에서는 더더욱 조심해야 한다. 건자재값과 인건비가 증가한다는 건 총사업비가 올라가는 것이다. 총사업비가 올라가면 그 높은 사업비를 충당할 돈이 필요하니 결국 분양가가 올라가게 된다. 하지만 분양가상한제(HUG의 심사를 통해 분양가를 어느 정도 선 이상으로 올리지 말라는 정책)로 인해 분양가를 계속 높일 수는 없다. 꼭 분양가상한제가 아니라도 분양가를 무한정 올리지를 못하는 것이, 아파트를 분양하면 결국 시장에서 받아줘야 하는데, 국민들의 소득이 받쳐주기엔 이미 분양가가 과해 한계점에 달한 듯하다.

이렇게 일반분양가를 높이지 못해 사업비를 충당하지 못하게 되면 결국 '조합원분양가'를 올려 부족한 사업비를 충당하려 한다. 생각했던 것보다 조합원분양가가 높아지면 조합원들은 당초 예상에 비해 비싼 가격에 아파트를 매수하게 되는 것이다. (이미 이런 재건축 단지가 나오기도 했다.)

이런 사례가 나오다 보면 시장에는 재개발, 재건축에 대한 공포가 휩싸이게 되고 결국 조합원들의 의지는 꺾여 재개발, 재건축의 사업이 무산되는 경우가 발생이 된다. 물론 부동산 시장의 사이클에 따라 무한정 하락장만 맞는 건 아니고 결국 상승 사이클로 넘어가게 될 것이니 그때까지 버티면 된다. 하지만 상승 사이클로 넘어가는 것이 얼마나 걸릴지 확실히 알 수 없으니 그 시간 동안 고통이 될 수 있다는 것을 명심하고 꼭 길게 보고 투자를 하자.

2. 초기재개발 사기 사례

부동산 상승장에서 일어나는 일이 있는데 잘 알아두었다가 혹시 피해받는 일이 없도록 하자.

> 부동산 상승장이 되니 신축아파트에 대한 수요가 폭발하면서 재개발의 프리미엄이 상당히 붙게 됐다. 덩달아 사람들은 재개발에 관심이 많아지고 어디 좋은 투자처가 없나 눈에 불을 켜고 찾아다닌다. 이제 '화가'들이 출몰해 재개발이 이뤄질 수 있는 요건을 갖춘 지역에 그림을 그릴 시간이다. 화가들은 그림 그린 지역에 미리 빌라를 전세를 끼고 저렴한 가격에 여러 채를 사둔다. (전세보증금 9천만원에 1천만원을 투자하여 1억원에 빌라를 매수하는 방법 등) 그 후, 오래되어 월세가 저렴한 2층에 사무실 하나를 얻는다. 그리고 밖에서도 눈에 띄기 좋게 창문에 크게 'OOO구역 재개발 추진 위원회' 라고 붙

여 놓는다. 누가 보아도 이 구역 재개발을 추진하는 듯하다. (실제로 추진이 가능하긴 하다.) 그렇게 업체에 돈을 주고 의뢰해서 아파트 조감도를 그려와 이걸 미끼로 재개발을 추진하고 있다며 각종 커뮤니티에 홍보하고 해당 지역 소유주를 모으기 시작한다. 카카오톡에 방을 개설해서 많은 사람들을 모으니 소유주는 진짜로 추진한다는 생각에 희망에 품고 주변 지인들에게도 더 늦기 전에 저렴한 가격으로 매수하라고 부추긴다. 신축 아파트의 예쁜 조감도까지 본 투자자들은 마치 곧 재개발이 되어 큰 수익을 안겨줄 거라 생각하고 무리해서 투자를 하게 되는데 1억원이었던 빌라들이 1억5천만원에 거래가 되기 시작해 시세로 자리매김한다. 순식간에 5천만원이 오른 것이다. 미리 1억원에 매수한 이 일당은 적당한 시기를 보다가 모두 1억5천만원에 팔아버려 한 채당 5천만원의 시세차익을 보고 자취를 감춘다. 1천만원을 투자해서 5천만원을 벌어들였으니 엄청난 수익률이다.

부동산 상승장에서 벌어지는 실제 일이다. 물론 모두가 이렇지는 않고 열심히 재개발 진행을 위해 추진하는 위원회도 있다. 그러나 투자금이 많이 들어가지 않는다고 초기재개발지역 내 오래된 빌라를 비싼 돈 주고 샀는데 부동산이 하락장에 접어들어 조합설립인가조차 나지 않는 경우가 태반이다. 이렇게 되면 장시간 마음고생을 하게 되고, 이 고통에서 벗어나고자 팔려고 내놓아도 팔리지 않아 큰 손해를 보고 팔아야 할 일이 발생할 수 있으니 조심해야 한다.

03.
리모델링

지금까지 재개발, 재건축에 대해서 배워봤다. 이제는 리모델링을 배워보자.

재개발·재건축 VS 리모델링

재개발, 재건축은 해당 지역 내 모든 건물을 철거하고 새로 짓는 방식이지만 리모델링은 이미 있는 아파트를 전부 철거하지는 않고 기본 골조는 내버려 둔 상태에서 건축하는 기법이다. 재건축은 〈도시 및 주거환경 정비법〉에 적용되지만 리모델링은 〈주택법〉에 적용된다. 아래 표는 리모델링과 재건축을 비교한 상세 내용이다.

구분	리모델링	재건축
적용법	주택법	도시 및 주거환경 정비법
최소연한	준공 후 15년 이상	준공 후 30년 이상
안전진단	수직증축 B등급 이상 수평증축 C등급 이상	D, E 등급
용적률	법정상한초과	법정상한 이하
증축범위	(세대수 15% 이하 일반분양 가능) 85 m² 미만 평형은 40% 이내 85 m² 초과 평형은 30% 이내	-

동의율(조합설립인가)	2/3 이상	3/4 이상
기타	기부채납 안함 15층 이상일 경우 3개층 15층 미만일 경우 2개층 증축 가능	-

    위처럼 재건축은 준공 후 30년이 지나야 안전진단 신청이 가능한 반면, 리모델링은 15년 이상이 되면 안전진단 신청이 가능하다. 또 재건축은 안전진단이 D, E 등급을 맞아야 진행이 가능하지만 리모델링은 B, C등급이어도 진행이 가능하다. 그만큼 안전진단 통과 확률이 높아 진행이 쉽다는 얘기다. 그뿐만 아니라 재건축의 경우 용적률에 대한 제한이 있다. 서울시 조례에 의하면 3종주거지역의 최대 용적률은 250%이다. 만약 30년 이상 되어 재건축을 진행하고 싶은 아파트가 있는데 이미 용적률이 250%로 최대 용적률에 도달했다면 재건축으로 더 많은 세대수를 짓기는 힘들어질 것이다. (이를 사업성이 없다고 표현한다.) 하지만 리모델링은 최대 용적률을 넘어서 사업이 가능하며, **현 세대수의 15% 이하이지만 일반분양이 가능하다. 즉 만약 현재 세대수가 1천 세대인 아파트를 리모델링 추진한다면 15%인 150세대 이하로 일반분양이 가능한 것이다. 용적률이 최대로 찬 아파트들은 이렇게 재건축을 했을 때보다 리모델링이 더 사업성이 좋을 수 있다.** 또한 재건축은 조합설립인가를 위한 동의율이 3/4(75%)인데 반해 리모델링은 2/3(67%)의 동의율만 있으면 조합설립인가가 가능하다. 당연히 사업기간도 차이가 나는데 재건축은 사업 기간이 매우 길지만 리모델링은 재건축에 비하면 1/3정도로 사

업기간 단축이 가능하다.

🔺 **리모델링전후**
사진설명 : 개포더샵트리에 리모델링 전(좌), 리모델링 후(우)> 출처 : 더샵TV>

최근 리모델링이 끝난 아파트의 전후 모습이며 수평증축을 통해 양옆이 늘어나면서 뚱뚱해진 모습이다. 기존에 지하주차장 없이 지상에만 주차가 가능했던 곳들이 리모델링을 통해 지하주차장도 만들어 내고 있다.

 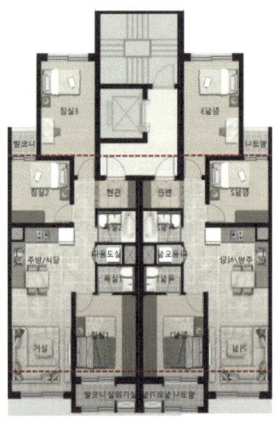

🔺 **리모델링 평면도 - 사진설명 :** 리모델링 전(좌), 리모델링 후(우)

수평증축을 통해 넓어진 평면도다. 기존 복도식 아파트에서 2세대 가운데에 엘리베이터를 넣어 계단식 아파트로 바꾼 모습이다. 85m² 미만의 타입은 40% 이내에서 증축이 가능하니 20평형의 아파트가 최대 28평형까지 넓어질 수 있다.

재건축에 비해 절차도 많이 간소화되는데 조합설립인가, 사업시행인가, 관리처분인가를 받아야 이주가 진행되는 재건축과는 다르게 리모델링은 조합설립(동의율 67%) 후 행위허가(동의율 75%)를 받으면 이주가 가능하기 때문에, 10년이 걸리는 재건축에 비해 4~6년으로 시간도 많이 단축된다.

| **리모델링의 단점**

리모델링이 장점만 있는 것은 아니다. 단점도 존재하는데 대표적으로 구조의 한계점이다. 전부 철거하고 새로 짓는 재건축과는 다르게 리모델링은 기본 골조를 그대로 이용한다. 이에 따라 건축물의 무게를 지지하는 내력벽을 철거하지 못한다. 그러다 보니 최근 유행하는 건축방식인 4Bay(기둥과 기둥사이의 공간)방식과는 달리 타워형으로 구조를 뽑아낼 수밖에 없다.

🔺 **리모델링과 4Bay**

　좌측은 리모델링을 통해 만들어진 아파트의 평면도이며 우측은 최근 선호하는 4Bay타입의 아파트 평면도다. 리모델링에 의한 타워형의 평면도는 앞뒤로 길어지는 형태의 긴 동굴처럼 생겨 햇빛이 가운데까지 들어오지 않을 수 있지만, 4Bay의 타입은 햇빛이 잘 들어올 수 있다. 이런 구조적인 문제가 리모델링을 선호하지 않는 이유가 된다.

　또 수익성이 떨어질 수 있다. 재건축은 사업성이 잘 나올 경우 일반분양분이 많은 세대가 나올 수 있고, 이 일반분양분의 수익으로 아파트를 짓는 사업비를 충당하여 조합원들의 추가분담금이 줄어드는 효과를 낼 수 있는 반면, 리모델링은 세대수의 최대 15%까지만 일반분양이 가능하니 사업비의 대부분을 조합원들이 충당하게 되는 구조다.

　리모델링은 초고층으로 짓는 것 역시 한계가 있다. 재건축의 경우 철거를 하고 새로 짓는 방식이기 때문에 최근 선호하는 초고층으로 지을 수 있지만 리모델링은 기존의 층수를 활용해 증축하는 방식이기 때문에 기존의 층수를 훨씬 뛰어 넘는 초고층으로 지을 수 없다. 물론 수직증축을 통해 층고를 높일 수는 있다. 그러나 수평증축은 한 번의 안전진단만 거치면 되는 반면, 수직증축을 하려면 두 차례의 안전진단과 안정성 검토를 추가로 거쳐야 하는데 안정성 검토에서 시간이 많이 지체된다. 안전성 검토를 거쳐 수직증축이 된다 하더라도 최대 3개 층까지 밖에 증축할 수 없어 초고층으로 가지는 못한다.

　이런 한계점에도 불구하고 최대 용적률에 가깝게 건축된 아파트의 경우 사업성이 부족해 재건축이 불가능하다고 판단되면, 발 빠르게 리모델링으로 선회해 사업을 진행하는 사례가 늘어나고 있다.

🔼 **선사현대리모델링**
　사진설명 : 리모델링 전인 현재 모습(좌), 리모델링 후의 조감도(우)

위 아파트는 서울시 강동구 암사동에 위치한 선사현대아파트다. 2,938세대의 대단지로 '3종일반주거지역'인데 용적률이 393%로 최대 용적률을 상회해서 지어졌기 때문에 재건축이 불가해 최근 리모델링을 진행하고 있다. 390세대가 늘어난 3,328세대로 롯데건설과 현대건설이 *컨소시엄으로 지을 예정이며 1조원이 넘는 대규모 공사다.

*컨소시엄:공동 목적을 위해 조직된 협회나 조합

    2022년 1월 24일에 서울시에서 정책 하나를 발표했다. 공공주택 소셜믹스를 완전 구현하는 것을 목표로 준공 20년이 경과한 80개의 분양공공혼합단지(일반 아파트와 임대아파트의 혼합단지)를 서울시가 조합으로 참여해 체계적으로 리모델링을 추진하겠다고 했다. 그리고 그 첫 시작을 서울시 마포구 대흥동에 있는 마포태영아파트로 하겠다고 한다.

    마포태영아파트는 용적률이 344%로 사실상 재건축이 불가능한 상황이라 리모델링을 추진하고 있고 총 세대수 1,996세대이며 이 중 서울시가 보유하고 있는 임대아파트는 568세대다. 리모델링 조합설립을 위한 동의율이 67%인데 임대아파트 비율이 28%(568세대)이기 때문에, 나머지 약 39%(779세대)의 동의만 있으면 리모델링 사업 추진이 가능할 것이다.

    서울시가 리모델링 사업에 조합원으로 참여해서 추진을 하겠다고 발표한 이유는 과한 용적률로 인해 사실상 재건축이 불가능한 아파트를 노후화가 진행되도록 방치할 순 없으니 리모델링을 진행하여 주거환경을 개선하겠다는 의지로 보인다. 그래서 서울시 내 20년이 경과한 80개의 분양공공혼합단지를 찾아서 정리해 봤다.

No.	아파트명	주소	준공년도	총세대수	임대아파트수	용적률(%)
1	금호벽산(금호6)	성동구 금호로 100	2001	1,707	1,214	219
2	상도신동아(상도1)	동작구 만양로 19	2001	1,696	925	324
3	도원삼성(도원)	용산구 새창로8길 7	2001	1,458	534	289
4	금호대우(금호8)	성동구 독서당로 272	2001	1,181	508	290
5	답십리동아(답십리8)	동대문구 한천로11길 10	2001	741	492	328
6	신길삼성(신길2-3)	영등포구 신길로42길 25	2001	1,213	387	289
7	산천리버힐삼성(산천삼성)	용산구 효창원로13길 7	2001	1,102	363	315
8	중림삼성(충정삼성)	중구 중림로4길 41	2001	712	355	251
9	하왕금호베스트빌(하왕1-3)	성동구 난계로 114-31	2001	458	274	318
10	하왕극동미라주(하왕5)	성동구 난계로 73	2001	414	191	336
11	래미안수유(수유2)	강북구 한천로159길 8	2001	690	180	241
12	홍릉동부(청량리5)	동대문구 제기로26길 26	2001	371	150	299
13	한진해모로(하왕1-2)	중구 왕십리로39길 30	2001	362	116	263
14	염리삼성	마포구 백범로25길 83	2001	574	109	258
15	행당대림(하왕2-1)	성동구 행당로 79	2000	3,404	1,005	254
16	도화현대2차	마포구 새창로8길 72	2000	914	793	234
17	행당한진(금호1-6)	성동구 행당로 82	2000	2,123	728	294
18	봉천우성(봉천7-1)	관악구 관악로30길 40	2000	1,597	717	340
19	관악벽산타운(시흥2-1)	금천구 금하로 793	2000	2,336	1,288	249
20	무악현대(무악1)	종로구 통일로 246-11	2000	964	550	218
21	홍제원현대(홍제3)	서대문구 통일로34길 43	2000	939	482	269
22	답십리청솔우성(답십리7)	동대문구 답십리로57길 53	2000	1,542	432	258
23	신공덕삼성	마포구 백범로37길 6	2000	834	376	287
24	DMC래미안클라시스(남가좌7)	서대문구 증가로 191	2000	1,114	358	289
25	인왕산현대(홍제4)	서대문구 통일로34길 46	2000	700	246	-
26	이문쌍용	동대문구 한천로58길 75-45	2000	1,318	245	343
27	상계불암대림(상계7)	노원구 덕릉로94가길 41	2000	634	206	322

28	이문현대(이문1)	동대문구 한천로58길 135	2000	601	188	338
29	전농삼성(전농5)	동대문구 전농로 190	2000	463	139	-
30	신기목련(임대)	영등포구 신길로42가길 34	2000	213	105	207
31	신공덕2삼성	마포구 만리재로 74	2000	458	103	295
32	돈암삼성(돈암3-2)	성북구 동소문로34길 24	1999	1,278	736	223
33	약수하이츠동아(신당4)	중구 동호로10길 30	1999	2,282	684	255
34	마포태영(대흥태영)	마포구 독막로 266	1999	1,992	568	344
35	학여울청구A(하계2)	노원구 동일로207길 186	1999	1,476	486	214
36	상계불암현대(상계3-2)	노원구 덕릉로118길 27	1999	826	472	348
37	종암SK	성북구 종암로24가길 53	1999	1,318	465	369
38	신당삼성(신당5)	중구 청구로1길 23	1999	994	440	253
39	상계동아불암(상계3-1)	노원구 덕릉로112길 13	1999	673	434	353
40	양지대림2(중계4-2)	노원구 덕릉로77길 27	1999	652	331	331
41	남가좌현대(남가좌6)	서대문구 가재울로 45	1999	1,155	330	328
42	옥수삼성(옥수9)	성동구 독서당로 218	1999	1,114	330	263
43	돈암풍림(돈암3-3)	성북구 북악산로 898	1999	460	309	219
44	천호태영(천호6)	강동구 천호대로 1055	1999	649	264	315
45	공덕삼성(공덕1)	마포구 마포대로 115-8	1999	651	226	266
46	봉천신봉(임대)	관악구 양녕로6나길 18	1999	277	150	291
47	양평상록수(임대)	영등포구 영등포로 17	1999	176	70	384
48	신림초원(임대)	관악구 미성5길 40	1999	197	63	290
49	도봉서광(임대)	도봉구 마들로 770	1999	159	45	201
50	독립문극동(현저4)	서대문구 독립문공원길 17	1998	1,300	600	316
51	동소문한진	성북구 성북로4길 52	1998	4,515	580	276
52	양지대림1(중계4-1)	노원구 덕릉로73길 31	1998	508	468	328
53	구로두산(구로6)	구로구 도림로 59	1998	1,285	442	354
54	창전삼성	마포구 서강로 95	1998	951	311	233
55	오류동부골든(오류1)	구로구 고척로 49	1998	1,236	304	299
56	옥수하이츠(옥수8)	성동구 한림말길 50	1998	774	238	212
57	봉천인헌(임대)	관악구 낙성대로15길 66	1998	216	117	169
58	사당신동아(사당5)	동작구 동작대로29길 118	1998	223	110	233
59	청량리한신(청량리4)	동대문구 제기로 129	1997	960	610	275
60	목동현대B	양천구 신목로 10	1997	972	564	292
61	상도건영(본동2-2)	동작구 만양로 26	1997	1,376	552	297
62	천호삼성(천호4)	강동구 성안로25길 15	1997	643	247	335

63	전농동아(답십리6-4)	동대문구 서울시립대로 31	1997	360	220	
64	홍은벽산(홍은5-3)	서대문구 세검정로1길 95	1997	1,329	180	253
65	염리상록(임대)	마포구 숭문길 106	1997	678	178	217
66	옥수극동그린(옥수5-2)	성동구 독서당로 175	1997	583	171	291
67	흑석청호(임대)	동작구 서달로2길 29	1997	346	170	131
68	오금현대백조(오금2)	송파구 양재대로72길 20	1997	438	153	
69	도봉서원(임대)	도봉구 마들로 684-20	1996	2,450	734	246
70	청계벽산(하왕3)	성동구 무학로 50	1996	1,332	510	267
71	신정삼성(신정6-2)	양천구 신목로 5	1996	420	506	287
72	신내9단지(임대)	중랑구 신내로 127	1996	1,650	335	188
73	북가좌삼호(북가좌2)	서대문구 거북골로 154	1996	616	267	294
74	홍제유원(홍제1)	서대문구 세검정로 134	1996	704	150	249
75	시흥목련(임대)	금천구 금하로3길 26	1996	173	105	193
76	신림1단지주공아파트	관악구 광신길 160	1995	960	870	255
77	신대방(임대)	동작구 보라매로 83	1995	108	48	220
78	마천대성(임대)	송파구 성내천로34길 8	1995	71	25	210
79	상도삼호(상도5)	동작구 상도로 407	1994	682	221	295
80	가양9단지(임대)	강서구 허준로 224	1993	1,005	914	196
81	신림동부(신림5)	관악구 신원로 26	1993	592	96	301

04.
지역주택조합

지역주택조합(지주택)은 '원수에게 권하라'는 말이 있을 만큼 위험한 사업이다. 가끔 "반값으로 내 집 장만하라" 같은 플랜카드를 본 적이 있을 것인데 알아보면 지역주택조합인 경우가 많다. 지역주택조합은 어떤 것이길래 원수에게 권하라고 하는 걸까?

지역주택조합은 **무주택자들이 내 집을 직접 지어서 마련할 수 있는 주택법상에 있는 제도**다. 무주택자들이 직접 집을 짓는 과정에서 공사이윤을 최소화할 수 있고 저렴한 가격에 내 집을 장만할 수 있는 점으로 취지는 매우 좋으나 현실은 조합원들의 전문적인 지식이 부족해 시행사에 끌려다니고 있다.

지역주택조합은 초반에 조합원을 모집한다고 크게 홍보를 하고 여타 아파트 분양하는 것처럼 모델하우스를 만들어 많은 사람을 유혹한다. 이곳에 방문하면 크게 아파트 모형도를 만들어 두고 아파트를 그대로 옮겨 놓은 모델하우스를 만들어 환상을 심어준다. 그리고 1차 조합원을 모집하고 있으니 선착순으로 동 호수를 선점하라고 하며 계약금 3천만원을 입금하라 한다. 분양가는 주변 시세대비 50% 선에서 책정이 됐고 1차 조합원이 마감되면 2차 조합원 모집에는 분양가가 올라가니 지금 당장 계약하라고 한다.

생각해보자. 아파트를 지으려면 땅이 필요하다. 어느 땅에 짓겠다는 말인가? 이미 그 땅에는 건물들이 빼곡히 있는데 무슨 권리로 그 땅 위에 있는 건물들을 밀어버리고 아파트를 짓겠다는 말인가? 권리! 땅 위에 있는 건물들을 철거할 수 있는 권리만 있으면 가능한 일이긴 하다. 그러려면 그 건물들의 소유권을 갖고 와야 할 터인데 사업지역 내 있는 모든 건물들의 소유권을 가지고 오면 되긴 하지만 그 건물들의 가치만 해도 상상을 초월하는 금액일 것이다.

이런 생각을 할 때 즈음 지역주택조합 모델하우스의 직원은 굉장히 많은 서류철을 보여줄 것이다. 이미 사업지역 내 소유주들이 집을 팔겠다고 동의했다는 서류다.

"소유주 95%가 우리 조합에게 부동산을 팔기로 동의했으니 사업진행 되면 6년만에 입주 가능하실 거에요."

6년만에 신축 아파트에 입주한다고? 그것도 주변 시세 10억원 짜리 아파트를 6억원에? 꿈 깨자. 그런 일은 절대 일어나지 않는다.

그리고 계약금 3천만원은 조합의 통장으로 받는 것이 아니고 이름있는 OOO신탁 명의로 입금하니 안전하다고 알려줄 것이다. 맞는 말이긴 하다. 과거에는 조합 통장으로 이체를 했었는데 금액이 워낙 크다 보니 조합에서 사업과는 무관하게 개별적으로 이 돈을 사용해 사건 사고가 많이 터졌다. 그래서 지금은 신탁사에서 자금을 관리하며 조합에서 필요한 만큼 신탁사로부터 자금을 받아 사용하고 있다. 만약에 당신이 이 사탕발림의 말에 넘어가 계약서를 쓰게 된다면 3천만원을 이체할 것이다. 이렇게 시장에 맞지 않는 논리를 펼치는데 넘어가는 사람이 은근히 많다. 그렇게 몇백 명의 1차 조합원 모집이 끝나고 조합은 몇십억원의 돈이 생기게 된다. 그리고 이후 조합은 사업지역 내 부동산을 사들이기 시작한다. 초반에는 진행속도가 빠를 것이다. 그도 그럴 것이 집을 팔고 싶었지만 그동안 팔리지 않다가 좋은 값을 쳐준다고 하니 얼씨구나 좋다고 빨리 팔아버리고 나가는 사람들도 있을 것이니 말이다. 그렇게 사들인 집에는 철거예정이라고 빨간 글씨로 큼지막하게 담벼락에 적어둔다.

🔼 출처: 네이버지도

| **지역주택조합철거**

이렇게 적어두는 이유는 사업이 진척되고 있음을 알려주기 위함이기도 하고, 사업지역 내 거주하고 있는 사람들에게 빨리 팔고 나가라는 무언의 압박이기도 하다. 시간이 흐르면서 조합원들에게 또 3천만원씩 입금을 요한다. 이렇게 추가로 요구하는 돈들은 기존의 계약에 있던 내용이기도 하고, 공사비가 올랐다며 새로 요구하기도 한다. 더불어 2차 조합원도 모집하게 되는데 여기서 걷힌 돈으로 계속해서 부동산 매입을 한다. 그래도 60%까지는 부동산 매입이 빠르게 진행된다. 이후부터 진짜 피 말리는 전쟁이 시작된다. 세상엔 다양한 사람들이 살고 있듯이 이 사업장 내에도 다양한 사람들이 살고 있다. 분명 조합과 적당한 가격에 팔겠다고는 동의했지만 막상 매도하려 하니 돈을 더 받고 싶은 욕심들이 생긴다. 그 사람이 나쁜 게 아니고 이것이 인간의 본성이고 나 같아도 그럴 것 같다. 이렇게 사업이 진행되다 보면 처음 생각했던 부동산 매입비보다 훨씬 더 많은 돈이 들어가게 되고 이는 곧 조합원들의 부담으로 가는 것이다. 당초 예상했던 6억원의 분양가보다 더 높아져 점점 추가로 납부해야 하는 금액이 늘어난다.

조합은 총 90%이상의 권리를 취득해야 한다. (과거에는 95%까지 권리를 취득했어야 했는데 각종 사건사고로 인해 90%까지 낮아졌다. 90%까지 권리를 취득하게 되면 나머지 10%는 강제수용을 시킬 수 있다.) 어떻게든 80%의 권리를 취득했다고 하자. 이제부터 시작이다. 나머지 10%를 얻어내야 하는데 이게 정말 힘들다. 80% 권리

취득하는 시간보다 나머지 10% 취득하는 시간이 더 오래 걸린다고 하기도 한다. 남은 20%의 사람들끼리 똘똘 뭉치면서 빨간 깃발을 걸어 들고 결사적으로 반대를 한다. 이 안에서 조합과 소유주의 팽팽한 줄다리기가 시작된다. 80% 권리를 취득한 조합은 취득한 권리의 부동산을 철거하며 나머지 20% 소유주를 압박하기도 한다.

🔺 **지역주택조합철거중인사진 - 사진설명** : 지역주택조합 현장 철거하고 남은 주택의 모습

시간은 조합의 편이 아니다. 시간이 지나면 지날수록 사업비는 늘어나게 되니 조합 입장에서는 빨리 진행하고 싶어할 것이다. 그래서 예정된 금액보다 꽤 과한 금액을 지불해서라도 나머지 땅을 매입하려 한다. 이렇게 해서라도 매입할 수 있다면 다행이지만, 갈 곳 없다며 혹은 특별한 정이 남은 주택이라 결사적으로 반대하는 소유주들도 있다. 90%를 매수하고 사업이 진행될 때 즈음 되면 처음 가입했던 조합원은 스트레스가 이만저만이 아닐 것이다. 약속되지 않은 미

래에 대한 기다림은 사람을 정말 지치게 만든다. 확실하게 된다면 믿고 기다릴 수 있겠지만 사업이 어떻게 진행될지도 모르는데 돈은 계속 내고 있으니, 거기에 사업속도가 늦춰지면서 추가비용을 더 내고 있으니 환장할 노릇일 것이다. 또한 입주할 때까지 무주택(85 m^2 이하 1주택은 가능)을 유지하고 있어야 하는데 내 집 없이 세살이를 해야 하니 감당하기 힘들만 하다.

   시간이 오래 걸리더라도 진행이 되기만 하면 다행이다. 지역주택조합에서 여기까지 진행되기도 힘들 뿐만 아니라 진행됐다 해도 이미 약속한 6년은 훨씬 지났을 것이다. 그리고 진행하는 동안 부동산값이 천정부지로 올라 조합에서는 이를 매수하는데 예상보다 훨씬 많은 금액을 지출해야 했을 것이다. 최근에는 건자재값 및 인건비가 급격히 올라 건축비 상승으로 인해 과한 추가분담금을 요구하고 있다. 동작구 한 지역주택조합은 84m^2의 조합원분양가가 7억원이라 했지만 추가분담금이 약 7억원이나 나왔다. 해당 지역 84 m^2의 신축 시세가 약 17억원인데 조합원분양가 7억원에 추가분담금 7 억원을 더하면 14억원에 매수하는 것이니 그간의 스트레스에 비하면 큰 수익도 아니거니와 차라리 그 돈으로 미리 아파트를 샀다면 훨씬 더 큰 수익이 났을 것이다.

   그렇다고 해서 지역주택조합이 무조건 안되는 것은 아니다. 도시정비가 제대로 이뤄지지 않아 혼잡한 동작구에서 성공한 사례가 많이 있다. 몇 년 전 친한 동생은 수원에 지역주택조합을 했다고 한다. 이미 계약을 했고 몇 번의 돈을 지급한 듯한데 거기에 대고 그 위험한 걸 왜 했냐, 빨리 해지해라, 원수에게 권하라는 지역주택조합을 누가 너에게 권했냐는 말을 이 동생에게 해서 뭐하겠나? (나중에 알게 된 사실인데 어머니께서 권했다고 한다.) 그런데 최근에 입주했다고 연락이 와서 집들이를 했었다. 지역주택조합이 이렇게 빨리 됐다고? 하며 놀란 적이 있다.

◀ **곡반정동지역주택조합**
사진설명 : 지역주택조합 전 (위), 지역주택조합 완공 후(아래)

그럴 만한 이유가 있었다. 사진을 보면 알 수 있겠지만 거의 논으로 이루어진 곳이라 집집마다 동의를 받는 복잡한 과정이 거의 없었기 때문이다.

중간에 조합원을 탈퇴하고 지금까지 납부한 돈을 돌려받을 수도 있을까? 가능하긴 하지만 거의 힘들 것이다. 가입된 조합원을 탈퇴하려면 보통 총회나 이사회 의결을 통해 결정이 되어야 하는데 이게 불가능에 가깝다. 혹시 탈퇴가 된다 하더라도 지금까지 납부한 비용을 돌려받기 위해선 변제기에 도래해야 하는데 지역주택조합에서 변제기라 함은 다음 조합원이 가입해 자기의 자리를 대체해줘 돈을 납부해야 하는 것이다. 하지만 탈퇴하려는 경우가 대부분 사업지연으로 인한 사업비가 증가해 과한 추가분담금이 예상되거나 사업의 성공 가능성이 현저히 낮은 이유로 탈퇴하려고 하는 것인데 누가 나를 대체해서 조합에 가입하려 하겠는가? 어렵게 변제기가 도래해 납부한 금액을 돌려받을 수 있다고 하더라도 납부한 금액 전부를 돌려주지 않는다. 조합에서 사용한 업무대행비(인건비 운영비 등)는 절대 돌려주지 않는데 이 비용이 보통 1,000~ 1,500만원 정도 되며 전체 분양금액에 10%는 위약금으로 돌려주지 않으니 실제 받을 수 있는 돈은 적어지게 될 것이다. 지금도 많은 곳에서 지역주택조합 사업이 진행 중에 있다. 지역주택조합이 어떻게 진행되는지 그리고 어떠한 위험이 있는지 알지 못한 채 달콤한 청사진만 보고 계약을 하지 않기를 바란다.

05.
소규모주택정비사업

　소규모주택정비사업은 특별법인 '빈집 및 소규모주택정비법'에 따라 주민합의체 구성을 통해 진행이 가능한 사업으로, 사업 절차를 간소화해 4~6년으로 단축할 수 있다. (재개발/재건축은 '도시 및 주거환경정비법'에 기반을 두고 있다.)

　현재 서울 및 경기권은 아파트의 수요에 비해 공급이 턱없이 부족한 상태고 이는 결국 집값의 상승을 야기시켰다. 공급을 늘리기 위한 수단으로 재개발, 재건축을 많이 이야기하지만 실제적으로 사업기간이 너무 오래 걸리기 때문에 상대적으로 사업기간이 짧은 이 '소규모주택정비사업'을 통해 빠른 공급을 기대하고 있다. 이 때문에 정부는 소규모주택정비사업을 적극 장려하고 있으니 이곳에서 기회를 찾아볼 수 있다.

| **소규모주택정비사업절차**

　소규모주택정비사업은 재개발/재건축과는 다르게 정비계획수립

에 따른 추진위원회구성, 그리고 조합설립인가까지의 과정과 '관리처분계획인가'를 생략했다. 그리고 사업시행인가에 '관리처분계획'을 포함했다.

출처 : 서울시제공자료

재개발/재건축은 '관리처분계획인가'가 나와야 입주권으로 바뀌는 반면 소규모주택정비사업은 사업시행인가에 '관리처분계획'을 포함했기 때문에 사업시행인가만 나도 입주권으로 바뀌게 된다. 위에서 언급했듯이 입주권이 되면 주택수에 합산이 되니 언제 입주권으로 바뀌는지는 중요한 부분이다.

소규모주택정비사업에는 총 4가지가 있다.

1. 자율주택정비사업

자율주택정비사업은 단독주택 18호 미만 또는 연립, 다세대 주택 36세대 미만 또는 혼합해서 36채 미만의 조건이 충족되면 진행이 가능하다. 1동에 8세대인 다세대주택이 있다고 하자. 4개 동이 모이면 총 32세대의 다세대주택이 되므로 자율주택정비사업의 조건에 맞게 된다. 주민 동의가 이뤄지면 32세대의 다세대주택을 철거하여 새로운 집을 지을 수 있는 것이다. 이는 워낙 소규모로 이뤄지다 보니 철거 후 새로 짓는다 해도 아파트 성격보다는 큰 빌라 같은 느낌이 나니 크게 이득이 되지 않을 것이다.

2. 소규모재건축사업

소규모재건축사업의 조건은 기존주택 세대수 200세대 미만 총 사업면적 1만㎡ 미만으로 진행이 되는데 이 사업도 소규모로 이뤄지니 큰 이득이 될 것이라 보기 어렵다.

3. 소규모재개발사업

소규모재개발사업은 ① '역세권' 또는 '준공업지역' 내, ② 5천㎡ 미만의 사업면적에 노후, ③ 불량건축물의 수가 전체건축물의 2/3 이상일 때 사업이 가능하다. 여기서 역세권의 기준은 역에서 350m 이내에 속한 지역을 말하며, 사업 진행 면적의 절반 이상이 역세권에 속하면 가능하다. 노후, 불량건축물의 기준은 30년 이상 된 건물을 말한다.

정부는 소규모재개발사업의 경우에 토지의 용도변경을 허용해주고 있다. 소규모재개발의 사업 지역의 용도변경에 대해 말하자면 사업지역 내 용도지역이 2종일반주거지역일 경우 3종일반주주거지역 (300%) 또는 최대 준주거지역(500%)까지, 3종일반주거지역은 준주거지역(500%)까지 용도변경이 가능하다. 또 용도지역 변경에 따라 늘어나는 용적률의 50%는 지역 특성에 따라 다양한 공공시설로 공급할 수 있도록 하고 있다. 여기서 말하는 공공시설은 신혼부부, 사회초년생 1인가구, 주거취약계층 등을 위한 공공임대주택 뿐 아니라 영세상인을 보호하기 위한 공공임대상가 등이 속한다.

소규모 재개발 사업의 조건이 역세권 또는 준공업지역 내라고 했는데 여기서 '준공업지역'은 과거 노동집약산업이 발달했던 시절 공장이 밀집해 있던 지역으로 서울시 내 성수, 영등포, 구로구, 창동 일부 지역에 포진되어 있다. 그러나 노동집약산업에서 고부가가치산업으로 바뀌면서 더 이상 과거의 공장이 필요하지 않게 되어 이런 준공업지역의 땅을 현실에 맞게 고밀개발해 양질의 주거지역과 업무지역으로 개발하려고 있는 것이다.

▲ 소규모재개발사업(사진)

해당 지역은 역에서 350m이내(역세권)에 있고 총 사업면적이 4,374m²로 5천m² 미만이다. 이에 전체건축물의 2/3이상이 노후도 요건이 충족하고, 주민의 의지(토지 등 소유자 80% 이상, 토지면적 2/3이상 동의 필요)만 있으면 소규모재개발 사업방식으로 진행이 가능해 철거 후 신축아파트를 지을 수 있다.

4. 가로주택정비사업

가로주택정비사업은 1만m²(약 3천평) 미만의 면적을 진행하며 그나마 다른 소규모주택정비사업에 비해 넓은 면적으로 진행하다 보니 가장 많이 선호하는 사업방식이다.

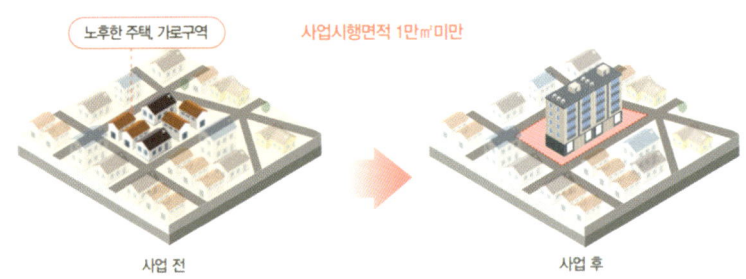

🔺 가로주택정비사업

30년 이상 된 아파트가 있다고 생각하고 재건축을 해보겠다고 가정하자. 동별 소유자 10% 동의를 얻어 안전진단을 신청할 수 있지만 안전진단에서 통과를 못하면 재건축 진행이 불가하며 D등급으로 통과했다면 정밀안전진단을 다시 신청해야 한다. 그 후 추진위원회 구성을 위해 주민 동의율 50%를 거쳐 조합설립인가 동의율 75%를 충족해야 조합설립인가가 난다. 여기까지 오는데 굉장히 긴 시간을 요한다. 반면 소규모주택정비사업 중 **가로주택정비사업방식으로 진행할 경우 안전진단 없이 80%의 동의율만 있으면 바로 조합설립인가가 난다.** 이것만으로도 사업속도는 굉장히 단축시킬 수 있다.

가로주택정비사업을 진행하기 위해선 다음 4가지 요건을 모두 충족해야 한다.

필수조건 ❶
사업시행면적이 1만m² 미만(서울시 조례 기준에 의하면 1만 3천m² 미만, *공공으로 진행 시 2만m² 미만)이어야 한다.

필수조건 ❷
접해 있는 4개의 면이 6m 이상의 도로에 둘러싸인 지역이어야 한다.(사업시행면적과 접해 있는 면이 6m 도로가 아닌 공원, 광장, 녹지, 하천, 공공공지, 공용주차장, 도로예정지라면 6m 도로에 접해 있다고 인정한다.) 또 사업시행지 내를 통과하는 도시계획도로가 없어야 한다.

필수조건 ❸
단독주택 10호 이상 또는 다세대, 연립주택 20세대 이상, 또는 혼합(단독+다세대) 20채 이상이어야 한다.

필수조건 ❹
노후 불량 건축물의 수가 전체건축물의 2/3이상이 되어야 한다. (노후불량건축물의 기준은 30년 이상이 된 건축물을 말한다.)

▲ 경원연립가로주택정비사업

위 사진은 일산의 한 연립주택을 가로주택정비사업을 진행해 신축아파트로 바꾼 예이다. 이 사업장은 2017년 1월에 조합설립인가가 났으며 2020년 3월에 착공을 시작해 2년 뒤인 2022년 4월에 완공되어 입주가 끝났다. 조합설립인가를 위해 동의서를 모은 시간을 제외하면 사업이 시작부터 완료까지 5년 2개월밖에 걸리지 않았다. 절차가 복잡해 10년 넘게 걸리는 재개발, 재건축에 비하면 확실히 빠르게 진행된다는 장점을 볼 수 있다.

▲ 고덕아르테스미소지움

위 사진은 서울 강동구 상일동에서 가로주택정비사업으로 진행된 '고덕 아르테스 미소지움' 아파트다. 청약 평균 경쟁률은 당시로선 역대 최고인 537대1을 기록했으며 최고 경쟁률은 59 m²에서 787대1이 나왔다. 2020년 10월에 있었던 일로 당시 부동산이 엄청난 붐이었기에 가능했던 경쟁률이기도 하지만 대단한 경쟁률인 것은 부정할 수 없다.

당시 84m²의 분양가는 8억6천만원이었으며 현재는 실거래가 된 적은 없고 호가로 16억~17억에 나오고 있다. 당신이 가로주택정비사업이 진행되기 전 해당 빌라의 주인이었다면 당연히 입주권이 나왔을 것이고 537대1의 경쟁률을 뚫고 청약에 당첨되기보다는 비교적 쉽게 '고덕 아르테스 미소지움' 아파트에 입주했을 것이다.

가로주택정비사업도 재개발, 재건축과 마찬가지로 사업이 진행됨에 따라 가격 프리미엄이 상승한다. 하지만 초기 재개발·재건축과 마찬가지로 조합설립인가가 나지 않은 곳일 경우 당연히 가격이 저렴하다. 그리고 재개발·재건축에 비해 가로주택정비사업은 일정의 요건만 충족된다면 사업 진행도 쉽고 빠르다! 그러니까 요건에 충족되는 지역을 찾아 빌라를 매수하고 직접 가로주택정비사업을 진행해 신축 아파트가 될 수 있다면 여기서 큰 시세차익을 거둘 수 있다.

무주택자에 자본금이 많지 않다면 가로주택정비사업의 요건에 충족되는 지역의 빌라를 매수하고 실거주하며 퇴근 후 직접 가로주택정비사업을 위한 동의서를 구하러 다니면서 80% 이상 동의서를 구해 구청에 조합설립인가를 신청하면 바로 조합설립인가가 나면서 가격상승이 이뤄질 것이다. 그렇게 사업이 진행됨에 따라 신축이 되어 입주하고 싶으면 입주하면 되고, 아니면 적당한 시세차익을 받고 팔고 나와서 자산을 증식시키면 된다.

| **서울시의 가로주택정비사업**

특히 서울시에선 소규모주택정비의 요건을 파격적으로 완화해주고 있어 더욱 매력적으로 다가오는데, 먼저 사업 진행을 위한 노후도의 기준을 67%(2/3)에서 57%까지 낮췄다. 즉 100세대 중 57세대가 조건을 충족하면 되는 것이다. 또 노후, 불량 건축물의 기준이 원래 30년이지만 바닥면적(연면적)의 합계가 660m² 이하의 공동주

택의 경우 20년으로 낮췄다. 쉽게 말하면 20년이 넘은 모든 다세대 주택(빌라)는 노후, 불량 건축물이 되는 것이다. 예를 들어 서울시 내 1만m² 미만의 지역에 총 100세대의 빌라가 있는데 이 중 57세대(57%)의 빌라가 20년 이상이 됐다면 가로주택정비사업을 추진할 수 있는 요건에 충족된 것이다. 80세대의 소유주가 조합설립에 대한 동의를 할 경우 조합설립인가가 나고 가로주택정비사업이 진행 가능하다는 얘기다.

△ 역삼동가로주택정비사업

　가로주택정비사업이 있기 전까지 강남구의 빌라가 밀집한 지역은 재개발이 이뤄지기 힘들 것이라 생각했다. 재개발이 진행되려면 주거환경이 열악한 강북지역 중 일부 지역이 가능하지, 이미 바둑판 모

양으로 도로가 정비되고 깔끔한 강남구 지역이 재개발되기란 사실상 불가능에 가깝기 때문이다. 하지만 사진처럼 1만 m^2에 요건만 충족되고 주민의 의지만 있다면 해당 지역을 가로주택정비사업을 진행해 신축아파트로 만들어 버릴 수 있는 것이다!

⌃ 서초자이르네

위 그림은 서초동에 있던 연립빌라를 가로주택정비사업방식으로 진행해 완성한 아파트다. GS건설의 자회사인 자이에스앤디에서 시공에 참여해 '서초자이르네'라는 이름으로 자이 브랜드를 사용했다. 이렇듯 최근 대형건설사들도 소규모주택건설 수주에 열을 올리고 있는 상황이다.

주의) 투기 부작용으로 투기과열지구 내 양도제한이 생겼다.

사업이 빠르다는 것은 그만큼 수익도 빠르게 난다는 뜻이다. 조합설립인가가 나면 프리미엄이 상당히 붙어버리는데 재개발, 재건축은 조합설립인가까지 긴 시간을 요하지만 가로주택정비사업은 소유주의 80%의 동의만 이끌어 내면 바로 조합설립인가가 나니 그것을 악용하는 투기꾼들이 모이기 시작했다. 가뜩이나 서울시 내 신축아파트에 대한 공급이 부족하다 보니 신축아파트는 곧 비싼 가격으로 이어지는 시기인데 가로주택정비사업의 요건에 충족한 빌라를 미리 저렴한 가격에 사들이고 동의서를 구하기 시작해 조합설립인가만 나면 프리미엄을 붙이고 팔고 나가는 식의 일이 빈번했던 것이다. 이는 투기과열지구 내 재건축은 조합설립인가가 난 후엔 조합원지위양도제한이 걸려 매도를 할 수 없는 반면 소규모주택정비사업의 경우는 재건축과는 다른 빈집 및 소규모주택 정비법에 적용이 되어 전매제한(조합원지위양도제한)이 걸려 있지 않았기 때문에 가능했다. 하지만 2022년 8월 4일 이후에 투기과열지구 내 조합설립인가가 난 가로주택정비사업과 소규모재개발의 경우에도 재건축과 같이 조합원지위 양도에 제한이 걸리게 된다. 투기목적이 심해 결국 특례법을 일부 개정한 것이다.

이렇게 조합원입주권 양도 제한이 걸린 상태에서 매수하는 자는 입주권을 받지 못하고 현금청산 된다.

※ 예외적으로 <u>1가구 1주택자이면서, 5년 소유 3년</u> 거주한 경우에는 조합원 지위 양도가 가능하다.

그러나 가로주택정비사업 역시 장점만 있는 것은 아니고 단점도 존재한다.

가로주택정비사업의 단점

첫째, 2종일반주거지역이라면 최고 층수를 15층으로 제한을 두고 있다.

서울의 경우 2종일반주거지역의 최고 층수를 7층으로 제한을 뒀었다. 지금은 15층으로 완화되었지만, 여전히 고층아파트를 지을 수 없다는 단점이다. (이는 2종일반주거지역 내에서만 제한이 있는 것이다.)

🔺 관악구 가로주택정비사업

위 사진은 관악구 내 〈효신연립빌라〉를 가로주택정비사업을 진행해 새로 지은 아파트인데, 7층으로 지어지다 보니 '7층짜리 빌라'라는 말을 많이 듣게 되었고 이 때문에 사업을 진행하고자 하는 사업장이 많지 않았다. 하지만 최근 15층까지 완화된 후 많이 추진하고 있다.

반면 **일반상업지역**에서 진행되고 있는 사례를 보자.

🔺 <용현3구역가로주택정비사업>

위 사진은 일반상업지역인 인천 미추홀구 용현3구역에서 진행되고 있는 가로주택정비사업이다. DL이앤씨에서 e편한세상 용현 퍼스트마크라는 이름으로 5,800㎡(약 1,750평)의 사업면적의 최고 층수 38층으로 총 350세대의 아파트를 건축할 예정이다. 해당 사업지역은 일반상업지역으로 최대 용적률은 1,300%이하까지 적용받을 수 있으나 보통은 800%내 지어지고 있다. 이처럼 **2종일반주거지역이 아닌 3종일반주거지역, 상업지역, 준주거지역, 준공업지역의 경우는 특별한 경우가 아니면 층고제한을 두고 있지는 않다.**

★혹시 주변을 돌아다니다 왼쪽에 있는 지역의 단독주택을 본다면 '어후~ 이런데 사람이 어떻게 산대?'라고 생각을 하지 말고 '와~

이렇게 사람이 살기 열악한 곳인데 주거환경개선을 해줘야겠네. 지하철역까지 그리 멀지 않고 입지가 괜찮은 편이니 아파트가 된다면 어떨까?'라고 생각의 전환을 하며 미래를 그릴 줄 알아야 한다. 그리고 해당 지역의 용도지역을 확인해 몇 종 주거지역인지 준주거지역인지 상업지역인지 살피고 혼자서 사업성 계산을 할 줄 알아야 한다.

<small>가로주택정비사업의 단점</small>
둘째, 나홀로 아파트일 수밖에 없다.

사업면적이 너무 작다. 본래 최대 1만m²(약 3천평)의 면적, 정부가 *공동으로 참여한다 했을 때 약 2만m²(약 6천평)으로 진행이 되다 보니, 일반주거지역에 가로주택정비사업으로 인해 신축 아파트가 들어선다 해도 최대 200세대 초반으로 구성된다. 이것도 1만m²를 꽉 채워서 진행했을 때의 얘기이지 일반적으로는 5천~ 8천m²로 많이 진행된다. 가끔 총면적이 2천m²(약 605평)로 아파트라 불리기도 민망할 정도의 작은 수준으로 진행될 때도 있다.

*공공으로 진행이라 함은 LH와 공동참여로 진행을 하거나 각 도시공사(서울도시공사, 인천도시공사 등)와 공동참여로 진행하는 경우에 해당한다.

<small>가로주택정비사업의 단점</small>
셋째, 최대 용적률을 적용받으려면 임대주택의 비율을 20% 충족해야 한다.

3종일반주거지역의 최대 용적률은 300%이나 서울시 조례에 따르면 250%이다. 이런 최대 용적률을 받으려면 20%의 임대주택을 지어야 한다. 예를 들어 가로주택정비사업으로 최대 용적률인 300%를 적용받아 250세대의 아파트를 짓는다고 하면 20%인 50세대를 임대아파트로 주어야 하는 것이다. 정부 입장에서는 양질의 임대아파트를 공급하고 싶어 하는데 집 지을 땅도 부족하고 정부 자체적으로 진행하기에는 예산이 부족하다. 하지만 이렇게 가로주택정비사업을 진행하게 되면 노후된 주택을 신축으로 바꾸면서 주거환경개선과 임대아파트 공급이라는 두 마리 토끼를 잡을 수 있으니 이런 제도를 만든 것이다. 임대아파트로 제공하게 되면 해당 시에서 건축비만 주고 사가는 것이니, 그 부분만큼 사업성이 떨어지게 되는 부분이다.

쉬어가기

강남 건물주의 조언, 부자 되는 49:51 법칙

앞서 말했듯 나는 20대 때 책을 통해 부동산을 접했다. 나의 불안한 앞날을 걱정하며 학교 도서관에서 부동산에 관련된 책을 읽고 있었다. 그리고 부동산을 배우려면 서울로 올라가야 한다는 걸 깨닫고, 그 다음 날 무작정 캐리어 하나를 끌고 서울로 올라갔다. 나의 수중에는 그때까지 아르바이트를 해서 모아둔 돈 300만원이 있었고, 서울로 올라와 서울대입구역 주변에 한 고시원을 잡았다. (고향 친구들의 말을 빌리자면 나는 실행력 하나는 끝내주고 엉뚱한 인간이라고 한다.)

고시원 한 달 요금(당시 약 40만원)을 결제하고 저녁에 어머니께 전화를 걸었다.

"응 엄마. 나 서울이야."

"친구네 집 갔니? 언제 내려오게?"

"안 내려가. 이제부터 서울에서 살게. 여기서 직장 구해볼게."

"뭔 똥딴지 같은 소리야? 일단 내려와서 엄마랑 얘기 좀 하자."

고시원에 짐을 풀고 주말에 대전에 내려가 부모님을 설득했다. 가정형편이 넉넉지 않아 월세 보증금 하나 마련해주지 못하는 것에 대한 미안함이 내 눈에 비쳤고, 부모님의 그런 마음이 나는 불편했다. 어쨌든 나는 그렇게 서울로 올라왔고 부동산 일을 배우고 싶어 강남에 있는 중개법인에서 중개보조원으로 일을 했다. 중개보조원은 특별한 스펙을 요하지 않기 때문에 쉽게 구할 수 있었다.

그렇게 중개보조원 일을 하며 우연히 강남의 건물주를 만날 기회가 있었다. 대한민국의 중심지 강남의 건물주라니, 어떻게 그렇게 부자가 될 수 있었을까? 너무 궁금해서 만나게 되면 꼭 물어보려 했다. 만나기 전에 통화를 하고 약속장소를 잡았는데 목소리를 듣고 어떤 모습일지 상상을 했다. 고급 외제차에 명품을 입고 깔끔한 인상의 그런 사람이 그려졌다. 약속 시간이 된 후, 드디어 만남을 갖게 됐다.

그는 약 50대 중반의 외모였는데 외제차는 타지 않고 걸어 나왔으며 구형 폴더 핸드폰을 손에 들고 어수룩한 외모에, 명품은 고사하고 깔끔하지도 못한 옷을 입고 나오셨다. 왠지 실망감이 가득했지만 최대한 예의를 갖추어 대화를 나누었다. 그리고 마지막으로 정말 궁금했던 어떻게 부자가 되었는지에 대한 비결을 물어봤다. 그는 본인은 부자가 아니지만(?) 지금까지 살아오면서 깨달은 비결을 알려준다면서 말씀하셨다.

"만약 당신이 100을 얻으면 상대방에게 51을 주고 당신은 49만 취하세요."

이게 무슨 귀신 씻나락 까먹는 소리인가? 당시 난 뭔가 대단한 걸 기대했다. 무엇을 투자를 했고 무엇을 해서 돈을 얼만큼 벌었고 이렇게 살아왔고 등등 이런 걸 기대했지만 겨우 '49:51'이라니? 100만원을 벌어서 상대방에게 51만원을 주고 나는 49만원을 갖고 가는데 어떻게 부자가 될 수 있다는 말인가? 뭔가 큰 비책을 기대했던 20대의 초롱초롱했던 눈이 실망감으로 바뀌었고 그것을 알아본 50대 건물주는 말을 더 이어 나갔다.

"이 건물을 제가 지었어요. 인부들도 직접 고용했고 일도 직접 시켰죠. 이 건물이 올라가는 동안 하루도 빠지지 않고 현장에 출근을 했고 인부들과 같이 호흡하고 같이 식사하며 쉬는 시간마다 막걸리와 간식을 사드리고 대접을 했어요. 그렇게 하면 인부분들도 허투루 일을 하지 않을 거에요. 하다못해 못 하나라도 제대로 박으려 하실걸요?"

이게 대체 무슨 말인가? 부자 되는 방법을 알려 달라 했지 건물 짓는 방법을 알려 달라 했나? 20대 중반의 나로선 도저히 이해할 수 없는 말이었다. 내 인생에 있어서 너무 황당한 일이라 절대 잊어버릴 수 없는 기억이었다. 그리고 그동안 직장생활을 하며 생각의 여유 없이 살았기에 그 기억의 문을 닫고 까맣게 잊고 살았다.

그 건물주는 당신이 50년 이상 살아오면서 깨달은 인생의 본질을 알려준 것인데 인생 경험이 전무한 20대의 어린아이가 어떻게 깨달을 수 있었을까? 그 말이 무슨 뜻인지 깨달은 것은 최근 30대 중후반에 들어서였다. 그 말은 100만원을 벌었을 때 상대방에게 51만원을 주고 나는 49만원을 취하라는 뜻이 아니었고 '상대방이 51을 받앉다고 느끼게끔 하라'는 뜻이었다. 부자는 단시간 내 될 수 있는 일이 아니다. 부자가 되기 위해선 결국 시간의 힘이 필요하고 이 시간이 얼마나 걸릴지는 사람마다 다르기에 알 수가 없다. 그리고 세상은 절대 혼자 살 수 없고 절대 혼자서 부자가 될 수 없다. 상대방의 도움으로 혹은 상대방의 돈이 나에게 오는 것으로 등등 상대방의 덕에 부자가 될 가능성이 높은 것이다. 그 상대방이 51을 갖게 될 때의 감사한 마음이 나에게 다시 돌아오게 된다. 그게 부가 됐든 마음이 됐든 어떤 방식으로 든 말이다. 이런 것들이 쌓이면서 부자가 된다는 이야기를 그는 하고 싶었던 것이다.

상대방에게 뜻하지 않게 도움을 받은 적이 있는가? 아니면 감사함을 느낀 적이 있는가? 이게 바로 상대방에게 51을 받고 상대방은 49를 취한 경우다.

로버트 치알디니(Robert B. Cialdini)의 〈설득의 심리학〉이라는 책에서 이런 구절이 나온다.

"상대를 설득하려면 먼저 상대를 빚지게 하라."

휴대폰 판매점에 가면 먼저 음료수를 내준다. 그 음료수는 굉장히 작은 것에 불과하지만 음료수를 먹은 손님은 알게 모르게 마음의 빚을 지게 된다. 그리고 이 마음의 빚은 결국 휴대폰 구매까지 이르게 된다. 홈쇼핑에서는 한 달간 사용해 보고 마음에 들지 않으면 환불하라고 한다. 그렇게 주문을 했고 한달 간 사용을 하게 되면 그 동안 마음의 빚이 생기게 된다.

'아… 한달 간 사용 했는데 이걸 환불처리 한다고? 미안한데…'

결국 환불을 하지 않고 물건을 계속해서 사용하게 되는 경우가 많다. 심지어 마음에 들지 않는데도 불구하고 말이다. 49:51법칙도 결국 같은 맥락이다. 내가 100을 모두 취할 수 있음에도 불구하고 상대방에게 51을 주면서 상대방을 빚지게 만들고 나중에 배로 받는 것이다.

이 49:51법칙을 실생활에 적용해보자. 본인이 인당 10만원 뷔페에서 결혼식을 열었다고 가정해보자. 당연히 친구들에게는 인당 10만원짜리 뷔페라고 말은 하지는 않을 것이다. 친구가 와이프와 함께 결혼식장에 방문하여 결혼을 축하한다고 인사를 나눴다. 나중에 확인해보니 그 친구는 5만원의 축의금을 준 것이다. 물론 어려운 시간을 내서 축하해주러 온 것이 너무도 고맙지만 사람인지라 '축의금 5만원'이 머릿속에서 떠나지 않을 것이다. 그 다음 일은 여러분의 상상에 맡기겠다. 여기에 49:51 법칙을 적용하면 어떻게 될까? 친구가 자신의 와이프와 함께 나의 결혼식장에 축하해주러 왔고 나중에 축의금을 확인해보니 생각했던 금액보다 훨씬 크게 보내주었다. 본인은 분명 그 친구와 축의금액이 머릿속에서 잊히지 않을 것이고, 마음의 빚이 있을 것이라 나중에 어떻게든 배로 갚으려 할 것이다.

이번에는 음식점을 차린다고 생각하고 적용을 해보자. 손님에게 51을 줄 수 있게 만들어야 한다. 그렇게 하면 손님은 마음에 빚이 생겨 혹은 너무 기쁜 마음에 재방문을 할 것이다. 그럼 어떻게 손님에게 51을 줄 수 있을까? 생각해 보자. 인테리어가 이뻐서 음식점에 갔는데 음식 맛도 없고 사장님으로 보이는 사람의 서비스도 최악이었는데 인당 1만원을 지불했다. 이런 경우에는 돈을 지불하고도 기분이 나쁘다. 다시는 방문하지 않으리라 다짐할 것이다. 하지만 인테리어도 예쁜데 맛도 좋고 사장님이 직접 매장에 상주하면서 기대 이상의 서비스(굳이 물질적인 것이 아니라더도 케어받고 있다는 느낌을 받는 매장이 있을 것이다)를 받는다면 1만원을 결제하고 매장을 나오면서 깊은 인상이 남아 다음에 재방문을 할 것이다. 결국 이 가게는 장사가 잘되어 사장님은 돈을 많이 벌 것이고 사장님은 많이 버는 만큼 손님에 대한 투자(서비스가 됐든 시설이 됐든)를 계속하게 되며 선순환 구조가 만들어져 번창하는 가게가 될 것이다.

여기서 중요한 건 51과 49의 수치이다. (과연 그 건물주가 의도해서 이렇게 말한 것인지는 모르겠지만 생각하면 생각할수록 대단한 것 같다.) 적절한 이득을 취하는 숫자가 49이다. 이 수치가 49보다 떨어지면 본인은 이득을 취하기 힘들 것이며, 상대방이 부담을 갖게 된다. 장사를 하는데 있어서 손님에게 80을 준다고 생각을 해보자. 돈까스 한 개를 시켰는데 그에 못지 않은 음식을 서비스로 준다면 가게는 적자에 허덕이게 되어 가게 문을 닫아야 할 것이다. 또는 사장님의 너무 과한 집중과 친절로 시선을 받게 된다면 부담스러워서 그 가게에 재방문하고 싶지 않을 것이다. 또한 당연히 51을 베풀 때는 악용할 목적으로 의도적으로 상대방에게 주는 것이 아니라 기쁜 마음으로 주어야 할 것이다. 상대방에게 목적을 바라고 행동하면 그 목적에 대한 답이 돌아올 때까지 기다리고 상대방을 추궁하게 될 것이니 말이다. 그러다 보면 상대방은 의도를 파악해 관계가 더 멀어질 것이다.

그런데 만약 상대방에게 여러 번 51을 베풀었는데 전혀 돌아오지 않는다면? 그것은 인간이 아니니 빠르게 손절하는 것이 낫다. 나이가 먹을수록 시간은 부족한데 이런 부류의 인간과 함께 지내면 지낼수록 스트레스는 스트레스대로 받고 황금 같은 시간을 허비하게 되는 꼴이 되니 말이다. 49:51법칙은 인간관계를 정리하는 현명한 기준이기도 하다.

아무튼 이제서야 50대 건물주의 말이 이해가 갔다. 50대 건물주가 건물을 지으면서 매일같이 현장에 나가 인부들과 호흡하며 물질적이든 정신적이든 지원을 했던 이유가 여기 있었던 것이다. 그것들이 결국 건물의 상태를 결정짓는다 생각하신 것이다. 옛말에 덕을 쌓으면 돌아온다는 말처럼 이렇게 51을 뿌리고 다니다 보면 나중에 결국 큰 것이 되어 돌아올 것이다.

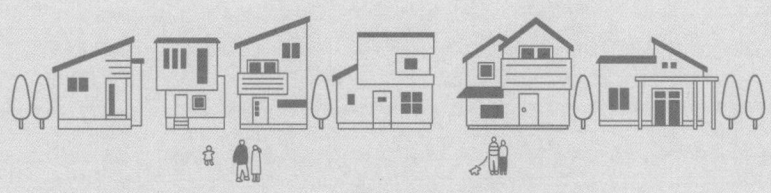

쉬어가기

PART-4
부동산 실전 투자

　이제 앞에서 배운 내용들을 실전에서 어떻게 활용하는지 알아볼 것이다. 처음 접하는 사람이라면 실전적인 내용이 어려울 수도 있을 것이다. 하지만 당신이 이번 장의 내용을 정확히 이해한다면 분명 부동산을 바라보는 눈이 한 차원 달라질 것이다. 집중해서 읽어보길 바란다.

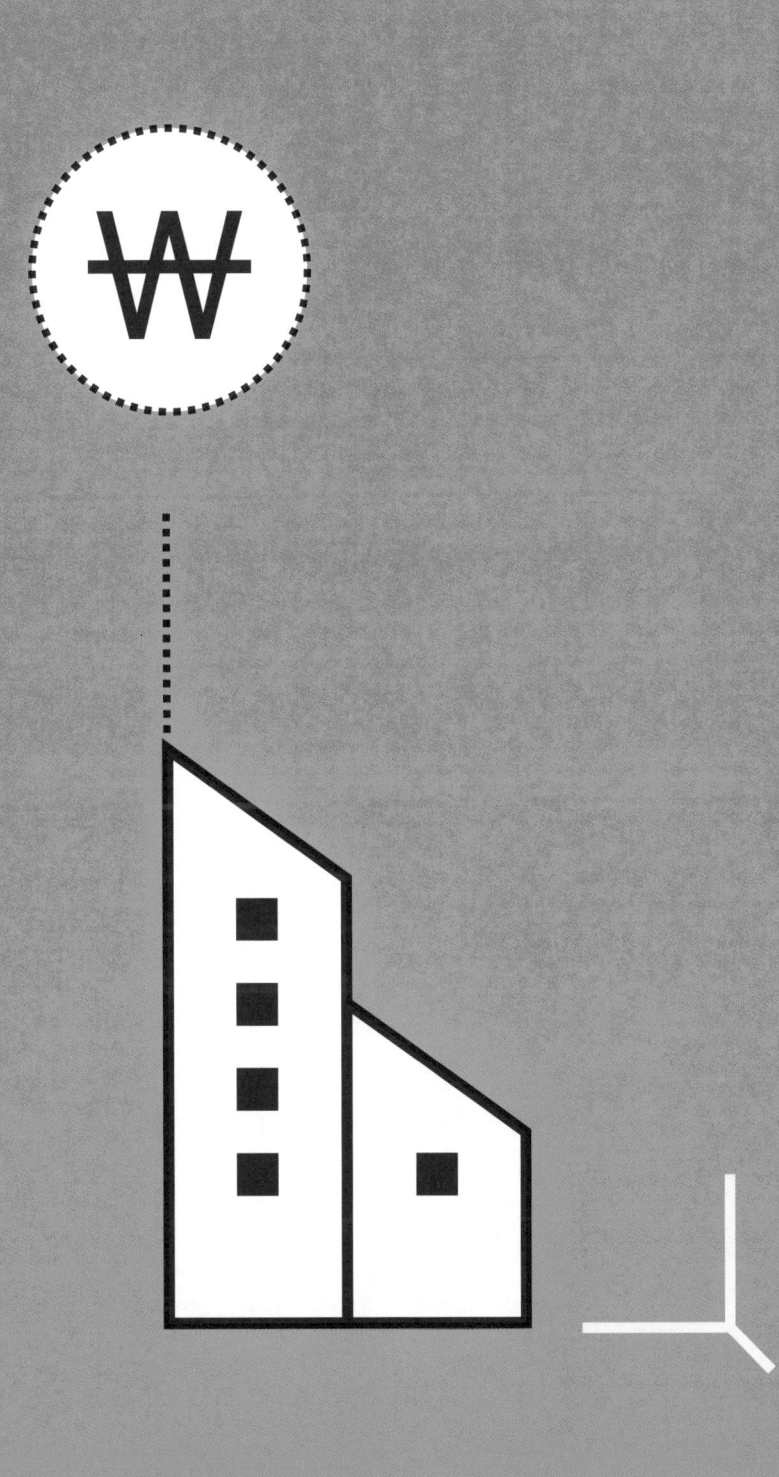

이 장에서 총 6가지 실전투자법을 알려주겠다.

1. 일반 아파트 고르기
2. 재건축 아파트 고르기
3. 재개발·재건축이 이미 진행 중인 매물 보는 법
4. 분양권투자
5. 입주권 투자
6. 가로주택정비사업

01.
일반 아파트 고르기

실거주 목적의 집을 매수하자

　무주택자라면 나는 실거주 목적의 집을 먼저 매수하라고 권하고 싶다. 어차피 우리나라에서 계속 거주할 예정이라면 월세, 전세, 매매의 어떠한 형태로든 거주할 집이 필요하다. 월세나 전세의 형태로 거주하며 계약 기간이 종료됨에 따라 이사해야 하는 주거의 불안정성을 갖기보다는 자기 집을 갖고 안정성을 갖는 것이 좋다. 또한 부동산은 인플레이션을 방어하는 최고의 수단으로 꼽힌다. 인플레이션에 대처하는 목적으로서도 부동산을 매수하여 실거주하는 걸 추천한다.

　실거주 목적의 집이라면 뭐니 뭐니 해도 출퇴근이 용이한 집이어야 한다. 나의 경우 실거주 목적의 첫 집을 법원경매로 낙찰받았는데 이때 우리 부부의 직장에서 1시간 이내에 있는 지역의 물건을 타깃으로 정했다. 당시, 와이프의 직장은 강남역 부근이고 나의 직장은 건대입구역 부근이었기에 7호선 라인이 지나가는 상도동 인근이 제격이었다. 이런 식으로 여러분들도 먼저 직장과 출퇴근 거리를 생각하고 지역을 설정하는 것을 추천한다. 출퇴근 시간이 왕복 2시간 이상으로 길어진다면 집 자체에 만족할지라도 실제 삶의 질이 매우 떨어질 것이기에 그렇다.

| **빌라 VS 아파트**

여기서 대부분 가용할 수 있는 자금으로 서울 내에서는 빌라밖에 안되고 아파트로 가려면 경기권으로 나가야 하는 경우가 많을 것이다. 이 둘 중에 고민하고 있다면 나는 첫 집은 되도록이면 아파트로 하라고 권하고 싶다. 빌라가 무조건 돈이 안되는 것은 아니다. 빌라도 갑자기 재개발지역으로 고시가 나온다면 급격하게 가격이 오를 수 있다. 그러나 첫 집은 안정적으로 가는 것이 좋다. 특히 하락 시장에서 빌라는 쉽게 팔리지 않아 제값을 못 받을 확률이 크다. 또한 좋은 빌라를 고르는 것이 초보자에게는 어려울 수 있기에 그렇다. 나름 분석을 해서 재개발이 될 지역이라 생각해 매수했는데 재개발이라는 것이 언제 될지 모르니 하염없이 기다려야 하는 상황이 올 수 있다. 게다가 아파트보다 주거환경이 열악해 삶의 질이 떨어질 수 있다. 위와 같은 여러 가지 이유로 첫 집으로는 안정적인 아파트를 선택하는 것을 추천한다. 이제 집을 사는 순서를 알아보자.

| ① **가능한 대출 가늠하기**

앞의 대출 파트에서 배운 대로 본인이 사용 가능한 현금을 추려보고 대출은 얼마나 나올 수 있는지 계산하여, 얼마의 아파트까지 살

수 있는지 스스로 파악할 수 있어야 한다. 만약 월급이 300만원이며 가용 가능한 현금은 대출 없이 7천만원인데 부족함을 느껴 신용대출과 보금자리론을 활용해 집을 매수한다고 가정해보자. 신용대출을 알아보니 3천만원에 이자 6%가 나온다고 한다. 여기에 보금자리론(30년 원리금균등상환 2022년 12월 기준 약 이자 4.8%)을 받게 된다면 매수하려는 집값의 70%가 대출이 나올 수 있게 된다. (생애 최초일 경우는 80%까지도 가능) 계산해 보니 3억원의 집을 매수할 수 있는데 3억원의 70%인 2억1천만원은 보금자리론으로, 나머지 9천만원과 각종 부대비용(취득세, 법무사수수료 등)은 신용대출로 충당이 가능할 것이고 매월 납부해야 하는 원리금과 이자는 125만원(2억1천만원 보금자리론 원리금 110만원 + 3천만원 신용대출 이자 15만원)이 나온다. (다시 말하지만 스스로 이 정도는 계산할 수 있어야 한다.)

ⓔ 매물 검색하기

이제 네이버부동산에서 설정을 매매 3억원 이하로 하고 찾아보면 된다. 평수, 방 개수, 건축년도, 용적률(용적률을 파악하는 이유는 나중에 재건축이 가능한지 여부를 파악하기 위함인데 이는 다음쳅터에서 다루도록 하겠다.) 등등 다양한 정보를 얻을 수 있다. 그렇게 가능한 아파트를 엑셀로 리스트업을 해보자. 그리고 리스트업 된 아파트의 장단점을 파악해보자. 그 아파트에서 출퇴근 거리는 얼마나 걸리는지, 방은 몇 개인지(지금은 미혼이지만 현재 여자친구가 있고 앞으로 결혼 예정인데 너무 작으면 살기 힘들 수 있다. 신혼인데 곧 아이를 갖을 예정이고 애가 생겼을 때 주변 환경이 괜찮은 지 등등), 주변에 어떤 개발 호재가 있는지 등 이렇게 장단점을 정리해 나가다 보면 순위가 정해질 것이다.

③ 임장하기

'임장'이란 부동산 현장을 방문해 보는 일을 말한다. 알아본 아파트들에 차례차례 방문해 보자. 주변도 둘러보고, 지하철까지 얼마나 걸리는지 걸어도 보고, 부동산에 방문해서 아파트 내부도 보고 현장감을 느껴보자. 그렇게 임장을 하다 보면 처음 정했던 순위가 바뀔 수도 있고 어떤 아파트를 매수해서 거주해야 할지 어느 정도 결정할 수 있을 것이다. 임장을 해서 마음에 든 아파트가 있다면 네고를 시도해보자. 지금은 매수자 우위 시장이기 때문에 네고를 시도해볼 수가 있다. 만약 A, B아파트 두 개가 마음에 들 때 양쪽에 '3천만원 네고 가능하면 바로 계약한다'고 말하고 네고 되는 쪽으로 결정하면 조금이라도 싸게 살 수 있다. 물론 매도자 우위 시장에서는 절대 상상할 수 없는 일이다.

④ 계약하기

매도자와 협의가 된다면 공인중개사를 통해 계약을 진행하게 되는데 이 때 가계약금을 먼저 매도자의 통장으로 입금하게 된다. 가계약금의 금액은 정해지지는 않았지만 대개 500만원이상으로 한다.

*가계약금을 500만원 입금했는데 매도자가 계약을 진행하지 않는다고 하면 배액배상(매도자는 입금한 가계약금 500만원과 별도로 500만원을 배상하는 것)을 하게 된다. 가계약금을 100만원만 하는 경우도 있는데 이때는 집주인이 계약을 파기할 확률이 높아질 수 있다. 사고 싶은 마음이 강하다면 가계약금을 더 높여도 된다.

이렇게 가계약금을 입금하면 매도자와 스케쥴을 잡고 계약서를 쓸 것인데 가계약금을 입금하고 오래 걸리지 않는 시일로 할 것이다. 집주인과 계약서를 쓰고 잔금을 납부한다. 잔금 납부일은 대개 계약서를 쓰고 3개월 뒤로 잡는데 딱히 정해진 것은 없고 상황에 따라 더 빨리 납부하는 경우도 있다. 그리고 잔금납부일 중간쯤 중도금납부기일을 정한다.

⑤ 잔금 마련하기

마지막 잔금을 치르면 매매가 끝이 난다. 잔금을 마련하는 방법의 경우는 3가지가 있는데 이에 대해 알아보자.

잔금 마련 방법
첫째, 입주할 경우

계약서를 쓰고 잔금을 마련해야 하는데 입주할 예정이라면 계약서를 들고 은행에 방문해서 주택담보대출을 알아보거나 한국주택금융공사를 통해 보금자리론을 알아보면 된다. 보통 주택담보대출은 최소 2주 이상 소요되며, 보금자리론은 3주 이상 소요되니 스케쥴에 맞춰 차질없이 미리미리 신청해야 할 것이다.

잔금 마련 방법
둘째, 전세세입자를 안고 매수하는 경우(갭투자)

혹, 전세세입자가 살고 있어 전세보증금을 제외한 금액을 입금하려 한다면 계약서에 명시된 기일에 중도금 혹은 잔금을 납부하면 된다.

잔금 마련 방법
셋째, 전세세입자를 구해야 하는 경우(갭투자)

집주인이 살고 있는 상황인데 실거주를 하지 않을 것이고 갭투자를 위해 전세세입자를 구할 예정이다. 만약 3억원의 집인데 계약서를 쓰며 계약금 10%인 3천만원을 입금했다면 잔금납부일까지 2억 7천만원을 마련해 매도자에게 입금하면 되는 것이다. 계약서를 쓰자마자 계약을 진행한 공인중개사에게 전세2억원에 세입자를 구해달라고 요청을 한다. 공인중개사가 세입자를 구해오면 잔금납부일에 맞춰 세입자의 보증금 2억원을 매도자에게 납부하고 남은 금액 7천만원을 구해 매도자에게 입금하면 되는 것이다. 여기서 전세가 잔금납부일까지 안 나갈 수 있으니 매도자에게 이러한 사정을 설명하고 잔금납부기일을 넉넉하게 잡아달라고 하자. 만약 잔금납부기일이 다가오는데도 불구하고 전세가 안 나간다면 엄청난 압박감이 생길 수 있다. 이럴 땐 전세보증금을 조금 낮추기도 한다. 이렇게 하게 되면 공인중개사에게 매매계약에 대한 수수료와 전세계약에 대한 수수료를 모두 납부해야 하는데 조금 네고를 부탁해도 될 것이다.

매도자우위시장 VS 매수자우위시장

나는 2020년 1월 아파트를 매수할 생각으로 1,2,3순위를 정하고 1순위로 정한 아파트단지 내 공인중개사 사무실로 갔다. 당시 대부분 실거주는 못하고 전세를 끼고 살 수 있는 아파트였고 매물이 많이 나오지도 않은 때라서 선택의 폭이 좁은 상태였다. 그래도 그중에 나름 괜찮아 보이는 층수와 향의 매물을 골랐는데 그 물건 역시 세 낀 매물이었다. 실내를 볼 수 있겠냐고 물어보았더니 세입자가 부재중이라 약속을 잡고 볼 수 있다 했다. 그래서 이틀 뒤에 보기로 했다.

그리고 나는 2순위를 정한 아파트단지 내 공인중개사 사무실로 갔다. 여기도 마찬가지로 매물도 많지도 않고 실거주가 가능한 매물은 한 개만 있었는데 집주인이 부재중이라 내일 저녁에야 볼 수 있다고 한다.

다음으로 3순위 아파트를 방문했는데 역시나 매물이 많지 않고 실거주 가능한 매물은 하나도 없고, 아파트 실내를 볼 수 없는 상황이었다.

그날 저녁 와이프와 긴 상의를 나누었다. 우리는 1순위의 아파트가 가장 마음에 들었지만 당장 실거주 가능한 아파트가 필요했기에, 다음날 2순위의 아파트 실내를 보고 계약을 진행하려 했다. 우리는 다음 날 저녁 7시까지 만나기로 했는데 저녁 4시쯤 되어서 전화가 왔다.

"아이고~ 사장님 어떻게 하죠? 가계약금 입금돼서 계약 진행 중이에요."
어쩔 수 없이 1순위의 아파트를 매수하려 공인중개사사장님께 전화를 걸었다.
"아~ 그거 가계약금 입금됐어요."

뭐지? 이게 무슨 상황인지? 뭐가 이렇게 순식간에 이뤄지는지 정말 당황스러웠다. 이러다가는 정말 집을 못살 것 같았다. 결국 우리는 3순위로 정한 다른 아파트의 공인중개사 사무실에 방문했고, 마침 전세세입자가 거주 중인 괜찮은 매물이 나와 깊은 생각 없이 자세히 보지도 못한 채 가계약금 100만 원을 입금했다. (더 높은 금액을 가계약금으로 걸고 싶었지만 급한 마음에 보안카드 없이 보낼 수 있는 최대 이체 가능 한도인 100만원을 가계약금으로 건 것이다.) 집주인과 다음 날 만나서 계약서를 쓰기로 했고 계약서를 쓴 후 집 내부를 보기로 했다. 돌아오는 차 안에서 와이프는 너무 생각 없이 급하게 결정한 거 같다며 많은 걱정을 했다.

다음날이 됐고 계약서를 쓰기 위해 혼자 공인중개사사무실로 향했다. 약속시간이 다 됐는데도 불구하고 집주인은 나타나지 않았다. 사장님은 집주인에게 전화를 했고 집주인은 미안하다며 계약서를 쓰지 못하겠다고 했다. 이게 무슨 일인가? 당일 되어서 이렇게 말을 쉽게 바꾼단 말인가? 당시 이 아파트는 로얄층에 매매가 5억3천만원이었는데 이후 최고 8억 5천만원을 찍고 현재는 8억원에 매물로 나오고 있다.

이렇듯 매도자우위시장에서는 집 내부를 보는 것조차 어렵고 보고 결정하려고 해도 이미 계약이 되어버리는가 하면, 마음에 들어 계약하려고 했더니 호가를 그 자리에서 3천만원 올려버리기도 하고 실거주 가능한 집은 찾기도 힘들다.

하지만 지금처럼 매수자우위시장이라면 집 내부를 볼 수도 있고 충분히 고민할 수 있으며 흥정을 통해 가격 네고도 가능하니 이 얼마나 아파트 쇼핑하기 좋은 시기인가?

실거주 목적의 집을 출퇴근이 용이한 곳으로 하라는 것은 하락장에서 끈기를 가지고 버틸 수 있다는 장점이 있기 때문이기도 하다. 부동산시장도 사이클이 있는데 상승장이 왔다가 하락장이 올 것이다. 그리고 하락장이 지나가면 다시 상승장이 온다. 비록 상승장 끝인 고점에서 아파트를 매수했다고 해도 하락장을 견디면 다시 가격이 올라갈 텐데 그동안 버틸 수 있으려면 출퇴근이 쉬워야 한다.

02.
재건축 아파트 고르기

02-1. 재건축이 가능한 아파트

이제 재건축이 가능한 아파트는 어떻게 찾는지 알아보자. 모든 건물이 지어지려면 땅이 필요하다. 재건축이 진행된다는 건 기존의 아파트를 철거하고 그 땅 위에 새로 건축을 하는 것이기 때문에 땅의 쓰임이 얼마나 좋은지에 따라 아파트의 가치가 달라진다.

우선 용도지역과 용적률로 확인하자

앞에서 배운 '용도지역'과 '용적률'을 기억하는가? 용적률이란 '건축물의 연면적(건축물 각 층 바닥면적의 합계)을 대지면적으로 나눈 값'으로 허용되는 용적률에 따라 건물을 최대 몇 층으로 지을 수 있는지가 결정된다. 또 '용도지역'에 따라 '최대 용적률'이 결정되기에 이는 재건축 사업성을 계산하는데 핵심적인 부분이다.

이해하기 쉽게 간단히 예를 들어보겠다. 여기 A, B 두 아파트가 있다. 두 아파트는 똑같이 10세대, 대지면적 100평으로 같다. 그런데 A아파트의 용도지역은 2종일반주거지역(최대용적률 250%)이며 B아파트의 용도지역은 준주거지역(최대용적률 500%)이다. 두 아파트단지 모두 30년이 지나 재건축을 바라보고 있다. 이제 용적률을 적용해보자. A 아파트는 최대용적률 250%이기에 철거하고 재건축할 수 있는 연면적(바닥면적의 합)이 250평(대지면적 100평 x 용적률 250%)이다. B아파트는 최대용적률 500%이니 철거하고 재건축할 수 있는 연면적은 500평(대지면적 100평 x 용적률 500%)이다. 즉 A아파트에 25평을 재건축한다고 하면 10세대(250평 / 25평)를 지을 수 있으며 B 아파트에 25평을 재건축한다고 하면 20세대(500평 / 25평)를 지을 수 있다. 이렇게 되면 A아파트를 재건축했을 때 일반분양 세대수는 0세대(10 신축세대수 – 10 조합원수)이며 B 아파트는 10세대(20 신축세대수 – 10 조합원수)가 된다.

구분	A아파트	B아파트
세대수(조합원수)	10세대	10세대
대지면적	100평	100평
용도지역	2종일반주거지역	준주거지역
최대 용적률	250%	500%
연면적	250평	500평
25평 총 건립세대수	10세대	20세대
일반분양 세대수	0세대	10세대

A, B 아파트의 매가가 같은 가격이라고 한다면 어떤 아파트를 사는 게 맞는 걸까? B아파트다. 어떤 아파트가 재건축이 될 가능성이

높을까? 당연히 B아파트다. 재건축 가능성이 높은 이 B아파트를 우리는 사업성이 뛰어난 아파트라고 한다. 일반분양가가 조합원분양가에 비해 높은 가격에 분양되기 때문에, 일반분양분이 많아지면 많아질수록 재건축사업장의 총수입이 많아지므로 사업성이 뛰어나다고 표현을 하는 것이다.

*이 공식이 무조건 맞아 떨어지지는 않고 지역의 특수성이 작용하기도 하는데 지역의 특수성이 높을수록 이 방식이 깨진다. 예를 들어 강남의 아파트는 사업성이 떨어진다 하더라도 지역의 특수성으로 인해 재건축이 진행되기도 하며 높은 가격이 형성된다. 실제로 강남의 모 아파트는 A아파트와 같은 상황이라 재건축 사업성이 전혀 없음에도 불구하고 재건축을 진행하여 신축이 되니 강남에 대한 특수성과 신축에 대한 수요와 함께 엄청난 시세차익을 내는 경우가 있었다.

종상향될 수도 있다.

이번에는 다른 예를 살펴보자. 같은 지역 내 A 아파트 땅의 용도지역은 2종일반주거지역이고, B 아파트 땅의 용도지역은 3종일반주거지역이다. 2종일반주거지역의 최대 용적률은 250%이고 3종일반주거지역의 최대 용적률은 300%이다. 그렇기에 사업성이 B 아파트가 더 좋아 A 아파트 보다는 B 아파트를 매수했다고 가정해보자. 그런데 갑자기 A 아파트의 용도지역을 '종상향'(2종일반주거지역에서 3종일반주거지역으로 상향시키는 것 등)을 시키고 재건축을 진행할 수 있는 일이다. 이렇듯 사업성이 더 잘 나오기 때문에 B 아파트를 선택했지만 B 아파트가 먼저 재건축되리라는 법은 없다.

종상향을 예측할 수 있겠는가? 미래는 예측 불가능하다. 그렇기 때문에 현재 주어진 정보들로 사업분석을 하고 그에 타당한 선택을 할 수밖에 없는 일이다. 그럼 지금부터 주어진 정보를 갖고 아파트의 사업성을 분석해 비교해 보도록 하자.

02-2. 사업성 판단하기-사례1
: 용도지역과 현재 용적률, 최대용적률을 살피기

두 아파트를 비교해보겠다. 하나는 평택에 소재한 원앙부영아파트이고, 하나는 동아국화아파트이며 천 하나 사이로 붙어 있다.

원앙부영아파트
단지 정보

세대수	1590세대(총11개동)	저/최고층	15층/15층
사용승인일	1996년 05월 27일	총주차대수	1001대(세대당 0.62대)
용적률	198%	건폐율	17%
건설사	주식회사부영		
난방	개별난방, 도시가스		
관리사무소	031-657-3193		
주소	경기도 평택시 세교동 555 도로명 경기도 평택시 세교공원로 66		
면적	68㎡, 81㎡		

동아국화아파트
단지 정보

세대수	218세대(총3개동)	저/최고층	15층/16층
사용승인일	1994년 05월 28일	총주차대수	229대(세대당 1.05대)
용적률	123%	건폐율	13%
건설사	동아건설산업(주)		
난방	개별난방, 도시가스		
관리사무소	031-655-2862		
주소	경기도 평택시 통복동 539-2 도로명 경기도 평택시 통복시장로48번길 43		
면적	78㎡, 107㎡		

네이버부동산에서 단지 정보를 보면 사진과 같은 정보를 얻을 수 있다. 원앙부영아파트는 1,590세대의 대단지이며 동아국화아파트는 218세대의 비교적 작은 단지다. 준공년도는 1996년과 1994년으로 비슷한 시기에 지어졌다.

원앙부영아파트의 용적률은 198%로, 동아국화아파트의 용적률인 123%에 비해 높은 것을 알 수 있다. 이제 땅의 용도와 아파트가 지어진 대지면적을 알아볼 것이다.

🔵 **사진설명** : 원앙부영아파트(좌)와 동아국화아파트(우)의 토지이용계획 확인원
(**tip!** - '토지이음'이란 사이트에서 확인이 가능하다.)

'토지이음' 사이트에 들어가 해당 번지수를 검색하면 사진과 같이 정보를 얻을 수 있다. 원앙부영의 대지면적은 60,187m^2로 평으로 환산하면 18,206평(60,187 x 0.3025)이며, 동아국화의 대지면적은 16,266m^2로 평으로 환산하면 4,920평이다. 여기서 주목해봐야 할 것은 용도지역인데 원앙부영의 용도지역은 2종일반주거지역이며 동아국화의 용도지역은 3종일반주거지역이다.

구분	원앙부영	동아국화
대지면적(평)	18,206	4,920
최대용적률	250%	300%
연면적(평)	45,515	14,760
신축세대수(30평)	1,517	492
현 세대수	1,590	218
일반분양 세대수	-73	274
일반분양 세대수	0세대	10세대
재건축비율	0.95	2.25

두 아파트가 건축된 지 25년 이상이 돼 재건축 안전진단을 실시할 수 있는 30년 연한에 가까워지고 있기 때문에 재건축 관점에서 바라보도록 하자. 위 표를 보면서 뭔가 보이는 것이 있는가? 원앙부영의 경우 2종일반주거지역으로 최대 용적률 250%를 적용받을 수 있는데 현재 용적률이 198%이기 때문에 재건축이 된다면 용적률 52%밖에 활용할 수밖에 없다. 하지만 동아국화의 경우 3종일반주거지역으로 최대 용적률 300%까지 적용 가능하며 현재 용적률이 123%라 재건축이 된다면 용적률 173%나 활용 가능하다. 그렇기에 동아국화가 대지면적이 좁지만 사업성이 원앙부영보다 훨씬 더 좋아 보인다.

이제 조금 더 디테일하게 들어가 보자.

원앙부영의 대지면적은 18,206평이고 여기에 용적률 250%를 적용하면 연면적 45,515평의 건물을 지을 수 있게 된다. 재건축이 진행되면서 30평 단일 평형으로 아파트를 짓는다고 하면 1,517세대(

연면적 45,515평 / 신축아파트30평)를 지을 수 있는 것이다.

즉, 재건축이 진행되어 현재 원앙부영을 전부 철거하고 30평 단일 평형으로 짓게 되면 30평 아파트 1,517세대의 아파트단지가 되는 것이다. 그러나 현 세대수가 이미 1,590세대로 많기 때문에 사업성이 너무 안 나온다. 사업성을 높이기 위해서는 3종일반주거지역으로 종상향을 시켜서 용적률을 높이거나, 30평이 아닌 25평의 아파트를 지어 세대수를 늘리는 방법이 있다. 30평이 아닌 25평으로 짓는다고 가정하면 1,820세대(연면적 45,515 / 신축아파트 25평)를 지을 수 있으니 현 소유주(조합원)가 모두 25평을 받아가고 남은 세대수(230세대)를 일반분양 가능할 것이다.

반면, 동아국화는 대지면적이 4,920평이고 용적률 300%를 적용하면 연면적 14,760평의 건물을 지을 수 있는데 재건축이 진행되어 30평 단일 평형으로 아파트를 짓는다고 하면 총 492세대(연면적 14,760평 / 신축아파트 30평)를 지을 수 있다. 조합원 218세대에게 30평을 모두 공급해 주고도 일반분양분이 274세대나 된다. 사업성이 원앙부영에 비해 월등히 좋은 것이다. 34평으로만 짓게 되도 총 434세대나 지을 수 있고 일반분양분도 216세대(434세대 - 218세대)나 나오니 최근 많이 선호하는 34평으로 구성해도 사업 진행이 충분히 가능하다.

용어도입- '재건축비율'

'재건축비율'은 '현재 세대수' 대비 '신축'을 얼마나 지을 수 있는지를 표현한 수치이다. 실제 있는 용어는 아니고, 재건축 사업성을 수치로 간단히 표현해보고자 내가 만들어 낸 단어이다. 이 사례에서 원앙부영의 재건축비율은 0.95, 동아국화의 재건축비율을 말하자면 2.25이다. 앞으로 뒤에서도 재건축의 사업성을 한번에 수치로 표현하기 위해서 '재건축비율'은 앞으로 뒤에서도 재건축의 사업성을 한번에 수치로 표현하기 위해서 우리끼리 사용할 용어이니 알아두면 좋겠다.

*재건축비율 0.95는 현재 세대수가 1천세대인데 재건축이 진행되면 950세대를 지을 수 있다는 뜻으로 해석하면 된다.

사업성이 좋은 아파트는 언제 그 가치가 드러날까?

이렇게 동아국화가 원앙부영보다 사업성이 잘 나옴에도 불구하고 평당 가격은 896만원으로 959만원인 원앙부영보다 저렴하다. 왜 이런 가격 불균형이 일어날까? 가격은 시장에서 공급과 수요에 의해 결정된다. 원앙부영이 동아국화보다 수요가 많다는 뜻이다. 시장참여자는 아직 재건축을 바라보기보다는 당장 실수요 요건에서 접근하고 있는 듯하다. 원앙부영의 주거 여건이 동아국화보다 좋아 보이기 때문일 것이다. 원앙부영 주변은 네모 반듯하게 도로정비가 잘 되어 있는 반면, 동아국화는 주변환경이 원앙부영에 못 미치는듯 보이고 초등학교 접근성도 원앙부영이 동아국화 보다 좋아 보인다. 이렇게 시장참여자는 당장 재건축될 가능성이 없어 보이니 실수요의 요건으로 바라보기에 원앙부영에 수요가 몰리면서 가격이 더 비싸게 형성된 듯 보인다.

분명 내재가치는 동아국화가 좋은데 가격은 언제 가치를 반영하게 될까? 가격을 만드는 것은 시장참여자다. 수요가 원앙부영보다 동아국화에 몰려야 가격이 반영될 것이다. 수요가 몰리는 때는 <u>바로 재건축에 대한 이슈가 부각될 때</u>인데, 그 시기를 정확히 맞추는 것은 불가능하다. 부동산시장이 상승장이 되면 많은 사람들이 재건축 아파트를 찾는데, 그러면서 마침 30년(안전진단 실시요건이 30년) 차가 된 이 아파트가 눈에 띄게 될 것이고, 아직 안전진단이 실시되고 있지 않음에도 불구하고 수요가 몰리며 가격이 올라갈 수 있을 것이다. 처음부터 지자체에서 해당 아파트를 재건축지역으로 포함시킴에 따라 수요가 몰리며 가격이 올라갈 수도 있다.

이렇기 때문에 저렴할 때 미리 사두고 기다리다가 재건축에 대한 이슈로 아파트값이 올라가면 적당한 시세차익을 받고 매도하거나 사업 진행에 따른 시세차익을 받고 매도하거나 재건축이 진행 완료돼 신축아파트를 받고 매도하는 등의 전략을 취할 수 있다.

※투기과열지구의 경우에 조합원지위양도에 제한 규제가 있다. 보통 재건축·재개발 물건을 끝까지 갖고 있으면 돈이 되겠지만 기간이 길다 보니 **지역과 상황에 따라 양도가 가능한 경우** 적절히 프리미엄을 붙여서 팔 수 있다면 그렇게 해도 된다는 이야기다.

02-2. 사업성 판단하기-사례2
: 용적률로 '대지권'을 살펴라.

▲ 재건축연수동1

이번엔 위 두 아파트를 비교해보도록 하자. 두 아파트 모두 인천시 연수구 연수동에 소재해 있으며 왼쪽은 **A아파트**, 오른쪽은 **B아파트**다. (**B아파트**는 두 개 단지의 아파트지만 한 필지를 사용하고 있어 하나의 아파트로 보겠다.) 입지를 살펴보자면 **A아파트**는 수인분당선과 인천1호선의 더블역세권이고 **B아파트**는 인천1호선 역세권이다. 두 아파트는 서로 지하철 한 정거장 거리를 두고 있다. 눈으로만 봐서는 비교하기 어려우니 내재가치분석을 위해 네이버 부동산에서 정보를 찾아 아래의 차트로 정리해 봤다.

구분	A아파트	B 아파트
주소	연수동 OOO	연수동 OOO
세대수	2,044	1,260
건축년도	1995	1993
현재 용적률	200%	109%
평당가격(만원)	2,147	1,802

네이버 부동산에서 제공하는 데이터만으로 해석을 해보자면, **A아파트**가 **B아파트**보다 세대수가 많고 용적률이 91% 높고 평당가격이 더 비싸다는 것이다.

[확장할 수 있는 용적률 = 최대용적률 - 현재의 용적률]이기 때문에 '현재 용적률'이 높은 것은 사업성을 떨어뜨리는 요인이다. 여러분들은 이 데이터를 보고 '**A아파트**가 현재 용적률이 많이 높네? 재건축시 사업성이 조금 떨어질 수도 있겠구나' 라고 느껴야 한다. 이제 네이버부동산에서 제공하는 정보 외에 눈에 보이지 않는 정보를 찾아보겠다.

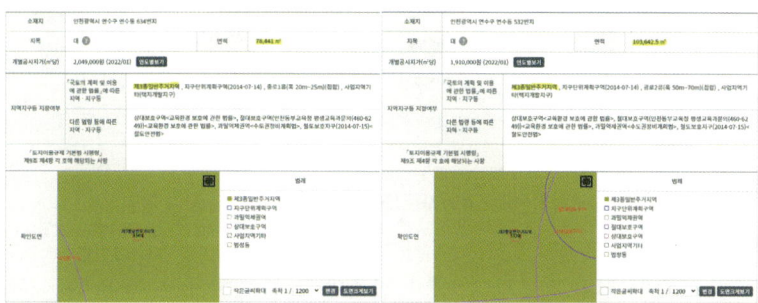

🔺 **재건축연수동2 - 사진설명** : A아파트(좌), B아파트(우)의 토지이용계획확인원

'토지이음'사이트에 방문해서 **A아파트**와 **B아파트**를 확인해보니 <u>둘 다 같은 3종일반주거지역</u>이며, **A아파트**의 대지면적은 78,441m²(약 23,728평) **B아파트**의 대지면적은 103,642m²(약 31,351평)인 걸 확인할 수 있었다. 하지만 세대수를 보면 **A아파트**의 대지면적이 B아파트에 비해 작은데도 불구하고 <u>총 세대수가 훨씬 많은 걸 알 수</u>

있다. 때문에 **A아파트**는 **B아파트**에 비해 조합원이 훨씬 많을 것이고 재건축이 되면 그만큼 일반분양분이 적어질 테니 사업성이 떨어지겠다는 걸 느낄 수 있어야 한다.

🔺 재건축연수동3 - 사진설명 : **A아파트**(좌), **B아파트**(우)의 대지권 확인

용도지역과 용적률과 함께 재건축에서 중요하게 보아야 하는 것이 대지권이다. 대지권이란 아파트가 갖고 있는 대지의 지분이라고 했다. '스마트국토정보'사이트에 방문해서 **A아파트**와 **B아파트**의 대지권을 확인해 보니 **A아파트**는 34평형 기준으로 46.38㎡(약 14평), **B아파트**는 34평형 기준으로 86.395 ㎡(약 26평)인걸 확인할 수 있었다. 109%의 용적률인 B아파트가, 200%의 용적률인 **A아파트**보다 면적 당 세대수가 적을 것이니 당연히 대지지분이 높을 수밖에 없고 배에 가까운 대지권을 갖고 있는 셈이다. 만약, 입지가 같다

면 단순계산으로 2배 가까운 가격 차이가 나야 정상이라 볼 수 있다. 지금까지 얻은 정보를 차트화 시키면 아래와 같다.

구분	A아파트	B아파트
주소	연수동 634	연수동 532
현 세대수	2,044세대	1,260세대
건축년도	1995	1993
용적률	200%	109%
평당가격	2,147만원	1,802만원
대지면적	78,441 m² (23,728평)	103,642 m² (31,351평)
34평형 대지권	46.38 m² (14평)	86.395 m² (26평)
연면적(용적률 300%적용)	71,184평	94,053평
34평 신축 세대수	2,093세대	2,766세대
일반 분양분	49세대	1,506세대
30평 최고 호가	67,000만원	58,000만원
대지 평당 가격	4,785만원	2,230만원

　3종일반주거지역의 최대 용적률은 300%이므로 적용하게 되면 **A아파트**의 연면적은 71,184평, **B아파트**는 94,053평이며 전부 34평 신축으로 짓는다고 가정하면 **A아파트**는 2,093세대(연면적 71,184평 / 34평) **B아파트**는 2,766세대(연면적 94,053평 / 34평)를 지을 수 있다. 여기에 **A아파트**의 세대수(조합원)가 2,044세대이니 조합원에게 분양하고 나면 남는 일반분양분은 고작 49세대(34평 신축 세대수 2,093세대 - 현 세대수 2,044세대)지만, **B아파트**는 조합원 1,260세대에게 분양하고도 1,506세대(34평 신축 세대수 2,766세

대 - 현 세대수 1,260세대)나 일반분양할 수 있다. 무려 30배나 차이가 나는 수치이다.

두 아파트 모두 30년을 바라보며 안전진단 실시 연한이 다가오고 있다. 건물의 가치는 0원에 수렴할 것이고 결국 땅의 가치만 남을 것이다. 대지권이 14평인 A아파트 30평의 호가는 6억7천으로, 대지 평당 가격을 4,785만원(6억7천만원 / 대지권 14평)씩 주고 사는 것이다. 반면 **B아파트**는 평당 2,230만원(5억8천만원 / 대지권 26평)을 주고 사는 것이다. 물론 **A아파트**는 더블역세권이고 살기가 더 좋은 장점이 있다. 하지만 재건축 사업성을 놓고 봤을 때 **B아파트**가 훨씬 더 높은 사업성이 나오며 저평가되어 있다는 것을 알 수 있다.

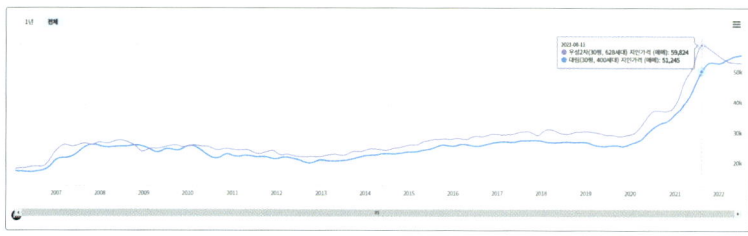

🔺 <재건축연수동4>

2007년 이후부터 **A아파트**와 **B아파트**의 시세 차트다. 그동안 **A아파트**가 계속해서 비쌌다가 최근 역전된 현상이 발생됐다. 2020년 12월 이 아파트를 발견하고 왜 **A아파트**가 비싼지 의아했고, 이 부분에 대해서 유튜브 방송에서 다뤘으며 이 방송을 보고 구독자 2명이 당시 **B아파트**를 전세를 안고 투자금 3천만원에 매수했는데 운이 좋게 많이 오른 상태다. 그뿐 아니라 연수동이란 도시는 송도의 베드

타운 역할을 충분히 해낼 것이라는 것과 그동안 인천이 오르지 않은 것, 거기에 A아파트가 이렇게 비싼데 재건축 사업성이 너무 뛰어난 B아파트는 너무 저평가다 라는 여러 부분을 살펴보았을 때도 이는 실패할 투자 같지가 않았다.

물론 더블역세권인 A아파트가 더 살기 좋아 당장은 더 비싸지만 분명 재건축이 진행될 때는 B아파트의 가격이 올라가며 제 값을 찾아갈 것이다. 그때까지 기다리면 되는 것이다. 연수동에는 B아파트뿐만 아니라 사업성이 좋은 아파트가 많다. 연수동에 사업성이 좋은 모든 아파트가 재건축된다면 신축아파트의 물량이 어마어마 할 텐데 과연 수요가 받쳐줄지가 리스크긴 하다. 이는 송도의 성장성에 달렸다. 송도에서 얼마만큼 기업유치를 할지 그에 따른 직장인 수요가 얼마나 받쳐줄지에 따라 가격결정이 될 듯하다. 이렇듯 눈으로는 보이지 않는 내재가치를 분석하면 가격의 불균형이 일어난 아파트들이 보이는데 이런 아파트들을 남들이 보지 않을 때 매수하면 된다.

02-2. 사업성 판단하기-사례3
: 일반상업지역

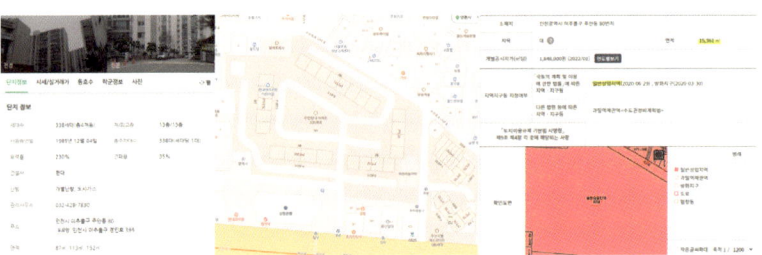

🔺 재건축주안동1

위 아파트는 인천시 미추홀구 주안동에 소재한 현대아파트다. 1985년도에 지어진 37년된 대지면적 15,361㎡(4,646평), 현재 용적률 230%, 338세대의 13층 아파트다. 230%의 용적률이 재건축하기에는 애매할 수 있지만 '일반상업지역'이라는 것에 주목해보자. 일반상업지역의 최대 용적률은 1,300%지만 주상비율을 잘 맞춘다면 대개 800%로 건축을 할 수 있다. 주상비율이라 함은 주거, 상업 용도의 비율을 말하며 주거용도(아파트)로만 건축하는 것이 아닌 상업용도(오피스텔 등)의 건축비율을 맞춰서 짓는 것을 말한다. (ex. 아파트 49%, 오피스텔 51% 등) 800%로만 재건축된다고 해도 남은 용적률인 570%나 활용할 수 있다.

구분	내용
아파트명	주안동 현대아파트
주소	주안동80
대지면적	15,361 m² (4,646평)
현 세대수	338
용도지역	일반상업지역
최대 용적률	800%
연면적	37,168평
34평 신축 세대수	1,093
일반 분양분	755
재건축 비율	3.23

최대 용적률 800%를 적용했을 때의 사업분석이다. 34평을 총 1,093세대나 지을 수 있으며 조합원이 338명이니 모든 조합원에게 분양하고도 755세대나 분양할 수 있다. 재건축 비율이 무려 3.23이나 나오는 엄청난 사업성을 보여준다. 거기에 37년차의 아파트라 마음만 먹으면 안전진단을 실시할 수 있다.

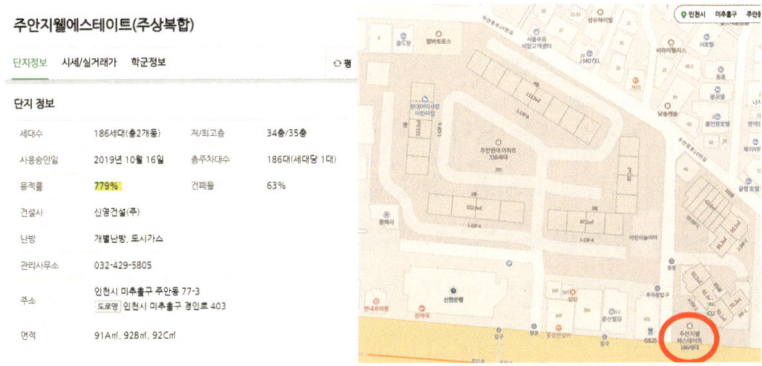

🔺 재건축주안동2

주안현대아파트 옆에 위치한 주안지웰에스테이트 주상복합이 있다. 주안현대와 같은 일반상업지역이며 용적률을 무려 779%나 적용 받았다. 바로 옆에 있는 아파트의 선례가 있으니 용적률을 779% 적용받는 것이 문제는 아닐 것이다.

재건축주안동3

그림에서 보이는 좌측의 저층아파트가 주안현대아파트이며 오른쪽이 주안지웰에스테이트다. 이동하다 이와 같은 풍경을 목격했다면 '구축의 아파트를 재건축한다면 옆에 있는 고층의 신축아파트처럼 만들 수 있지 않을까?' 하고 의구심을 품어야 한다. 그리고는 아파트가 지어진 땅의 용도지역을 확인해보고 위와 같이 사업성을 분석해볼 줄 알아야 한다. 사업성이 잘 나온다면 그 이후에 주변 호재들을 알아보고 입지를 분석해서 미래가치가 충분하다면 투자해도 괜찮다.

그래서 나는 T맵을 키고 운전하다가 이와 같은 풍경을 발견하면 즉시 화면 캡쳐를 해 집에 와서 사업성 분석을 해본다. 주안현대아파트 26평형의 매물이 3억7천만원에 나왔고 주안지웰에스테이트의 27평형의 매물은 3억4천만원에 나왔다.

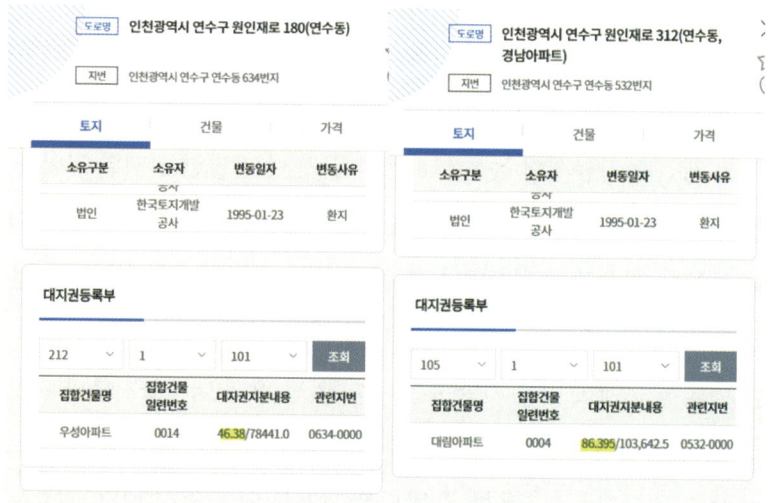

▲ 주안현대지웰대지권

두 아파트의 대지권을 살펴보자. '스마트국토정보' 사이트를 통해 확인해 본 결과 주안 현대 26평형의 대지권은 44.8 ㎡(13.5평)이며 주안지웰에스테이트 27평형의 대지권은 11.7 ㎡(3.5평)이다.

구분	주안현대 26평형	주안지웰에스테이트 27평형
매매가(만원)	37,000	34,000
대지권(평)	13.5	3.5
평당 가격(만원)	2,740	9,714

3억7천만원에 주안현대아파트 26평형을 매수한다면 땅(대지권)을 평당 2,740만원에 사는 것이며, 3억4천만원에 주안지웰에스테이트 27평형을 매수한다면 땅을 평당 9,714만원에 사는 것이다. 물론 주안지웰에스테이트의 경우 2019년도에 지어졌기 때문에 건물의 가치를 포함하게 되면 9,714만원이 아닌 훨씬 더 저렴한 가격에 사는 것이긴 하다. 하지만 시간이 흐를수록 건물의 가치는 0원에 수렴하고 땅의 가치는 오를 것이기 때문에 장기적인 투자 관점에서 볼 때는 재건축 가능성이 높은 아파트가 훨씬 더 현명한 선택일 것이다. 당장 실거주적인 측면에서는 2019년도에 지어진 주안지웰에스테이트가 월등히 좋겠지만 말이다. 이런 상황에서는 늘 양쪽 다 장단점을 가지고 있는 것이다. 당신이라면 어떤 것을 선택하겠는가?

이렇게 눈에 보이는 것만 보는 것이 아닌 땅의 내재가치를 평가할 줄 알아야 한다. 그래야 하락장이 왔을 때도 흔들리지 않고 길게 보유할 수 있다. 방금 사용한 위 방법은 재건축 연한(30년)이 다가오는 혹은 30년이 넘은 아파트를 모델링해서 두 아파트 중 어느 아파트가 재건축될 경우 사업성이 잘 나오는지 파악해보는 방법이다. 이 방법을 조금 더 깊게 사용해보자.

02-2. 사업성 판단하기-사례4
: 비슷한 연도에 지어진 아파트들이 밀집되어 있는 경우

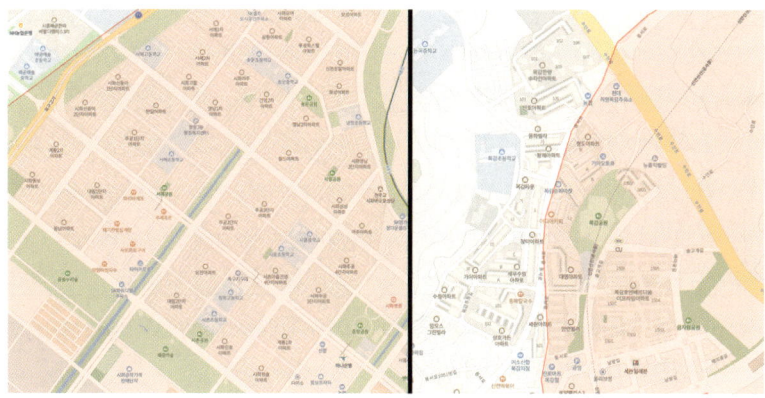

위 그림에서 오른쪽 그림은 일정치 않은 준공년도로 이루어진 지역을 가져온 것이고, 왼쪽은 비슷한 연도에 지어진 아파트들이 밀집되어 있는 지역을 가져온 것이다. 지금부터 적용할 방법은 오른쪽에 있는 지역보다는 왼쪽에 있는 지역에 적용하기 쉬운 방법이다. 비슷한 시기에 지어진 아파트들이라 내재가치를 비교하는 것이 쉽기 때문이다.

★왼쪽사진에서 보이는 수많은 아파트들 중에 과연 어느 아파트가 내재가치가 높아 재건축사업성이 좋은 지 파악하는 방법을 알아보자.

여러 아파트를 비교하기 위해 우선 위에서 다루었던 항목들을 모두 정리해보도록 하자.

구분	내역	구분	내역
아파트명 ①	대림4단지	주소 ①	정왕동 1878-8
건축년도 ①	1997	용적률 ②	137%
세대수 ③	400세대	매가 ④	45,000만원
전세가 ④	28,000만원	갭비용 ⑤	17,000만원
용도지역 ⑥	2종일반주거지역	대지면적 ⑦	37,804 m^2
대지면적 ⑦	11,435평	연면적 ⑧	28,589평
신축세대수(34평) ⑨	840세대	재건축 비율 ⑩	2.1
대지권 ⑪	73.7 m^2	대지권 ⑪	22.29평
대지평당가 ⑫	2,018만원	세대당 평균대지지분 ⑬	28.58평

*표에서는 많은 아파트 중 경기도 시흥시 정왕동에 위치한 대림4단지 아파트의 내용을 정리해 보았다.

이렇게 매물을 평가하기 전 정보를 수집하는 데 필요한 요소들은 다음과 같이 볼 수 있을 것이다.

① **아파트명, 주소, 건축년도** – 아파트를 구분하기 위해 확인하며 네이버부동산 내 단지정보를 보면 쉽게 알 수 있다.

② **용적률** – 현 아파트에 적용된 용적률을 나타내며 네이버부동산 내 단지정보를 보면 쉽게 알 수 있다.

③ **세대수** – 현 아파트의 세대수를 나타내며 조합원수라고 봐도 되며 네이버부동산 내 단지정보를 보면 쉽게 알 수 있다.

④ **매가, 전세가** – 네이버부동산에 매물로 나온 가격을 확인한다.

⑤ **갭비용** – 매가에서 전세가를 뺀 금액을 나타낸다. 전세를 안고 매수를 할 경우 갭 비용만큼만 지불하면 되니 투자금액을 산정하기 위해 확인한다.

⑥ **용도지역** – 아파트가 지어진 땅의 용도가 무엇인지 파악하는 목적이며 '

토지이음'사이트에서 주소를 입력하면 확인 가능하다.

⑦ **대지면적(m²), 대지면적(평)** – 해당 아파트의 대지면적을 파악하기 위함이다. '토지이음'사이트에서 주소를 입력하면 확인 가능하고 m²에서 평으로 환산하려면 m² x 0.3025로 계산하면 된다.

⑧ **연면적(평)** – 바닥면적의 합을 연면적이라 하며 현 용도지역의 최대 용적률을 적용했을 때 바닥면적의 합을 구할 수 있고 연면적만큼 아파트를 지을 수 있다.
Ex.) 1,000평(대지면적) x 300%(3종일반주거지역 최대용적률) = 3,000평(연면적)

⑨ **신축세대수(34평)** – 현 아파트가 철거되고 재건축이 완성된 경우 34평의 아파트를 몇 세대까지 지을 수 있는지 나타내는 수치다.
Ex.) 3,000평(연면적) / 34(평) = 88.2(신축세대수) 꼭 34평으로 할 필요는 없다. 25평, 30평 다양한 면적으로 적용해도 가능하다.

⑩ **재건축 비율** – 현 세대수 대비 신축아파트를 몇 세대를 지을 수 있는지에 대한 데이터이며 내가 설명을 위해 만든 용어이지만 이를 사용해서 수치로 기록하면 편리할 것이다. 이 수치가 높을수록 사업성이 잘 나온다 생각하면 쉽다.
Ex.) 2,200세대(신축세대수) / 1,000세대(현세대수) = 2.2(재건축 비율)

⑪ **대지권(m²), 대지권(평)** – 매물로 나온 아파트의 대지권이 몇 m², 평인지 나타낸다. '스마트국토정보'사이트 내 토지카테고리 – 대지권등록부에서 확인이 가능하며 대지권이 높을수록 좋다.

⑫ **대지평당가** – 대지 평당 단가를 나타낸다. 모든 부동산은 토지값 + 건물값으로 책정이 되며 아파트도 마찬가지다. 재건축이 진행된다는 건 그만큼 건물이 오래 되었다는 뜻이고 건물의 가치는 0원에 수렴하게 될 것이며 결국엔 토지 값만 남게 된다. 즉, 매수하는 가격의 전부가 토지 값이라고 생각해도 된다. 재건축이 진행되는 25평형의 아파트가 대지권이 10평인데 매가가 2억5천만원이 이라면 결국 평당 2,500만원을 주고 10평의 땅을 매수하는 것이 된다. 그래서 비슷한 지역의 대지 평당가는 낮을

수록 좋다

⑬ **세대당 평균 대지지분** – 아파트 한 세대당 평균적으로 대지지분을 몇 평이나 갖고 있는지 나타낸다. 아파트 대지면적이 1,000평인데 25평 50세대, 34평 50세대로 총 세대수가 100세대 라면 세대당 평균 대지지분은 10평(1,000평 / 100세대)이다. 당연히 높을수록 좋다. 세대당 평균 대지지분이 낮으면 그만큼 현 세대수가 많다는 뜻이 되고 현 세대수가 많다는 건 많은 조합원 분양분으로 인해 일반분양분이 적게 나와 사업성이 좋지 않음을 뜻한다.

만약 한 아파트에 대한 정보만 있다면 비교군이 없기 때문에 이 아파트의 가치 평가가 힘들지만, 해당 지역 일대 모든 아파트를 데이터화 시키면 비교가 가능하기 때문에 비교평가가 가능해진다.

시흥 정왕동에 소재한 25년 이상 된 모든 아파트를 데이터화 시켜봤다. 과거의 데이터이기 때문에 시간에 따라 계속 가격 변동이 발생할 것이다. 데이터를 어떻게 활용하는지만 이해하면 좋겠다.

위와 같은 데이터를 기반으로 주관적인 해석이 들어가 스스로 가치평가를 할 줄 알아야 한다. 이제부터 해석하는 방법을 배워보자.

02-3. 비슷한 시기에 지어진 여러 아파트들을 데이터화 시킨 후 그 중 유리한 아파트 선정하기 3단계

1) 입지 살펴서 지역 좁히기

서쪽으로 배곧신도시가 위치해 있다. 신도시답게 프리미엄 아울렛, 신축아파트단지, 공원 등 인프라가 잘 갖춰져 있고 사람들은 이런 인프라를 누리고 싶어한다. 그러므로 배곧신도시 근처에 위치해 있을수록 가격이 높게 형성될 가능성이 있다. 또 역세권 주변을 선호하기 때문에 오이도역과 정왕역 부근을 선호할 것으로 보인다. 남쪽으로는 산업단지가 위치해 있는데 산업단지 부근의 아파트는 타 아파트에 비해 비선호할 확률이 높다.

2) 재건축비율 높은 아파트 선정하기

해당 데이터로 봤을 때 재건축비율(앞에서도 말했지만 재건축비율은 '현재 세대수' 대비 '신축'을 얼마나 지을 수 있는지를 표현한 수치로 내가 설명을 위해 만든 용어다.)이 가장 높은 아파트는 대림4차 아파트(재건축비율 2.1)다. 재건축비율이 높다는 건 그만큼 사업성이 높다는 것이지만 이 수치를 맹신해서는 안 된다. 신축 34평을 짓는다고 계산을 해 연면적에서 34를 나눠서 34평의 몇 세대를 지을 수 있는지 예상한 것이다. 기존 아파트가 40평 이상의 대형평형으로만 구성돼 있다면 당연히 재건축비율이 높게 나올 것이나, 기존이 소형평형으로만 되어있어서 더 많은 조합원으로 구성돼 있다면 재건축비율은 낮게 나올 것이다. 대림4차 아파트의 경우에는 기존 30평 30%, 42평 70%로 구성돼 있다.

위 데이터에서 재건축비율이 가장 낮은 아파트는 0.57로 아주

아파트이다. 아주아파트는 2종일반주거지역으로 최대 용적률은 250%인데 불구하고 어떠한 이유 때문인지 현재 용적률은 290%로 최대 용적률을 초과하여 건축됐다. 그렇기 때문에 재건축에 대한 사업성이 아예 없다고 볼 수 있으며 이런 아파트는 리모델링 추진으로 가야한다.

3) 비슷해보이는 후보 아파트를 두 개 이상을 정해서 구체적으로 비교하기

이제 이들 중에서 비슷해 보이는 두 아파트인 **A아파트**와 **B아파트**를 비교해보겠다.

구분	A아파트	B아파트
세대수	580	730
매가(만원)	20,000	22,000
전세가(만원)	15,000	17,000
갭비용(만원)	5,000	5,000
신축세대수(34평)	871	1,225
재건축비율	1.5	1.68
대지 평당가(만원)	1,226	1,228
세대당 평균 대지지분(평)	20.4	22.83

❶ 매매가와 실투자금

우선 B아파트가 A아파트보다 매매가가 2천만원 더 비싸긴 하지만, 전세가가 B아파트가 더 비싸기 때문에 투자금은 5천만원으로 동일하다.

❷ 재건축비율

표에서 '신축세대수'를 보자. 재건축이 된다면 B아파트는 1,225세대로 A아파트보다 더 많은 세대수가 되는데, 재건축 비율도 1.68로 A아파트보다 높다. 1천세대 이상의 대단지를 선호하는 현상이 뚜렷하게 나타나는 추세로 보아 B아파트가 A아파트보다 매력적으로 다가온다.

❸ 세대당 평균 대지지분

세대당 평균 대지지분도 B아파트가 22.83평으로 A아파트보다 앞선다.

❹ 대지 평당가

대지 평당가는 B아파트가 A아파트보다 2만원 비싸지만 이 정도의 수준은 미미하기 때문에 비교할 수준으로 반영하기 어려워 보인다.

❺ 입지

또한 지도상으로 A아파트는 동쪽 끝에 위치해 있는 반면 B아파트는 바로 앞에 스타벅스 등 상업시설이 위치해 있어 생활이 편리할 듯하며 A아파트보다 정왕역까지 가까운 편이라 입지적으로도 B아파트가 A아파트보다 좋아 보인다.

이렇게 데이터를 활용하는 분석법을 알고 있으면, 같은 투자금액일 때 어떤 아파트를 매수하는게 유리할지 선택할 수 있을 것이다.

지금까지 재건축이 가능한 아파트를 매수하는 방법을 알아봤다. 하지만 부동산에는 100%란 없다. 시간을 투자해서 내재가치가 있고 사업성이 있는 아파트를 고르고 골라 매수를 했는데 전혀 다른 아파트가 재건축이 진행될 수 있으니 맹신하지는 말자. 또한 해당 지역의 수요부족과 부동산시장의 불황으로 인해 미분양이 걱정돼 재건축이 진행되지 않는 경우도 있다. 또는 정작 재건축이 돼 완공이 됐지만 주변지역에 과한 공급이 이루어져 생각처럼 큰 시세차익이 나지 않을 수도 있는 것이다. 시장에는 변수요인이 항상 있는 법이니 유의하자. 다만 위의 방법들을 통해 모든 면을 차분하게 따져보고 고른다면 적어도 손해 보지 않을 선택을 할 것이고, 그중에 실제로 재건축이 진행되어 큰 빛을 보는 기회가 오리라고 생각한다.

03.
재개발·재건축이 이미 진행 중인 매물 보는 법

재건축이 진행 중인 아파트, 재개발이 진행 중인 빌라도 있다

앞에서는 재건축이 진행 중이지는 않지만 재건축 사업성이 좋아 재건축이 진행될 가능성이 높은 아파트를 찾는 방법을 알아봤다. 그러나 사업성분석을 통해 재건축이 될 만한 아파트를 매수했다 하더라도 바로 재건축이 된다는 보장도 없고 언제 될지도 모르기 때문에, 차라리 확실하게 재개발·재건축이 진행되고 있는 매물을 매수하는 방법도 있다. 이런 재개발·재건축 사업장은 어떻게 찾는지 알아보자.

03-1. 재개발, 재건축이 진행 중인 사업장 찾는 방법

① 네이버부동산

네이버부동산에 들어가 재건축·재개발 탭을 활성화시키고 찾아보면 사업이 진행 중인 지역의 매물들을 볼 수 있고 사업이 어디까지 진행됐는지도 확인할 수 있어 편리하다. 하지만 네이버부동산에서 표기해주는 사업진행단계가 100% 맞지는 않으니 다시 한번 확인할 필요가 있다. (이를테면 현재는 조합설립인가라고 나왔지만 한달 전 사업시행인가를 이미 취득한 경우가 있다.)

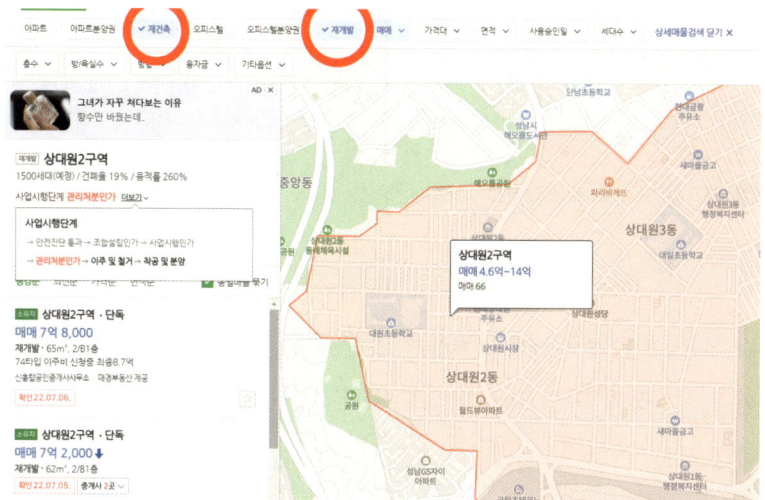

▲ **사진설명** : 성남의 상대원2구역 내 관리처분인가가 난 것이 확인 가능하다.

② 리치고

네이버부동산이 모든 재개발·재건축 사업지를 나타내는 것은 아니다. '리치고' 사이트를 이용해보자. 이 사이트에서는 네이버부동산에 표시되지 않는 사업장도 확인이 가능하다.

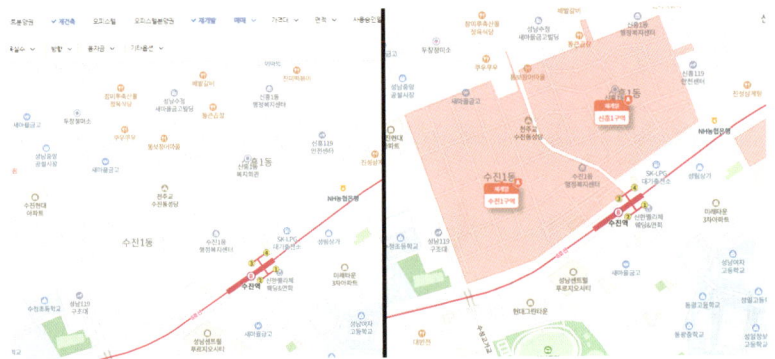

🔼 **사진설명** : 네이버부동산(좌), 리치고(우)

위 사진을 보면 네이버부동산에서는 확인이 불가능한 수진1구역과 신흥1구역의 재개발사업을 확인할 수 있으며 각 사업장마다 어디까지 진행됐는지 등 다양한 정보도 확인 가능한 것을 알 수 있다. 시각적으로 사업장을 보여주니 한눈에 확인할 수 있다.

③ 정비사업정보몽땅

서울시에서 운영하는 사이트로 서울시 내 진행하는 재개발·재건축, 가로주택정비사업 및 소규모재개발 등의 정보를 확인할 수 있다.

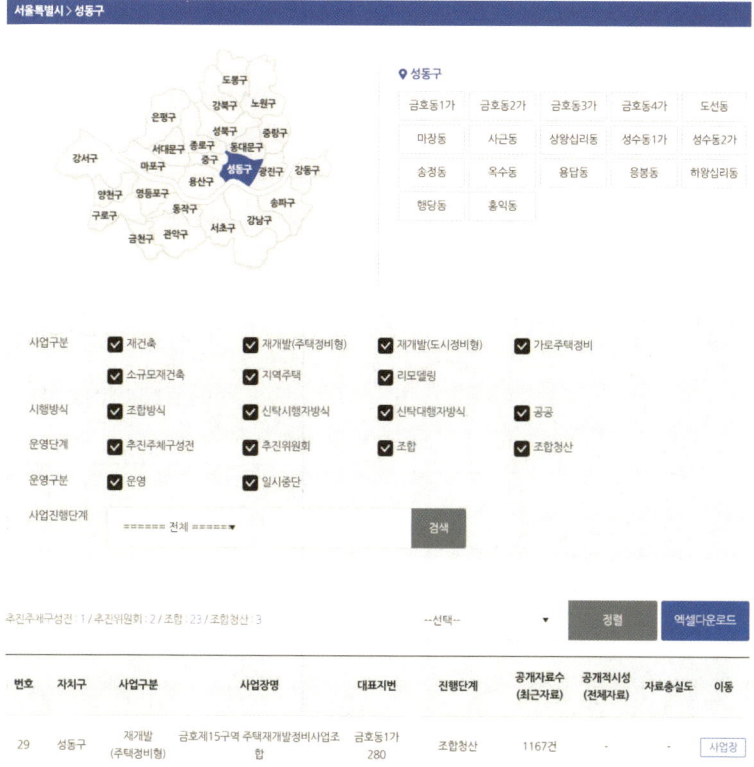

- 구, 동 별 검색, 각 진행방식 별 검색 등 다양하게 확인이 가능하나 서울시 내 한정적이라는 단점이 있다.

④ 각 시청 홈페이지

각 도시마다 도시기본계획을 발표한다. 그 기본계획안에 어느 아파트를 재건축을 진행하겠다, 또는 어느 지역을 재개발을 진행하겠다는 계획이 포함돼 있다. 위에서 언급한 웹사이트 혹은 앱에서는 이런 것까지 반영하여 제공하지는 않는다. 예정구역, 진행 상황 등을 확인하려면 각 시청 홈페이지에서 확인하는 방법이 정확하다. 시청 홈페이지에 방문해서 "도시정비", "도시계획", "주거환경개선" 등의 검색어를 입력하면 각 시에서 진행 중인 재개발, 재건축의 사업진행 현황을 담은 웹페이지 또는 PDF파일 등을 얻을 수 있는데 여기서 어느 지역을 언제 진행하겠다는 등의 고급 정보를 얻을 수 있다.

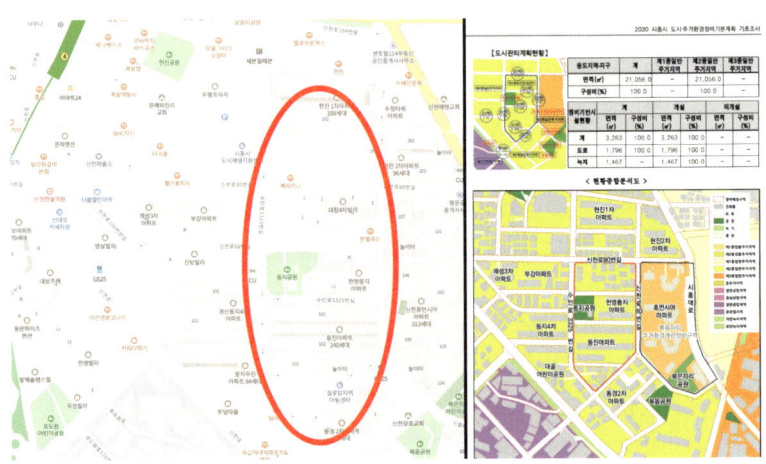

☉ 위 사진에서 좌측은 리치고에서 나타내는 정보인데 빨간원 안에 지역이 아무런 표시가 되어있지 않은 것을 볼 수 있지만, 시흥시 홈페이지에서 얻은 "2030 시흥시 도시주거환경정비기본계획" 파일을 통해 2028년 해당 구역을 재개발 추진하겠다는 정보를 얻을 수 있다.

이렇게 찾은 정보를 바탕으로 사업이 진행 중인 재개발, 재건축을 매수하려 할 경우 사업진행 단계에 따라 상당한 가격이 형성되어 있을 것이다. 사업이 진행되면 될수록 위험요소는 제거되고 곧 입주할 테니 당연한 일이다. 현재 서울시 내 조합설립인가가 되어서 사업이 진행되고 있는 재개발지역의 경우 투자금은 최소 5억원이나 들어간다.

> Q. 투기과열지구의 경우 양도제한이 있지 않았나요?
>
> 그렇다. 그러나 투기과열지구라고 할지라도, 집주인이 5년 실거주, 10년 보유의 조건을 만족할 경우 매수가 가능하다. 이런 물건들이 실제로 종종 나온다. 또한 투기과열지구가 아닌 조정대상지역, 그 외 지역은 양도제한이 없으니 상관없다.

03-2. 재개발·재건축이 진행 중인 물건을 전세끼고 갭투자 후 다른 곳에서 실거주하기

재건축은 주변 기반시설이 갖춰져 있는 상태에서 아파트 자체만 낡았기 때문에 그럭저럭 살만 하지만 재개발이 진행 중인 빌라는 넓은 사업지역 내 주거환경이 열악하다 보니 삶의 질이 많이 떨어진다. 젊은 남자 혼자라면 실거주하면서 '몸테크'를 할 수 있지만 신혼부부나 아이가 있다면 살기 꺼려지는 것이 사실이다. 그렇다 보니 **사업이 진행 중인 재개발 빌라를 전세를 끼고 매수한 후 회사 근처 및 주거환경이 좋은 곳에서 전세자금대출을 활용해 거주하는 것도 좋은 방법이다.**

여기서 이렇게 매수한 재개발 빌라가 있는 상태에서 전세자금대출이 가능한 것인지 궁금할 것이다. 다주택자(2주택 이상), 투기과열지구 내 3억원 이상의 아파트 1주택 보유자, 조정대상지역 내 9억원 초과의 1주택 보유자는 전세자금대출이 불가능하다. 그러나 투기과열지구 내 3억원 이상의 '아파트'라고 했으니 빌라는 여기에 속하지 않는다. 즉, 투기과열지구 내 빌라는 얼마짜리든 1주택을 소유하고 있을 경우 전세자금대출은 나온다. **그래서 투기과열지구, 조정대상지역, 비규제지역 내 재개발이 진행중인 빌라를 매수를 하거나 조정대상지역, 비규제지역 내 재건축이 진행중인 아파트를 매수하고** 회사 근처에서 거주를 하며 투자와 거주를 분리하는 방법을 취하는 것도 좋은 방법이라는 것이다.

현재 비규제지역인 의왕시 내 재개발지에 대해 예를 들어보겠다. 의왕시 오전동은 안양 평촌에서 경수대로를 타고 남쪽으로 조금만 내려가면 나오는 지역인데 입지는 괜찮지만 낙후된 지역이라 재개발이 활발히 이루어지고 있으며, '오전 가 구역'의 재개발 사업이 완료되어 2021년 6월에 입주한 '의왕더샵캐슬'의 경우 평당 3,500만 원에 시세가 형성돼 있다. 여기에 추가로 들어설 예정인 세대들도 많다. '오전 나 구역' 730세대, '오전 다 구역' 3,200세대, '오전 라 구역' 470세대, '고천 가 구역' 900세대, '고천 나 구역' 1,900세대 등 이미 완공된 사업지역 외에 약 7,200세대의 대단지 신축 아파트가 들어설 예정이니 이 지역도 천지개벽 되며 가치재평가가 이뤄질 것으로 기대되고 있다.

▲ **사진설명** : 현재의 오전다구역(좌), 재개발 후의 오전다구역(우)

이 중 '오전 다 구역'에 나온 매물을 예를 들어보도록 하겠다. '오전 다 구역'은 2020년 12월에 사업시행인가를 득했으며 평형

신청까지 끝났고 곧 관리처분인가를 계획하고 있으며 3,200세대의 대단지로 바뀔 예정이다.

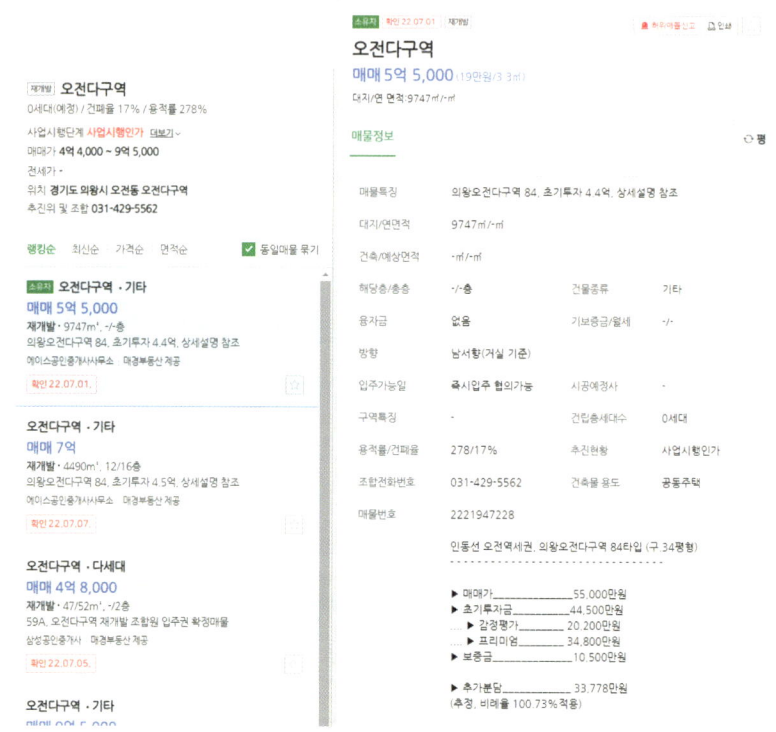

네이버부동산을 보니 5억5천만원에 매물이 하나 보인다. 내용을 정리해 보면 아래표와 같다.

구분	금액	비고
매가	55,000	-
전세가	10,500	-

투자금	44,500	-
감정평가금액	20,200	-
프리미엄	34,800	
조합원분양가(84 m²)	약 54,000	평당 약 1,580만원
추가분담금	33,778	추정 비례율 100.73% 적용
총 매수금액	약 88,700	평당 약 2,600만원

단위 : 만원

① 적당한 매물을 골라서 예상이익 계산하기

1) 이 빌라의 매매가가 5억5천만원이며 현재 전세세입자가 1억 500만원에 살고 있으니 매수하고 싶다면 4억4,500만원이 있으면 가능하다.

2) 사업시행인가가 났으며 관리처분인가를 앞두고 있으니 감정평가와 조합원평형신청이 끝났을 것이며, 이 물건의 소유주는 84m²를 신청했다.

3) 84 m²의 조합은 분양가는 평당 1,580만원으로 약 5억4천만원이며 감정가가 2억200만원이 나와 추가 분담금은 약 3억3,800만원이 나올 것으로 예상된다.

4) 이 물건을 매수하게 되면 추가분담금을 내고 총 8억 8,700만원에 신축 84 m²를 살 수 있는 것이며 이는 평당 약 2,600만원 꼴이 된다.

5) 곧 관리처분인가를 계획하고 있으니 차질 없이 진행된다면 약 2027년(5년 안)에 입주할 것으로 예상된다.

6) 2021년 6월에 입주한 의왕더샵캐슬(941세대)의 평당 3,500만원인 84 m²는 12억원에 호가(실거래는 이루어지지 않았다.)가 형성돼 있으니 지금 가격에 산다면 약 3억원의 안전마진이 확보된 상태다. (물론 그 동안 아파트 값이 떨어진다면 안전마진은 더 떨어질 것이고, 아파트 값이 올라간다면 안전마진은 더 늘어날 것이다.)

② 거주를 따로 했을 때 총 필요한 투자금 계산하기

본론으로 돌아와 이 재개발 빌라를 매수한다고 하면 전세 1억500만원을 떠안고 투자금은 4억4,500만원이 들어간다. 그리고 만약 회사 근처에서 4억원의 전세를 구한다면 4억원의 80%인 3억2천만원의 전세자금대출이 나오고 8천만원의 자기자본이 들어간다. 이렇게 되면 재개발 빌라 매수금 4억4,500만원 + 전세금 8천만원 = 5억2,500만원의 자기자본이 필요하며 전세자금대출 3억2천만원에 대한 이자(금리 4%)는 매월 106만원씩 발생하게 된다.

재개발빌라	금액	전세	금액
매수가격	55,000	보증금	40,000
현 보증금	10,500	전세자금대출	32,000
실 투자금	44,500	실 비용	8,000
총 비용			52,500

단위 : 만원

③ 관리처분인가가 난 후 일정

1) 매수한 재개발이 관리처분인가가 나고 이주 시기가 잡히면,

감정가격(2억200만원)의 50%인 약 1억원의 이주비대출이 나올 것이다.

2) 이주비대출이 1억원이 실행되니 500만원을 보태서 세입자의 보증금 10,500만원을 돌려주고 세입자를 내보내면 철거가 이뤄질 것이다.

3) 추가분담금 약 3억4천만원 중 10%인 3,400만원을 계약금으로 내면 계약이 이뤄진다.

4) 중도금 낼 시기가 되면 중도금 대출을 받아 중도금 60%(10%씩 6번, 총 2억 400만원)를 납부한다.

5) 나머지 잔금 30%(1억200만원)는 해당 아파트에 대한 감정평가가 이뤄지고 그에 대한 주택담보대출(집단대출)을 받아 상환하면 될 것이다.

6) 완공이 되면 실거주하던 집의 전세보증금은 빼고 신축아파트로 이사해 입주해 살면 된다.

위 방법이 재개발지역 내 빌라를 매수하고 다른 지역에서 전세자금대출을 받아 사는 방법이다. 이 방법은 부동산시장이 상승장이라면 재개발이 진행되어 입주하는 시기까지 아파트 상승분에 대한 시세차익을 다 챙길 수 있으며 신축에 대한 프리미엄까지 붙어 상당한 수익을 낼 수 있는 장점이 있다. 반면, 초기 비용이 많이 들어가는 단점이 있다.

재개발·재건축 진행 중인 지역에 '갭투자' vs '보금자리론'

위에서 말한 이야기가 바로 전세를 이용한 갭투자이다. **갭투자를 이용하지 않는다면 대출을 받아서 매매해야 할 것이다.** 보금자리론 대출이 많이 나오기는 하지만(아파트는 시세의 70% 빌라는 시세의 65% 대출가능) 대출 실행 후 3개월 이내 전입신고 후 최소 1년 실거주를 해야 하는 요건이 있다. 만약 실거주할 것이 아니라면 **위에서 말한 것처럼** 대출을 받지 않고 전세를 이용한 갭투자를 하는 것이 좋을 것이다. **그러나 갭투자도 단점이 있는데 재개발·재건축 사업지역 내 물건의 경우 매매가는 비싸게 형성돼 있는 반면, 건물의 상태가 워낙 낙후되어 있기 때문에 전세가는 낮다는 것이다.** 이렇게 갭비용이 상당히 크게 형성돼 있어 초기 비용이 많이 들기 때문에 차라리 실거주요건으로 70~80% 대출을 받고 전입신고를 한 뒤 공실로 두는 경우도 많이 늘고 있다. 둘 중에 무엇이 유리할지 본인의 자금 상황에 따라 선택하면 되겠다.

Case 1. 갭 투자		Case 2. 보금자리론 이용	
매매가	55,000만원	매매가	55,000만원
전세가	10,500만원	대출 65%	35,000만원
실 투자금	44,500만원	실 투자금	20,000만원

위 표에서 보듯 전세를 끼고 갭투자로 매수를 할 경우 4억4,500만원이 들어가지만, 보금자리론으로 매수하게 되면 약 3억5천만원이 대출이 나와 약 2억원의 돈만 있으면 가능하다.

※이렇게 대출을 받아서 매입하였지만 낡은 건물에서 실거주하기가 어렵기에 결혼 상대가 있는 사람들의 경우 이렇게 하는 경우도 있다.

① 혼인신고가 되어있지 않은 상태에서 남편의 이름으로 재개발 지역 빌라를 5억5천에 매수를 하면서 주택담보대출을 받거나 보금자리론을 받아 3개월 이내에 전입신고를 하고,

② 와이프의 이름으로 전세자금대출을 받아 다른 전세집에서 와이프와 같이 실거주를 하는 방식이다.

전입신고가 필수이기에 보금자리론을 받아 매수한 남편의 집에 신고하긴 하지만 사실 실거주하는 '척'하는 것이고 실제로는 와이프의 전세집에서 실거주를 하는 것이다. 올바른 방법도 아니거니와 가끔 진짜 실거주를 하는지 확인을 한다고 하니 추천하는 방법은 아니다.

재개발·재건축 진행 중인 지역에서
주택담보대출을 활용할 경우

매수 시 대출을 이용할 경우, 보금자리론이 아닌 주택담보대출을 활용하는 방법을 알아보자. 원래 **주택담보대출을 받고 주택을 매수하면 6개월 안에 전입신고를 해야 했다. 하지만 2022년 6월 21일 부동산대책에서 전입 조건을 폐지한다고 밝혔다.** 전입신고를 하지 않아도 된다는 건 굉장한 혜택이다. 대출받아 산 집에 전세를 놓을 수 있기 때문이다. (이 부분은 주택담보대출에 관한 것이다. **생애 최초주택담보대출과 보금자리론**은 무조건 전입신고를 해야 한다.)

무주택자가 '오전다구역'내 빌라를 LTV 70%(의왕은 비규제지역이라 LTV 70%를 적용 받아 매수 할 수 있다.) 적용해 주택담보대출을 받아 매수하고 후순위로 전세 또는 월세 보증금을 받게 되면 실투자금이 더 많이 줄어들게 된다.

Case 1. 갭 투자		Case 2. 보금자리론		Case 3. 주택담보대출 + 전세	
매매가	55,000만원	매매가	55,000만원	매매가	55,000만원
전세가	10,500만원	대출 65%	35,000만원	대출 70%	38,000만원
실 투자금	44,500만원	실 투자금	20,000만원	보증금	4,000만원
				실 투자금	13,000만원

즉 보금자리론이 아닌 일반주택담보대출을 LTV 70%로 적용받게 되면 약 3억8천만원의 대출이 나온다. 여기에 전입신고 요건이 없으니 바로 후순위로 전세세입자를 받아 투자금을 줄일 수 있다. 혹, 대출이 많이 있어 보증금을 높이는 게 꺼려진다는 세입자가 있다면 보증금을 낮추고 월세를 받아 그 돈으로 주택담보대출에 대한 이자를 충당하는데 쓰면 될 것이다. 그리고 배우자의 전셋집에서 같이 실거주를 하면 된다. 보금자리론을 받으면 3개월 내 전입신고요건이 있어 전입신고만 해 두고 공실로 두는 것에 대한 것에 부담을 느끼는 사람이라면 **이렇게 주택담보대출 + 세입자 방법을 고려해봐도 좋겠다.**

※ **사업기간이 얼마남지 않은 사업장에서 과한 대출은 받지 말 것**

만약 재건축 재개발 초기에 참여한다면 시간이 오래 걸리니 당장 자금이 부족해도 투자시도가 가능하고, 본인이 직접 입주하지 않고 프리미엄을 붙여서 양도하는 계획도 세워볼 수 있다. 그러나 사업기간이 얼마 남지 않은 사업장에서는 현금이 필요하다. 관리처분인가가 나고 이주계획이 잡히면 전세보증금을 내줘야 하거나 대출을 상환해야 한다는 사실을 잊으면 안된다. 이때 이주비 대출을 받아서 상환하는 것이나, 보통 이주비 대출로 완전히 커버가 되지 않으니 자신의 돈도 보태서 해결해야 한다. 자금사정을 냉정히 파악하고 움직여야 한다. 만약 생애최초 주택담보대출 4억 4천만원을 받아 5억5천만원의 재개발지역 내 빌라를 매수했는데 2년 뒤 이주계획이 잡힐 것으로 예상하면 그때 이주비대출 약 1억원(감정평가금액 2억원의 50%)을 제외한 3억 4천만원을 상환해야 하는 것이다. 과한 대출은 금물이다.

04.
분양권투자

 청약에서 당첨되기란 하늘의 별따기다. 나도 2019년 청약을 넣어 봤지만 떨어져 불가능을 인정하고 바로 아파트를 매수했다. 최근에는 청약가점 커트라인이 많이 떨어졌지만 부동산 시장이 최고조에 달했을 때 서울의 청약가점은 최소 60점은 넘겨야 가능했다. 60점이라는 점수는 만 30세 이후로 13년 동안 무주택자였어야 하고 그 13년 동안 청약가입이 되어 있어야 하며 부양가족수가 3명이어야 가능한 점수다. 상황이 이러니 하늘의 별따기라는 말이 딱 어울리는 듯하다. 이렇게 청약이 당첨되기 힘드니 프리미엄(P)을 주고 분양권을 매수하는 방법도 있다.

 분양가가 4억원인 아파트의 분양권을 매수한다고 가정해보자. 프리미엄은 1억원이라고 한다. 청약에 당첨되면 계약서를 작성하는데 일반적인 계약 방식은 계약금 10%, 중도금 60%, 잔금 30%다. 그렇다면 나는 매도자에게 얼마를 지급해야 할까? 프리미엄 1억원 + 계약금 10%인 4천만원 = 1억4천만원을 지급해야 한다.

구분	금액	구분	금액
분양가	40,000	계약금(10%)	4,000
프리미엄	10,000	중도금(60%)	24,000
실 매수금액	50,000	잔금(30%)	12,000
		초기비용 (프리미엄 + 계약금)	14,000

단위 : 만원

중도금 대출의 조건

중도금은 중도금 대출로 충당이 가능하다. 아래 중도금 대출의 조건을 알아보자.

- 투기과열지구, 조정대상지역 내 분양권일 경우 이미 2주택 이상인 사람에게는 중도금 대출이 나오지 않는다.
- **1주택자일 경우 종전 주택 처분조건을 걸면 투기과열지구, 조정대상지역일 경우 50%가 나온다.**
- 실거주한다면 +10%씩 중도금대출이 가능하다.(즉, 50%가 60%가 된다.)
- 비규제지역의 경우 1세대당 2건의 중도금대출이 가능하다. 즉 비규제지역이라면 두 곳에 투자가 가능하다.

결국, 조정대상지역 내 분양가가 4억원인 아파트의 분양권을 프리미엄 1억원을 주고 매수를 한다면 매도자에게 1억4천만원을 주고 분양권을 양도받아 중도금 60%를 중도금 대출로 충당하고. 남은 잔금 30%는 입주할 때 납부하면 된다. 결국, 5억원(분양가 4억원 + 프리미엄 1억원)에 이 아파트를 매수하게 되는 것이다.

아파트에 입주할 때가 되면 중도금대출에서 집단대출로 갈아타야 한다. 각 은행사에서 집단대출을 일으키는데 이는 일반적인 주택담보대출과는 성격이 조금 다르다. 입주하기 전 하자는 없는지 체크하는 과정을 '사전점검'이라고 하는데 이를 위해 아파트로 이동하면 주차장 출입구에서부터 몇몇의 은행사직원들이 나와 화장지 등을 나눠주며 자기네 은행에서 대출상품을 이용해달라고 영업활동을 한다. 이때 각 은행사들이 입주할 아파트를 감정평가 하는데 이 감정평가 금액에 LTV를 적용해 대출이 나온다. 총 세대수가 1,000세대이며 대출 가능금액이 세대 당 4억원이라고 하면 4,000억원이나 되는 어마어마한 금액이 대출이 되는 것인데 은행사직원들은 이것을 위해 영업활동을 하는 것이다.

만약 분양가는 4억원이었지만 부동산 상승 시장과 맞물려 입주할 때가 돼 은행사에서 감정평가를 했더니 8억원이 됐다. 이 아파트가 조정대상지역이라면 입주한다는 가정하에 LTV 60%를 적용해 최대 5억 4천만 원의 대출이 나오는 것이다. 그렇게 되면 집단대출을 받은 5억 4천만 원의 돈으로 중도금과 잔금 3억 8천만 원을 납부하고 남은 금액으로 다른 부동산 투자를 하는 경우도 있고 집단대출을 딱 3억8천만원만 받아 중도금과 잔금만 치르는 경우도 있다.

05.
입주권 투자

　분양권과 입주권은 다르다. 분양권은 청약에 당첨되어 신축 아파트에 입주할 수 있는 권리이며, 입주권은 재개발·재건축 사업 진행 전부터 있던 물건을 보유(원 조합원)하고 있음으로써 신축이 되는 아파트에 입주할 수 있는 권리를 말한다. 재개발·재건축에서는 관리처분인가가 나고, 소규모주택정비사업에서는 사업시행인가가 나면 입주권으로 바뀐다. 이 입주권을 사는 것에 대해 이야기 해보겠다.

　재개발, 재건축의 절차를 다시 한번 생각해 보자. 빌라를 하나 갖고 있었는데 사업시행인가가 나고 감정평가를 진행했더니 이 빌라의 감정평가금액은 1억 원이라고 한다. 관리처분인가로 인해 이 빌라는 입주권으로 바뀌게 되는데 비례율이 100%로 권리가액은 1억 원(감정평가금액 1억 원 x 비례율 100%)이 되었고 조합원분양가는 3억4천만원으로 책정돼 추가 분담금은 2억4천만원(조합원분양가 3억4천만원 - 권리가액 1억원)이 나왔다고 가정해보자. 이 사업지역은 모두 철거돼 약 50%정도 건축 중이며(당연히 빌라는 없어진 상태고 현장에 가보면 어느정도 건물이 올라간 상태로 보일 것이다.)

이때 이 입주권을 매수하고자 하는데 매도자는 2억6천만원에 팔려고 한다.

정리해보면 이와 같다.

① 이 입주권을 매수하는 금액은 2억6천만원인데 감정평가금액이 1억원이니 프리미엄은 1억6천만원이라고 할 수 있다.
② 건축이 50%정도 진행됐을 테니 매도자가 중도금대출도 어느정도 실행했을 가능성이 크다.
③ 무주택자라면 중도금대출을 인수하는 조건으로 계약서를 작성하며 매도자는 계약금 10%를 이미 납부한 상태이니 매매가격 2억6천만원과 함께 계약금 10%인 2,400만원(추가분담금 2억4천만원의 10%)을 합한 금액인 2억8,400만원을 매수자가 매도자에게 납부해야 한다.
④ 그리고 분양권과 마찬가지로 입주 전에 입주 점검을 실시하고 은행으로부터 집단대출을 받아 중도금과 잔금을 납부하고 입주하면 된다.

이렇게 아파트 가격은 5억원이 되는 것이다. (조합원 분양가가 3억 4천+내가 지불한 프리미엄 금액 1억 6천)

구분	내역	구분	내역
매매가	26,000	감정평가액	10,000
비례율	100%	권리가액	10,000
조합원분양가	34,000	추가분담금	24,000
프리미엄	16,000	계약금(10%)	2,400
중도금(60%)	14,400	잔금(30%)	7,200
실 매수금액	50,000	초기비용(매매가 + 계약금 10%)	28,400

이렇게 초기에 드는 비용이 2억8,400만원이다. **앞에서 살펴본 분양권 투자와 최종 매수가격은 5억원으로 동일하지만 분양권 투자(초기비용 1억4천만원)보다 입주권 투자(초기비용 2억8,400만원)가 돈이 많이 들어가게 된다.** 하지만 입주권이 초기 비용이 더 든다고 해서 무조건 안 좋은 것이 아니라, 조합원을 위한 혜택을 누릴 수 있다는 장점도 가지고 있다. 혜택은 각 사업장마다 다를 수 있지만 예를 들어 일반 분양자는 발코니 확장비용을 부담해야 하는 것에 비해 조합원은 발코니 무상확장을 해주기도 하며 시스템에어컨을 무상으로 제공하기도 한다. 또 보통 조합원에게 우선적으로 좋은 층과 좋은 호수를 제공하고 남은 호수를 일반분양분으로 돌리는데, 조합원 입주권을 매수하게 되면 좋은 층과 좋은 호수를 그대로 인수받을 수 있다. 어느 재개발 사업장에서는 30평, 25평, 21평 타입을 짓게 됐는데 30평타입은 모두 조합원에게만 배정해 분양하지 않고 25평과 21평 타입만 분양하기도 했다. 이렇게 되면 분양권을 통해서는 30평 타입을 매수할 수 없고 오로지 입주권으로만 30평 타입을 매수할 수 있는 것이다. 또, 몇 재개발 사업장은 조합원에게만 지하주차장 창고를 제공하기도 했다. 이런 여러 가지 측면을 조합하여 고려했을 때 프리미엄을 감수하고 입주권 투자를 할 수 있겠다.

06.
소규모주택정비사업이 가능한 아파트, 빌라 매수

    소규모주택정비사업 중 가로주택정비사업을 통해 신축 아파트가 될 수 있는 부동산을 매수하는 방법도 있다. 다시 한번 가로주택정비사업의 요건을 확인해 보자.

1. 1만 m^2 미만의 사업장(공공추진시 2만 m^2미만),
2. 4개의 면에 6m의 도로에 접해 있어야 함. (공원, 광장, 녹지, 하천, 공공공지, 공용주차장 경우 6m도로에 접한 것으로 봄),
3. 단독주택 10호 이상 또는 다세대, 연립주택 20세대 이상, 또는 혼합(단독+다세대) 20채 이상이어야 한다.
4. 노후불량건축물의 비율이 사업지역 내 2/3이상이 되어야함. (노후불량주택의 기준은 건축된 지 30년 이상이 된 건물)

    위 네 가지 요건에 충족될 때 사업지역 내 소유주 80%가 조합설립에 대한 동의를 하면 바로 조합설립인가가 가능하다. 아파트의 경우 안전진단 요청의 기준인 30년 이상이 됐을 때 안전진단을 실시하고

통과가 되어 추진위원회를 설립하고 조합설립인가를 받는다. 이 과정에 비하면 가로주택정비사업은 획기적으로 시간을 단축해주고 있다. 그렇기 때문에 30년 이상 된 아파트인데 가로주택정비사업진행이 가능한 요건이라면 재건축 사업방식이 아닌 가로주택정비사업방식으로 진행하는 것이 시간을 훨씬 아낄 수 있을 것이다.

06-1. 첫번째 예시) - 안양시 동안구 호계동 삼덕아파트

가로주택정비사업이 진행 중인 아파트를 예를 들어보자.

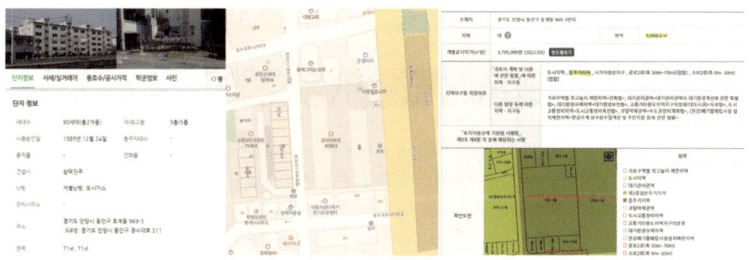

▲ 가로주택정비사업호계동

위 사진의 아파트는 안양시 동안구 호계동에 소재한 삼덕아파트다. 85년도에 준공되어 37년이 됐고 90세대로 5층의 저층 아파트이다. 총 대지면적은 3,568m²(약 1,079평)으로 용도지역은 준주거지역이다. 아파트가 30년 이상이 되었기 때문에 노후도가 충족됐고 1만m² 미만이기 때문에 가로주택정비사업의 요건에 충족되어 현재 가로주택정비사업이 추진 중에 있다. 2021년 6월 26일에 시공사 선정을 위한 임시총회가 열렸고 쌍용건설로 선정됐다. 현재 준주거지의 최대용적률 500%를 모두 적용받아 2개동 지하 5층 지상 34층, 총 228세대의 주거시설로 바뀔 예정이다.

🔺 **가로주택정비사업쌍용건설 - 사진설명** : 삼덕아파트는 사진과 같이 '쌍용 더플래티넘'아파트로 탈바꿈 예정이다.

구분	현 상황	신축 계획		
	내역	세대유형	세대수	연면적
대지면적	3,568m²(1,079평)	분양	25평	167	4,175평
용도지역	준주거지역		20평	8	160평
최대 용적률	500%	임대	20평	53(23%)	1,060평
연면적	5,395평	합		228	5,395평
현 세대수	90	-			

2021년 조합총회가 개최됐고 이미 위와 같이 계획이 잡혔다. 신축계획을 보면 20평대가 주를 이룬다. 30평대를 분양하는 것보다 20평대를 분양해 세대수를 높이는 것이 사업성을 높일 수 있으니 그런 선택을 한 듯하다. 또 총 228세대 중에 임대아파트를 53세대(총세대수의 23%)를 짓는다. 이렇게 되면 임대아파트 비율 20%를 넘게

맞춰 최대 용적률을 적용받을 수 있는 조건을 만족한다. 그래서 준주거지역의 최대 용적률 500%를 적용받아서 연면적 5,395평에 딱 맞게 설계가 들어간 듯해 보인다.

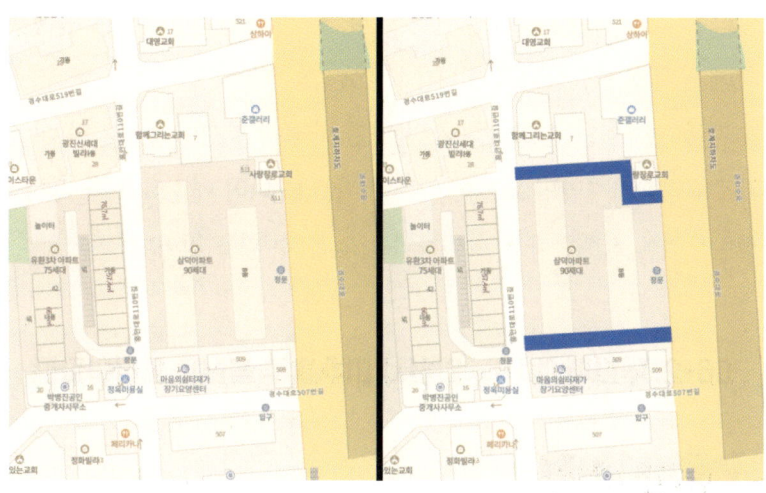

🔺 가로주택정비사업호계동2

좌측 그림과 같이 호계동 삼덕아파트는 동쪽과 서쪽은 6m이상의 도로에 접해 있는데 북측과 남측은 건물과 맞닿아 도로가 없는 상황이다. 가로주택정비사업을 추진하기 위해서는 4면이 모두 6m의 도로에 맞닿아 있어야 하는 조건에 어긋난다. 이에 **가로주택정비사업을 추진하기 위해서 우측 그림과 같이 북측과 남측에 6m 도로를 내주는 조건부 진행을 하게 되고,** 도로면적만큼 사업면적이 줄어들고 그만큼 연면적이 줄어들어야 할 텐데 그렇지 않았다는 것이 이상하다. 아마 해당 지자체에서 허가를 내준 것으로 보인다. 아무튼 2023

년 10월 착공을 거쳐 2026년 11월 준공을 목표로 한다는데 예정대로만 진행된다면 37년된 5층 구축아파트가 신축 34층의 아파트로 바뀌는 데 필요한 시간은 2021년에 진행된 시공사선정을 위한 임시총회 이후 약 5년이면 충분한 것이다. 이는 재건축방식으로 진행했다면 절대 불가능한 시간이다.

지금이야 어느 정도 호재가 반영된 가격에 형성이 됐겠지만 이런 가로주택정비사업의 요건이 되는 아파트를 미리 매수하고 가로주택정비사업을 진행한다면 시세차익을 얻을 수 있을 것이다.

06-2. 두번째 예시) - 인천시 미추홀구 용현동 동아아파트

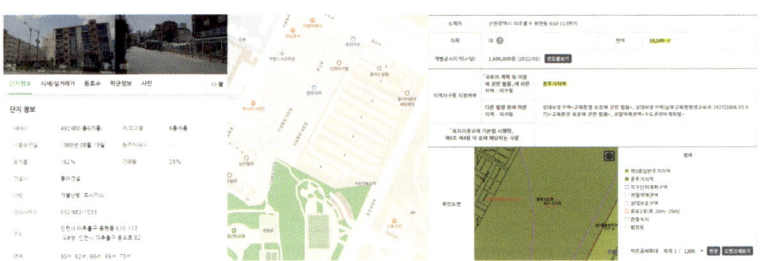

▲ 가로주택정비사업용현동

위 아파트는 인천시 미추홀구 용현동에 소재한 동아아파트다. 89년도에 준공되어 33년된 용적률 162%, 492세대, 대지면적 18,049㎡(약5,459평), 준주거지역의 6층 저층 아파트다. 위 상황을 보고 뭔가 보이는 게 있는가? 이런 아파트의 단지정보를 보면 가로주택정비사업이 될 것 같은데? 라는 생각과 함께 사업성을 돌려봐야 한다.

사업성을 평가하기 전에 입지분석부터 해보자.

🔺 가로주택정비사업용현동2

사진에서 보는 것과 같이 용현학익지구(시티오씨엘)의 도시개발 사업이 예정되어 있고 3개의 아파트단지가 평균 경쟁률 12대1로 분양이 끝났다. 시티오씨엘은 HDC현대산업개발(아이파크), 현대건설(힐스테이트), 포스코건설(더샵) 세 개의 건설사가 컨소시엄으로 들어와 약 46만평의 규모로 1만3천세대의 대단지 신도시를 만들 계획이다. 신도시답게 공원, 상업시설, 학교, 문화시설, 일자리 등 각종 인프라들이 있어 삶의 질을 높여줄 것이다. 또한 시티오씨엘 밑으로는 송도가 있어 송도의 배후도시 역할을 해줄 것으로 기대된다. 용현동아아파트는 그런 시티오씨엘의 연장선 상에 있는 아파트단지이며 인하대역과 인접해 있어 미래가치는 충분해 보인다.

🔺 가로주택정비사업용현동3

이제부터 사업성을 분석해보자.

지도를 확대하면 그림과 같이 개별 세대가 오밀조밀 모여 있는 것이 보이는데 이는 작은 평형으로 구성돼 있는 것을 뜻한다. 작은 평형으로 많이 구성돼 있다면 세대수가 면적대비 많은 것이고 이는 곧 조합원이 많아지는 것이며 조합원이 많아지니 일반분양분이 적게 나올 것이고 이는 결국 사업성에 영향을 미쳐 사업성이 좋지 않을 수 있다는 뜻을 나타낸다. 반대로 너무 넓은 평형으로만 구성돼 있으면 조합원이 적고 일반분양분이 많이 나와 사업성이 잘 나올 수 있겠지만 넓은 평형의 소유자들은 재건축을 선호하지 않는 분들이 많을 수 있어 재건축 진행이 어려울 수 있다.

본론으로 돌아와 이 아파트는 작은 평형의 구성으로 인해 많은 조합원, 용적률 163%로 재건축을 진행하기에는 애매한 용적률의 단점(163%의 용적률이 재건축을 진행하기에 나쁘다는 것이 아니라 많은 조합원 대비 용적률이 좋지 않다는 뜻이다.)을 갖고 있음에도 불구하고 준주거지역(최대 용적률 500%)이기 때문에 단점들을 커버해 버릴 수 있다.

1만 m²가 넘어가고 2만 m²미만이기 때문에 건축심의위원회의 승인이 필요한데 이 부분은 LH나 도시공사와 같이 공공으로 진행하게 되면 가능한 부분이다. 하지만 1만 m²미만의 대지면적이라 80%의 동의서만 제출하면 바로 조합설립인가가 나는 것이 아니라 공공으로 함께 진행해야 하니, 조합설립인가를 받는 것이 시간이 조금 더 걸릴 수 있다.

● 가로주택정비사업용현동4

좌측 그림과 같이 북측과 동측은 6m이상의 도로에 접해있지만 서측과 남측은 도로에 접해 있지 않다. 하지만 남측은 공원에 접해 있는걸 볼 수 있다. 6m이상의 도로에 접해 있어야 하지만 예외사항 중에 공원에 접해 있으면 6m도로에 접해 있는 걸로 보고 있다. 그렇기 때문에 남측은 문제가 되지 않고 서측만 문제가 되는데 이는 조건부로 6m도로를 내면서 사업면적에서 제외하고 진행하면 될 듯하다. 길이는 200m이고 넓이가 6m이니 1,200 m²(200m x 6m)를 사업면적에서 제외하고 계산해보면 되겠다.

구분	현 상황	예상		
	내역	세대유형	세대수	연면적
대지면적	18,049 m²(5,459평)	분양	34평	650	22,100평
사업면적(1,200m² 도로면적 제외)	16,849 m²(5,096평)	임대	20평	165 (20%)	3,300평
용도지역	준주거지역	합		815	25,400평

최대 용적률	500%	조합원 분양분	492
연면적	25,484평	일반분양분	158
현 세대수	492		

사업분석을 해보니 임대아파트 20% 비율을 맞춘다는 조건으로 준주거지역의 최대 용적률인 500%를 적용 받으면 총 815세대(34평 650세대 20평 임대주택 165세대)의 아파트를 지을 수 있으며 일반 세대수 650세대 중 조합원이 492세대를 가져간다 해도 158세대의 일반분양분이 나오니 사업성이 꽤 좋은 아파트다.

위에서 예를 들은 호계동의 삼덕아파트는 높은 사업성을 위해 25평형으로 구성을 했는데 용현동아아파트는 34평으로 구성했는데도 꽤 좋은 사업성을 내고 있다. 만약 용현동아아파트를 높은 사업성을 위해 25평형으로만 구성하게 되면 1,000세대가 넘는 대단지의 아파트로 만들 수 있다. 이렇게 가로주택정비사업을 진행하면 165세대의 임대아파트가 생기는 것이니 정부에서도 반대 할 리 없으며 빠른 진행을 원할 것이다.

산식을 빠르게 하기 위해 임대아파트를 20평으로 계산하는 것이 아닌 34평으로 계산해도 된다. 연면적 25,484평인데 34평을 지으면 749세대(연면적 25,484평 / 34평)를 지을 수 있는데 이중 20%인 150세대(749세대 x 20%)를 임대주택으로 빼도 599세대(749세대 - 임대주택 150세대)를 지을 수 있고 이 중 조합원분 492세대를 제외해도 107세대(599세대 - 조합원분 492세대)를 일반 분양할 수 있다. 바르게 계산하기 위해선 계산기를 켜 놓고 이런식으로 계산을 하는데 임대주택을 34평으로 계산한 것이기 때문에 디테일한 분석이 떨어져 비교적 정확하게 하기 위해선 임대주택을 20평으로 두고 계산을 한다.

🔼 용현동동아아파트

사진에서 볼 때 우측이 용현동 동아아파트 이며 좌측은 용현동SK뷰 아파트다. 용현동 SK뷰 아파트는 신축이고 용현동 동아아파트는 30년이 지난 구축아파트다. 길거리에서 이런 풍경을 목격하게 된다면 '재건축이 되면 바로 옆에 있는 아파트처럼 신축이 될 수 있겠네?' 라는 생각과 함께 사업성을 분석해 볼 줄 알아야 한다.

06-3. 세번째 예시) - 부천시 고강동 인성아파트

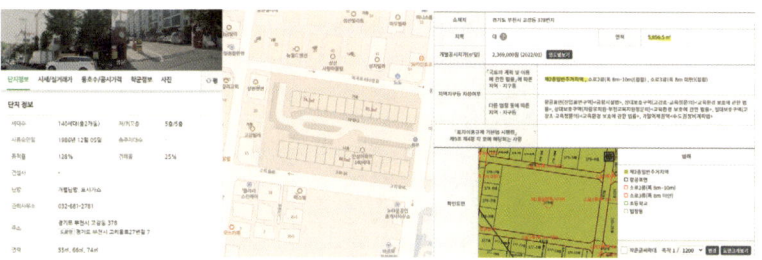

🔺 가로주택정비사업고강동

　세번째 아파트를 보자. 86년도에 지어진 36년차의 140세대, 용적률 128%, 5층의 저층아파트이다. 당연히 사업지역 내 노후건축물의 비율 2/3이상에(140세대 모두 36년이 됐으니 노후건축물비율은 100%) 충족되고, 총 대지면적이 5,865 m²로 1만m² 미만이라 가로주택정비사업 요건에도 충족이 된다. 현재 128%의 낮은 용적률임에도 불구하고 2종일반주거지역(최대 용적률 250%)에 작은 평형으로 구성돼 있어 조합원이 많은 것은 조금 우려스러워 보인다. 또한가지, 동,남,북측이 6m 이상의 도로에 접해 있으나 서측은 건물과 맞닿아 있어 요건에 충족되지 않아 서측에 6m도로를 내고 진행하거나 서측에 있는 네 개의 건물(성원맨션, 고강빌라 등)도 같이 가로주택정비사업을 진행해야 할 것이니 두 가지 방법으로 사업분석을 해보겠다.

1) 서측에 6m 도로를 내고 인성아파트만 사업진행 할 경우

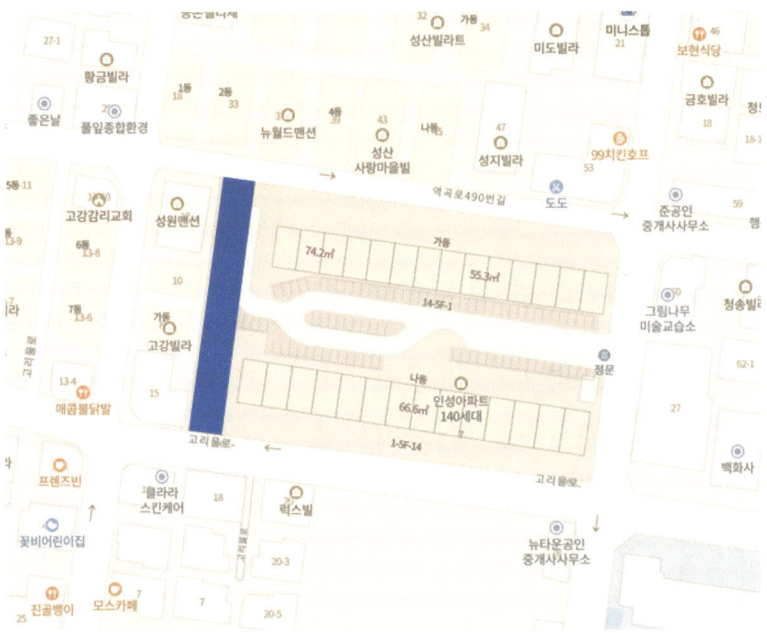

▲ 가로주택정비사업고강동2

그림과 같이 사업지역 내 서측으로 6m도로를 내고 진행하는 걸로 사업분석을 해보겠다. 도로 길이 61m x 도로 넓이 6m = 366 m²로 대지면적 5,865 m²에서 차감하면 5,499 m²의 사업면적이 나온다.

현 상황		예상			
구분	내역	세대유형	세대수		연면적
대지면적	5,865 m²(1,774평)	분양	25평	138	3,450평
사업면적(366m² 도로면적 제외)	5,499 m²(1,663평)	임대	20평	35 (20%)	700평
용도지역	2종일반주거지역	합		173	4,150평

최대 용적률	250%	조합원양분	140
연면적	4,157평	일반분양분	-2
현 세대수	140		

사업성이 나오지 않아 25평형 아파트로만 배정을 해봤다. 20평의 임대아파트 35세대(20%), 25평의 일반아파트 138세대, 총 173세대를 만들 수 있으며 총 사용 연면적은 4,150평(분양 25평분 3,450평 + 임대 20평분 700평)이 된다. 총 173세대 중 임대아파트 35세대를 제외하면 138세대만 남게 되는데 140명의 조합원이 제대로 배정받지 못한다. 물론 조합원 모두가 아파트를 받아갈 수 있게 20평의 아파트를 만들면 되겠지만 그래도 최소 25평은 되어야 쾌적하게 살 수 있지 않겠는가? 2종일반주거지역이라 최대 용적률이 250%라는 것과 작은 평형으로만 구성돼 많은 조합원이 문제였다.

2) 서측 네 개의 건물과 같이 가로주택정비사업을 진행할 경우

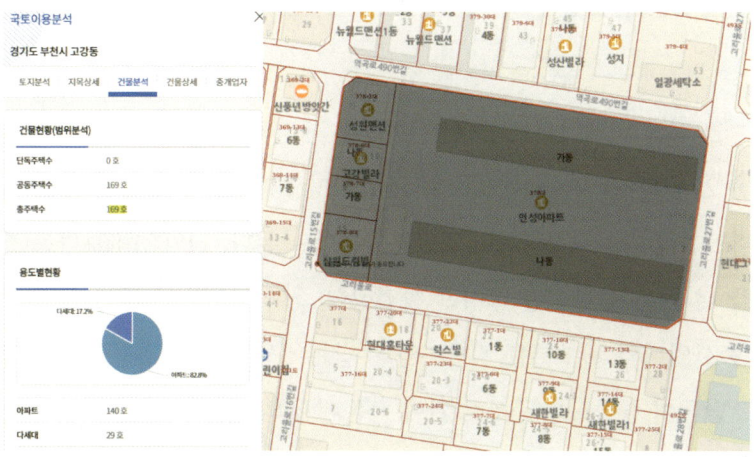

▲ 가로주택정비사업고강동3

좌측 네 개의 필지와 같이 사업을 진행한다고 가정해보자. 총 대지면적은 6,806m²이 되며 6m 도로를 내느라 사업면적도 줄어들지 않는다. 하지만 네 개의 필지에 있는 소유자들이 조합원으로 들어오면서 조합원수가 늘어나 사업에 영향을 미치는데 득이 될지 실이 될지는 계산을 해보자. '스마트국토정보'사이트에 들어가 사업지역을 클릭하고 확인해 보니 총 세대수는 169세대(아파트 140세대 + 다세대 29세대)가 있음을 알 수 있다. 필요한 정보는 다 얻었으니 사업성을 분석해 보자.

현 상황		예상			
구분	내역	세대유형		세대수	연면적
대지면적	6,806 m²(2,058평)	분양	25평	171	4,275평
용도지역	2종일반주거지역	임대	20평	43(20%)	860평
최대 용적률	250%	합		214	5,135평
연면적	5,145평	조합원분양분		169	
현 세대수	169	일반분양분		2	

20평의 임대아파트 43세대(20%), 25평의 일반아파트 171세대, 총 214세대를 만들 수 있으며 조합원이 169명인데 조합원 모두 아파트를 받아가고 2세대의 일반분양분이 나온다. 1)의 경우보다는 조금 더 나은 상황이긴 하지만 사업성이 좋아 보이지는 않는다. 원래 총 사업비의 대부분을 일반분양 수입분에서 충당해 조합원의 추가 분담금이 줄어드는 구조로 가야 하는데 위와 같이 진행이 되면 조합원의 돈을 걷어 아파트를 짓는 느낌으로 갈 수밖에 없다. 그래서 투

자가치가 부족하다고 할 수 있다.

그렇다고 해서 신축아파트가 될 수 없다는 건 아니다. 거주의 목적으로 바라볼 때 건축물이 오래되어 살기가 불편해 사업성이 부족함에도 불구하고 조합원들이 원하면 가로주택정비사업을 진행할 수 있다. 그러나 투자의 목적으로 바라볼 때는 달라진다. 고강동 인성아파트는 2022년 2월 66m²이 2억원에 거래가 됐고 동일한 시기 2022년 2월에 같은 면적인 66m²의 용현동아아파트도 2억원에 거래가 됐다. 같은 시기 같은 면적의 같은 가격으로 매수가 이뤄 졌는데 어떤 사람이 투자를 더 잘했던 것일까? 투자와 거주는 별개다.

06-4. 네번째 예시) - 서울시 송파구 오금동 빌라 밀집지역

이번에는 다세대주택이 많은 지역을 어떻게 사업성 분석을 하는지 알아보겠다.

● 가로주택정비사업 오금동

해당지역은 서울시 송파구 오금동에 소재한 빌라밀집지역이다. 총 대지면적은 5,115 ㎡로 네이버지도에서 제공하는 면적계산기를 통해 계산을 했기 때문에 약간의 오차는 발생할 수 있다. 1만 ㎡ 미만으로 4면 모두 6m이상의 도로에 접해 있어 가로주택정비사업에 대한 요건이 충족된다.

🔺 가로주택정비사업오금동2

'Gislaw' 사이트에서 해당지역 구역설정을 하면 건축물 경과연도를 볼 수 있는데 30~40년 이상 된 건축물의 비율이 77%로 2/3이상에 해당된다. 정확히 하면 총 세대수의 2/3이상이 노후불량건축물(기준 30년 이상)이어야 하는데 이 사이트에서 제공하는 방식은 세대수 기준이 아니라 건축물(동)의 기준이다. 즉 해당 지역 내 총 9개의 동이 있으며 20~30년 된 건축물은 2개동, 30~40년 된 건축물은 7개동이 있다는 뜻인데 이는 세대수로 따지면 달라질 수 있으니 맹신하지 말고 참고만 하자. 아무튼 가로주택정비사업을 추진을 위한 요건은 충족된다.

*첨언하자면 해당 지역은 서울시로, 서울시 조례는 노후건축물의 비율이 67%(2/3)가 아닌 57%로 완화됐으며 노후건축물의 기준은 연면적 660 m^2이상의 공동주택의 경우 30년이 아닌 20년으로 보고 있다.

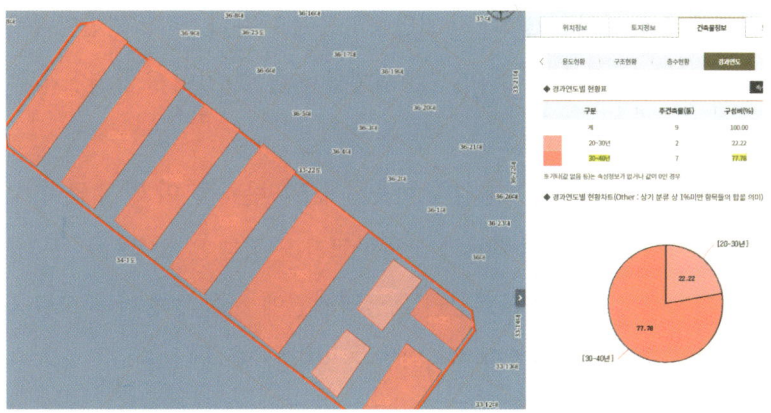

▲ 가로주택정비사업오금동3

'스마트국토정보'사이트에서 해당 지역을 설정하여 분석해보니 공동주택수는 104세대이며 2종일반주거지역으로 확인할 수 있었다. 필요한 정보는 모두 얻었으니 이제 사업성분석을 해보자.

구분	현 상황		예상		
	내역	세대유형	세대수		연면적
대지면적	5,115 m^2(1,547평)	분양	30평	110	3,300평
용도지역	2종일반주거지역	임대	20평	28(20%)	560평
최대 용적률	250%	합		138	3,860평
연면적	3,868평	조합원분 양분		104	

현 세대수	104	일반분양분	6	
현 세대수	140			

    20평의 임대아파트 28세대(20%), 30평의 일반아파트 110세대, 총 138세대를 만들 수 있으며 총 조합원이 104명인데 조합원 모두 아파트를 받아가고 6세대의 일반분양분이 나온다. 만약 일반아파트를 25평으로 구성하게 되면 128세대를 만들 수 있어 조합원에게 분양하고도 24세대를 일반분양할 수 있다.

    위에서 예시를 든 부천시와 비슷하게 일반분양분이 많지 않아 사업성이 부족하지만 중학교와 고등학교가 인접해 있고 옆에는 큰 공원이 있으며 3호선과 5호선인 오금역세권에 서울시 송파구 오금동에 소재해 있기 때문에 부천시와 입지차이가 많이 난다.

    서울시 내 30평대 신축아파트를 소유하고 싶은데 현금보유가 넉넉하지 않다면 해당지역 내 빌라를 매수하고 직접 가로주택정비사업에 대한 동의서를 구해서 추진하는 방법도 고려해볼 수 있다. 물론 100% 된다는 보장은 없지만 80%의 동의율(현 104세대이니 84세대의 동의만 구하면 된다.)만 얻는다면 바로 조합설립인가가 나면서 바로 해당지역 내 프리미엄이 상당히 상승될 것이다.

    *2022년 8월4일 이후로 투기과열지구 내 가로주택정비사업과 소규모재개발사업의 조합설립인가 후에는 조합원지위양도 제한이 걸려서 프리미엄이 붙었다 하더라도 중간에 매도는 못할 테니 이 점은 유의하자.

06-5. 다섯번째 예시) - 서울시 금천구 시흥동 빌라 Case 1.

지하철역이 없는 지역보다는 지하철역이 개통될 지역에 투자하는 방법이 투자 성공확률을 높이는 방법인데 지하철역이 개통되면 수요가 몰리면서 집값이 개선될 여지가 있기 때문이다. 특히 그 노선이 중심업무지구로 연결된다면 더욱 확률을 높이는 방법일 것이다. 신안산선은 2024년 개통예정으로 안산에서부터 금천구를 통과해 구로디지털단지, 영등포, 여의도로 이어진다. 일자리가 많은 구로디지털단지, 여의도로 이어진다는 건 그만큼 수요가 뒷받침될 수 있다는 것이다.

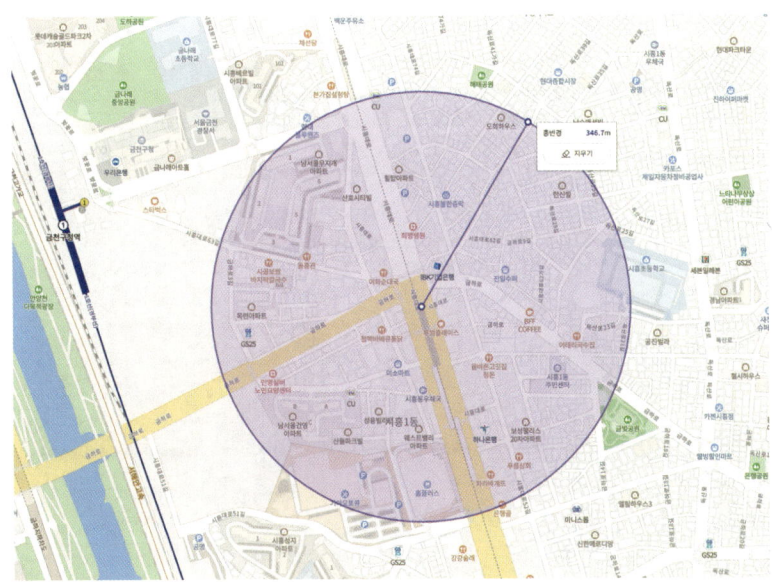

⌃ 시흥동빌라촌

그림의 위치는 금천구 시흥동의 시흥사거리다. 여기에 신안산선의 시흥사거리역이 생길 예정이다. 역을 기준으로 반경 350m 찍어봤다. 소규모주택정비사업에서 소규모재개발의 요건이 **역세권 또는 준공업지역에서 5천m² 이하의 사업지**인데 역세권의 기준이 역세권 승강장 경계로부터 반경 350m이내다. 350m 반경 안에 5천 m² 이하에 포함된 빌라를 매수하는 것이 보다 투자 성공확률을 높이는 방법이다. 소규모재개발은 최대 준주거지역(최고 용적률 500%)까지 용도지역 상향을 통해 고밀개발이 가능하다. 서울시에서 이렇게까지 추진을 하는 이유는 늘어나는 용적률의 50%는 지역특성에 맞는 공공시설을 공급하고자 함인데 임대주택비율을 높여 양질의 임대주택 공급을 늘리기 위함으로 보인다.

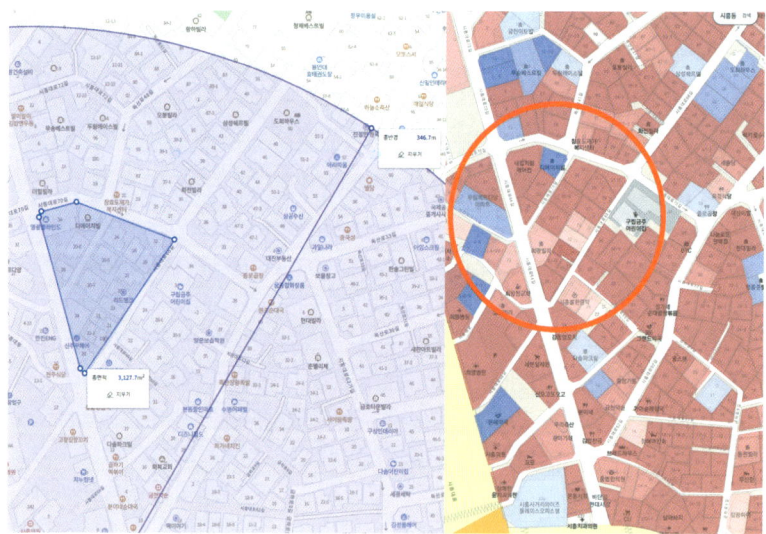

▲ 시흥동빌라촌2

350m 반경안에 들어오는 지역 중 그림의 영역을 주목해 봤다. 총 대지면적은 약 3,127m²로 5천m² 이하에 들어온다. 소규모재개발을 추진하기 위해서는 노후, 불량 건축물의 수가 전체건축물의 2/3 이상이어야 하는데 그림 우측(부동산플래닛 제공)에 보여지는 걸로 요건이 충족돼 보인다. 이제부터 본격적으로 사업성 분석을 해보자.

구분	내용	구분	내용
용도지역 ①	2종일반주거지역	대지면적(m²) ②	3,127 m²
대지면적(평) ③	945.9평	총 연면적 ④	4,729평
연면적(2종적용) ⑤	1,891평	연면적(용도지역상향) ⑥	2,837평
연면적(공공시설) ⑦	1,418평	임대아파트 세대수(20평) ⑧	71세대
연면적(비 공공시설) ⑨	3,311평	일반아파트 세대수(34평) ⑩	97세대
조합원 수 ⑪	26명	일반 분양분 ⑫	71세대
총 세대수 ⑬	168세대		

현재 2종일반주거지역(200%)인데 소규모재개발사업을 통해 준주거지역(500%)으로 종상향 되었다고 가정하에 사업성 분석을 해 봤다.

①. 용도지역 : '토지이음'사이트를 통해 확인할 수 있다.

②. 대지면적(m²) : 네이버지도 면적계산을 통해 대략적으로 파악했다.

③. 대지면적(평) : 대지면적(3,127 m²) x 0.3025 = 945.9평, 계산의 편리성을 위해 m²를 평으로 환산 했다.

④. 총 연면적 : 대지면적(945.9평) x 500% = 4,729평
    원래 2종일반주거지역이지만 소규모재개발의 경우 고밀개발이 가능해 준주거지역으로 종상향된다는 가정하에 준주거지역의 최대 용적률인 500%를 적용했으며 4,729평의

연면적이 있는 건축물을 지을 수 있다.

- ⑤. **연면적(2종적용) : ③대지면적(945.9평) x 200% = 1,891평**
  원래 2종일반주거지역이며 최대 용적률은 200%다. 기본 용적률인 200%만큼 건축할 수 있는 연면적을 계산했다.

- ⑥. **연면적(용도지역상향) : ③대지면적(945.9평) x 300% = 2,837평**
  기존 2종일반주거지역(용적률 200%)에서 준주거지역(용적률 500%)으로 용도지역이 상향되면서 늘어난 용적률 300%를 적용해 지을 수 있는 면적이다.

- ⑦. **연면적(공공시설) : ⑥연면적(용도지역상향)(2,837평) x 0.5 = 1,418평**
  용도지역 변경에 따라 늘어나는 용적률(2,837평)의 50%는 공공시설로 공급해야하기 때문에 1,418평만큼의 연면적은 공공시설을 지어야 한다.

- ⑧. **임대아파트 세대수(20평) : ⑦연면적(공공시설)(1,418평) / 20평 = 71세대**
  공공시설을 지어야 할 연면적을 전부 20평의 임대아파트로 짓는다고 가정하면 71세대의 임대아파트를 지을 수 있다.

- ⑨. **연면적(비 공공시설) : ④총 연면적(4,729평) – ⑦연면적(공공시설)(1,418평) = 3,311평**
  총 연면적에서 공공시설을 짓고 난 다음의 남은 연면적을 산출했다.

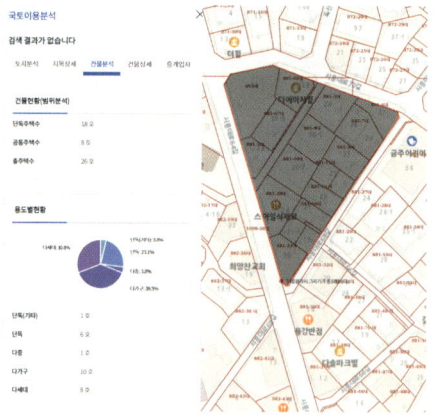

▶ 시흥동빌라촌3

- ⑩. **일반아파트 세대수(34평) : ⑨연면적(비 공공시설) / 34평 = 97세대**
  공공시설을 짓고 남은 연면적을 활용하여 전부 34평 아파트로 신축한다고 하면 총 97세대의 아파트를 지을 수 있다.

- ⑪. **조합원 수 :** '스마트국토정보'를 통해 확인해 보니 총 주택수는 26호로 확인됐다. 단독주택이 18호 공동주택이 8호로 단독주택비율이 많이 높은 걸 확인할 수 있다.

- ⑫. **일반 분양분 : ⑩일반아파트 세대수(97세대) – ⑪조합원 수(26명) = 71세대**
  97세대의 일반아파트를 지을 수 있는데 이 중 조합원이 26세대를 갖고 가고 남은 71세대를 일반분양 할 수 있다.

- ⑬. **총 세대수 : ⑧임대아파트 세대수(71세대) + ⑩일반아파트 세대수(97세대) = 168세대.** 총 168세대의 아파트로 지어질 수 있다.

높은 용적률(500%)를 받을 수 있고 사업지역 내 단독주택의 비율이 높아서 그런지 사업성이 꽤 좋게 나온다. 총 80%이상의 동의율이 필요한데 소유주가 총 26명이니 21명의 동의를 이끌어 내야 한다. 과연 단독주택주인들이 동의를 해줄지가 관건이며 아직 역이 개통이 안 되었기 때문에 당장 소규모재개발 추진할 수 없고 역이 개통되어야 추진이 가능하다.

06-6. 여섯번째 예시) - 서울시 금천구 시흥동 빌라 Case 2.

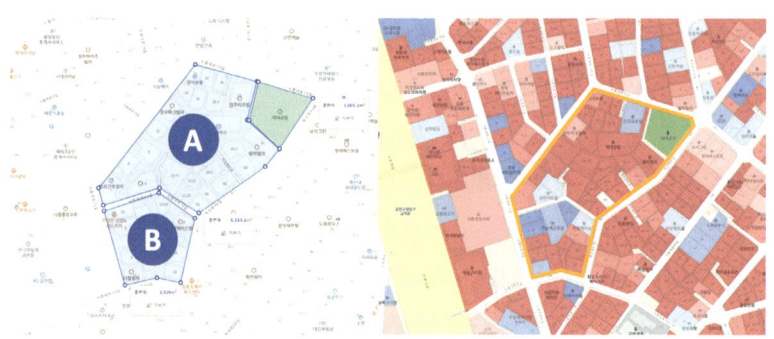

▲ 금천구빌라1

왼쪽의 그림은 사업장을 표기했으며 오른쪽의 그림은 노후도를 나타내고 있다. 여기 두 지역이 있다. 왼쪽 그림 상 위 A사업장은 사업면적이 6,153m^2이며 아래 B사업장은 사업면적이 2,526m^2고 A사업장에 붙어있는 해태공원의 면적은 1,000m^2다. 두 사업장 사이에 있는 도로는 3m도로다. 이 그림을 보고 어떻게 접근하면 좋을지 생각해 보자. 만약 빌라를 매수한다면 A, B 둘 중 어느 사업장 내 빌라를 매수하는 것이 좋을까? A 사업장 내 빌라를 매수하는 것이 좋은 투자이다. 그 이유는 다음과 같다.

첫째, 사업면적이 넓다.

A의 사업면적은 6,153m^2이다. 1만m^2 미만으로 요건이 충족된다면 가로주택정비사업을 추진할 수 있으며 정비사업이 진행되면 나쁘지 않은 규모로 아파트가 건축될 수 있어 보인다. B의 사업장은 면

적이 너무 작아 정비사업이 추진된다 해도 큰 메리트가 없어 보인다.

둘째, 해태공원이 인접해 있다.

해태공원은 국가 땅이다. 최근 서울에서는 유휴부지를 정비사업에 편입시키고 그만큼의 공공시설을 요구하는 방안을 적극 추진하고 있다. 만약 A에서 정비사업이 일어난다면 해태공원의 토지를 편입시켜 추진하며 편입된 토지 중 절반을 공공시설로 짓겠다고 한다면 반대하지 않을 듯하다. 해태공원은 1,000㎡의 면적으로 A사업 면적에 포함된다면 총 7,153㎡로 괜찮은 규모의 정비사업으로 기대된다.

셋째, 노후도가 충족됐다.

지도상 빨강색으로 칠해진 부분이 노후된 건물이다. 오른쪽 그림만 봐도 A사업장은 노후도가 충족돼 보인다. (노후불량건축물의 수가 67%이상이면 노후도가 충족됐다고 하며, 서울시의 경우 57%면 족하다.) 하지만 B의 사업장은 신축(지도상 파란색)이 꽤 비중이 돼 추진하기 애매해 보인다.

넷째, Key를 A사업장이 쥐고 있다.

A사업장에서는 B를 편입시켜서 가로주택정비사업을 추진해도 되고, A사업장만 추진해도 되며, 또는 해태공원을 포함해서 추진해도 된다. A, B 사업장 면적의 합은 대략 8,679㎡로 1만㎡미만으로 가로주택정비사업 추진이 가능하다. A와 B사업장을 가로지르는

도로가 6m도로였다면 A사업장, B사업장 따로 추진을 해야 하지만 3m도로로 편입해서 추진이 가능하다. 또한, B사업장만 있으면 노후도 충족이 안될 수 있지만 A, B 사업장이 같이 추진을 하게 되면 A사업장의 과한 노후도로 인해 A, B 사업장의 가로주택정비사업 추진을 위한 노후도가 충족될 것이다. 운이 좋아 해태공원까지 편입시켜 추진이 된다면 총 9,600㎡의 사업면적으로 딱 이상적인 가로주택정비사업 추진이 가능해 보인다. 그럼 A 사업장의 사업성 분석을 해보겠다.

구분	내용	구분	내용
용도지역	2종일반주거지역	대지면적(㎡)	6,153 ㎡
대지면적(평)	1,861.2평	연면적 ①	4,653평
임대아파트 세대수(20평) ②	30세대(20%)	임대아파트 연면적 ③	600평
일반아파트 세대수(34평) ④	119세대	일반아파트 연면적 ⑤	4,046평
조합원 수 ⑦	78명	사용 연면적 ⑥	4,646평
일반 분양분 ⑧	41세대	총 세대수 ⑨	149세대

①. **연면적 : 대지면적(평) (1,816.2평) x 2.5 = 4,653평**
　　사업지역은 2종일반주거지역으로 최대 용적률인 250%를 적용해 4,653평이 나왔다.

②. **임대아파트 세대수(20평) : 30세대**
　　가로주택정비사업은 임대아파트는 ⑨총세대수의 20%를 충족해야 최대 용적률을 적용 받을 수 있기 때문에 30세대를 지을 예정이다.

③. **임대아파트 연면적 : ②임대아파트 세대수 (30세대) x 20평 = 600평**
　　20평의 임대아파트 30세대를 짓는데 사용한 연면적은 600평이다.

④. **일반아파트 세대수(34평) : 119세대**
　　임대아파트를 제외한 일반아파트를 총 119세대를 지을 수 있다.

⑤. **일반아파트 연면적 : ④일반아파트 세대수 (119세대) x 34평 = 4,046평**

34평의 일반아파트 119세대를 짓는데 사용한 연면적은 4,046평이다.

ⓒ. **사용 연면적 : ⓒ임대아파트 연면적 (600평) + ⓔ일반아파트 연면적 (4,046평) = 4,646평**

아파트만 짓는데 사용한 총 연면적은 4,646평으로 ①연면적 4,653평만큼 사용하게 됐다.

⑦. **조합원 수 : 78명**

'스마트국토정보'사이트를 통해 사업지역을 확인해 보니 단독주택수 24호, 공동주택수 54호로 총 78호의 주택이 있다. 단독주택비율이 그렇게 높지 않아 정비사업을 추진하는데 있어서 동의를 이끌어 내기 용이해 보인다. 63명의 동의(78호의 80%)를 구하면 가로주택정비사업을 추진할 수 있다.

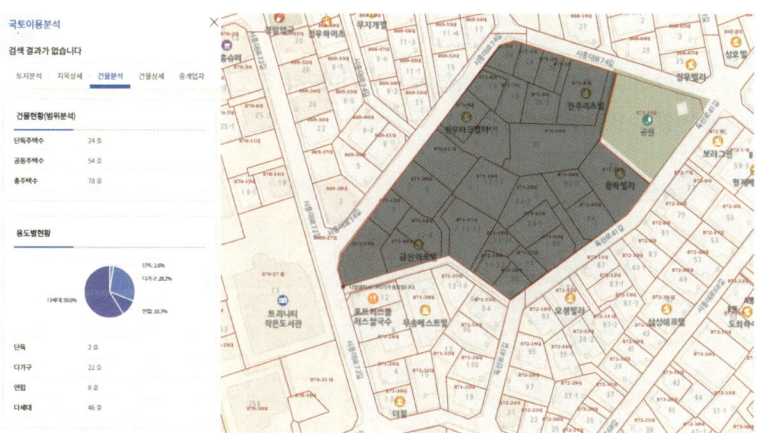

▲ 금천구빌라2

⑧. **일반분양분 : ④일반아파트 세대수 (119세대) − ⑦조합원 수 (78명) = 41세대**

임대아파트를 제외하고 일반아파트를 119세대를 지을 수 있는데 조합원이 78세대를 받아가고 남은 41세대를 일반분양할 수 있을 것으로 예상된다.

⑨. **총 세대수 : 149세대**

총 149세대의 아파트로 지을 수 있을 거라 예상된다.

※A, B 사업장과 해태공원을 모두 정비사업을 추진한다면 20평의 임대아파트 47세대, 34평의 일반아파트 188세대인 총 235세대의 신축아파트로 지어질 수 있는 규모다.

이런 분석을 통해 해당 지역 내 빌라가 사업성이 있다고 판단되면 매수하고 정비사업이 진행될 때까지 기다리거나 직접 움직이며 준비하면 된다. 아파트가 아닌 빌라를 사더라도 이렇게 분석을 통해 '가능성'이 있는 빌라를 매수하는 것이 현명한 선택이다.

> 그동안 Gislaw와 스마트국토정보를 번갈아가며 정보를 확인했는데 한 번에 확인할 수 있는 방법이 있다.
>
>
>
> ● 부동산플래닛시흥동
> 부동산플래닛에 접속해 월 9,900원의 유료결제를 통해 지역설정을 하면 분석한 결과를 보여준다. 과소필지, 접도율, 호수밀도 등 재개발에 필요한 요건과 세대수를 보여주고 있어 한 번에 확인하기 쉽다. 하지만 유료결제다 보니 많이 사용하지 않는 사람일 경우 번거롭지만 무료로 타사이트를 통해 확인이 가능하니 굳이 유료결제를 할 필요는 없어 보인다.

06-7. 일곱번째 예시) - 서울시 광진구 자양동 빌라

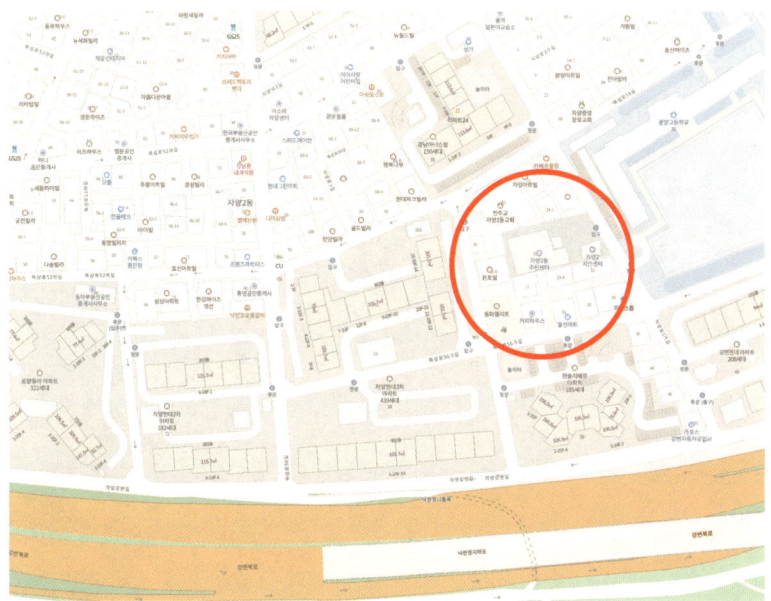

🔼 자양동빌라

　지인이 해당 지역에 빌라를 투자했다고 어떻게 보냐고 물어왔다. 이 곳에 투자한 이유를 물었다. 아래쪽에 강변북로가 지나가고 한강 근처이며 위쪽으로는 2호선 구의역이 있어 입지가 괜찮고 투자금이 크게 들지 않아 급매로 나와 투자했다고 했다. 이런 곳은 확률을 높이는 방법에 맞지 않는 투자다.

첫째, 블록 내 관공서와 대형 교회가 있다.
　같은 블록 내 주민센터와 치안센터 그리고 대형 교회가 있다. 해당 블록이 가로주택정비사업이나 소규모정비사업이 진행된다 해도 주민센터와 대형 교회가 있기 때문에 진행되기 힘들어 보인다.

🔺 **자양동빌라2**

둘째, 주변일대의 노후도가 많이 부족해 재개발되기 힘들어 보인다.

신축이 많이 들어서 노후도가 충족되지 않아 어떠한 개발사업도 진행하기 힘들어 보인다. 혹, 재개발이 들어간다 해도 해당구역은 아파트와 학교 사이에 끼어 있고 대형교회와 주민센터 및 치안센터가 있기에 제외하고 진행될 확률도 높아 보인다.

이 같은 이유로 확률을 높이는 방법과 맞지 않은 투자 방법이라고 말하고 싶다. 안 오른다는 말이 아니라 개발에 의한 시세차익을 기대하기 힘들다는 뜻이다. 인플레이션 방어에 대한 시세차익만 가능할 것으로 보인다.

확률을 높이려면 이런 곳에 투자하는 것이 낫지 않을까?

⊙ 자양동빌라3

노후도도 충족돼 있고 도로가 혼잡해 주거환경개선이 필요해 보이지 않는가? 구역만 따로 지정하여 가로주택정비사업을 시행하기에도 좋고 재개발을 하기에도 좋아 보이는 그런 지역이지 않은가? 시간의 문제지 사두고 기다리면 언젠가는 해줄 것 같은 그런 지역이다. (이미 자양7구역으로 지정돼 재건축 조합설립인가가 난 지역이다.)

지금까지 실거주 목적의 집, 재건축 사업성이 나오는 아파트, 재개발 또는 재건축이 진행 중인 집, 가로주택정비사업이 가능한 집을 찾는 방법을 알아봤다. 각자 자기의 상황을 객관적으로 돌아보고 본인에게 맞는 방법을 택하고 결정하자.

07.
사업성을 갖춘 아파트와
빌라 찾는 방법

지금까지 계속 내가 선정한 적당한 두 매물의 사업성을 비교해보는 작업을 해보았다. 그럼 이렇게 적당한 매물은 혼자서 어떻게 찾는 것인지 알아보자.

07-1. 네이버부동산

내가 못 찾는 것일 수도 있겠지만 용적률이 낮고 연식이 오래돼 사업성이 좋은 아파트를 한 번에 보여주는 것은 없고 손품을 팔아 시간을 투자해 알아내야 한다.

🔺 용적률사용승인일

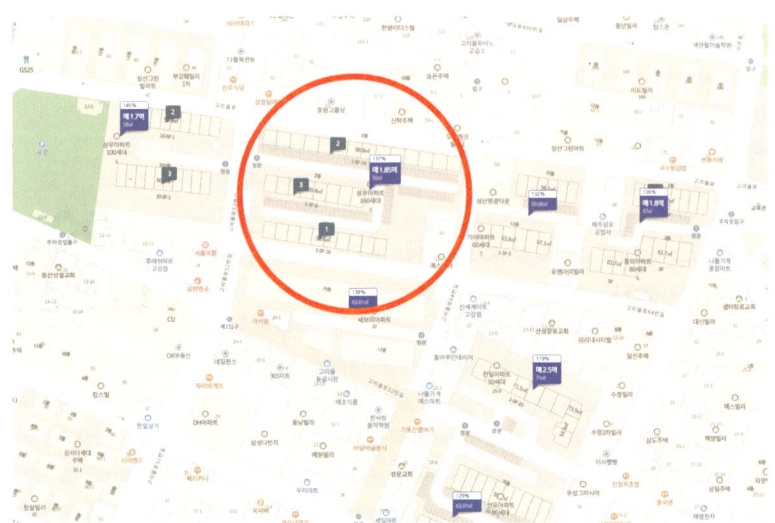

🔺 삼우아파트

용적률 137%의 삼우아파트를 발견했다. 용적률도 낮고 25년 이상 됐으니 재건축이나 소규모정비사업을 진행해 사업성이 나오는지 빠르게 파악해보자.

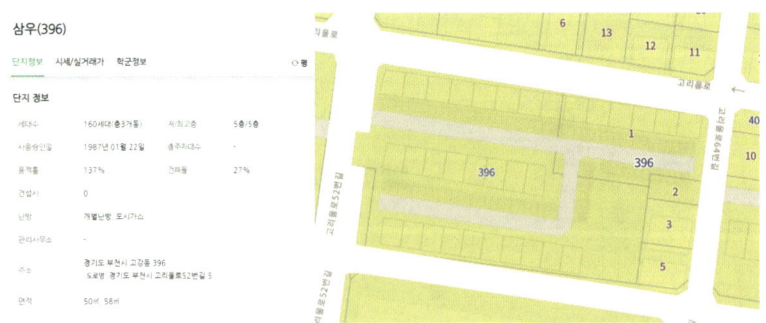

🔺 삼우아파트2

대지면적과 용도지역을 알아야 연면적을 알아낼 수 있는데 지적편집도를 확인해 보니 삼우아파트는 2개의 필지로 구성되어있는 것을 확인할 수 있었다.

가끔 아파트가 하나의 필지로 구성돼 있지 않고 위와 같이 여러 개의 필지로 구성돼 있는 경우가 있으니 그때는 모든 필지의 면적을 합해주면 총 사업면적이 나온다.

소재지	경기도 부천시 고강동 396번지		
지목	대	면적	4,180.7 m²
개별공시지가(m²당)	2,166,000원 (2022/01) 연도별보기		
지역지구등 지정여부	「국토의 계획 및 이용에 관한 법률」에 따른 지역·지구등	제2종일반주거지역 , 소로2류(폭 8m~10m)(접합) , 소로3류(폭 8m 미만)(접합)	
	다른 법령 등에 따른 지역·지구등	제3종구역(소음대책지역(다 지구)<공항시설법>, 항공표면(진입표면구역)<공항시설법>, 상대보호구역(고강초·교육청문의)<교육환경 보호에 관한 법률>, 과밀억제권역<수도권정비계획법>	

소재지	경기도 부천시 고강동 396-1번지		
지목	대	면적	1,255.7 m²
개별공시지가(m²당)	2,166,000원 (2022/01) 연도별보기		
지역지구등 지정여부	「국토의 계획 및 이용에 관한 법률」에 따른 지역·지구등	제2종일반주거지역 , 소로3류(폭 8m 미만)(접합)	
	다른 법령 등에 따른 지역·지구등	제3종구역(소음대책지역(다 지구)<공항시설법>, 항공표면(진입표면구역)<공항시설법>, 상대보호구역(고강초·교육청문의)<교육환경 보호에 관한 법률>, 과밀억제권역<수도권정비계획법>	
	「토지이용규제 기본법 시행령」 제9조 제4항 각 호에 해당되는 사항		

🔺 삼우아파트3

삼우아파트는 1987년도에 준공되었고, 고강동 396번지(4,180 m²)와 고강동 396-1번지(1,255 m²)의 합인 5,435m² 면적으로 구성되어 있다. 그리고 2종일반주거지역에 현재 160세대임을 확인할 수 있다.

이제 어떤 사업방식을 적용해 진행이 가능한지 파악해보자. 4면이 6m도로에 접해 있고(3개 필지에 접해 있지만 간략한 계산을 위해 빼고 적용해 보겠다.) 100% 30년 이상 된 아파트라 노후불량건축물 67% 이상이며 총 사업면적이 1만 m²미만이라 가로주택정비사업의 요건에 충족된다. 10년이상 걸릴 수 있는 재건축사업방식보다는 훨씬 빠르니 가로주택정비사업을 추진하는 것이 더 효율적이니 그렇게 적용해보도록 하자.

계산기를 켜고 아래와 같이 계산해보자.

5,435 m²(총 사업면적) x 0.3025 = 1,644평 (총 사업면적)
[평수환산공식적용]
1,644 × 2.5(2종일반주거지역 용적률 250% 적용) = 4,110평(연면적)
4,110평(연면적) / 34(34평 을 짓는다 가정) = 120세대

사업성이 없는 것으로 끝이 났다. 위의 계산은 삼우아파트를 철거하고 34평 아파트를 신축하게 되면 120세대를 짓는다는 뜻이다. 현재 조합원이 160세대인데 모든 조합원이 아파트 배정을 받지도 못하고 가로주택정비사업의 경우 최대 용적률을 적용받으려면 임대아파트를 20% 맞춰야 하는데 택도 없다.

34평은 넓으니 그럼 20평으로만 지어보면 어떨까? 5,435 x 0.3025 x 2.5 / 20 = 205.5 나온다. 약 200세대를 지을 수 있다. 조합원이 160명이니 조합원에게 배정하면 40세대가 남는데 이는 임대아파트(총 세대수의 20%)로 배정하면 일반분양분이 없다. 접근방

법을 달리해서 더 높은 세대수를 만들어 낼 수 있기도 하겠지만 이 변이 없는 한 사업성이 좋을리 없어 보인다. 이 아파트는 결국 조합원들이 사업이 진행되는 비용을 부담해야 하는 꼴이 되므로 사업성이 없는 아파트다.

결국 땅의 쓰임인 용도지역이 문제인 것이다. 2종일반주거지역이라 용적률을 250%까지 밖에 적용되지 못해 일반분양분이 안 나온 것인데 만약 3종일반주거지역(최대 용적률 300%)이나 준주거지역(최대 용적률 500%), 준공업지역(최대용적률 400%)였다면 조금 더 높은 사업성이 나왔을 것이다.

*그런데 확인해보니 이미 가로주택정비사업을 진행 중에 있으며 지하2층 ~ 지상12층으로 185세대로 건립될 예정이며 2023년 6월 착공과 함께 2025년 준공을 목표로 하고 있다고 한다. **사업성이 많이 없지만 주거개선을 위해 진행하고 있는 것이다.**

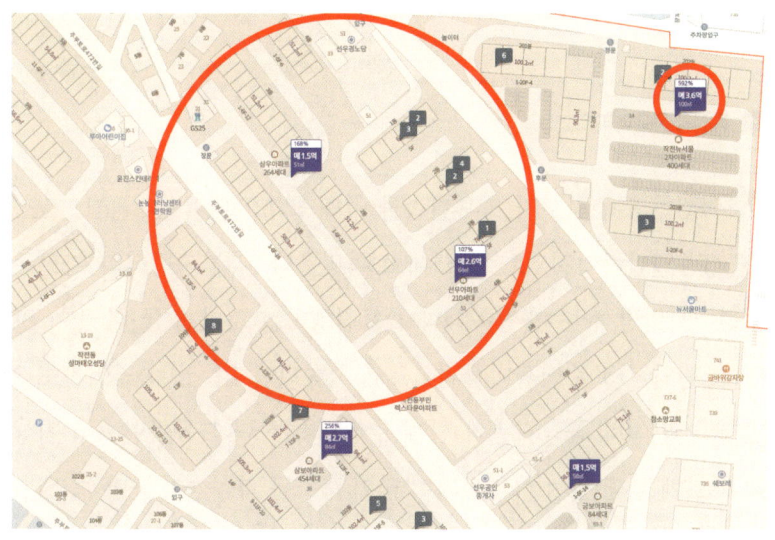

● 작전동선우아파트

위 세 아파트를 보자. 삼우아파트는 용적률이 168%, 선우아파트는 107%, 작전뉴서울2차아파트는 592%다. 작전뉴서울2차아파트는 용적률이 너무 과해 재건축에 대한 사업성이 없어 리모델링사업으로 진행하는 수밖에 없으니 제쳐두고 삼우와 선우를 비교해 볼 것인데 용적률이 낮은 선우 먼저 알아보자.

● 작전동선우아파트2

1986년도에 지어져 노후건축물에 해당되고 대지면적은 12,222 m^2, 3종일반주거지역. 120세대로 확인됐다. 재건축방식과 가로주택정비사업방식 중 재건축방식으로 진행하는 것이 조금 더 좋아 보인다. 만약 가로주택정비사업으로 추진하려면 1만m^2가 넘어가고 2만m^2 미만이라 공공기관과 함께 추진해야 하며 북동쪽만 6m 이상의 도로에 접해 있어 사업면적이 많이 축소될 가능성이 높아 보인다.

물론 공공으로 진행하며 6m 이상의 도로에 접해 있지 않은 부분에 대해 건축심의위원회의 심의를 받아 완화받고 진행할 수도 있겠지만 현재 정보로만 분석하면 힘들어 보인다.

재건축 방식으로 진행한다고 생각해 보고 간략하게 계산을 해보자.

> **12,222 m²(대지면적) x 0.3025 = 3,697평** [평수환산공식적용]
> 3,697평 x 3(3종일반주거지역 최대 용적률 300%적용) = 11,091평(연면적)
> 11,091평(연면적) / 34(34평을 짓는다 가정) = 326세대
> 326(세대수) / 120(현재 세대수) = 1.55(재건축비율)

재건축방식으로 사업을 진행할 경우 34평 326세대를 지을 수 있으며 현재 세대수는 120세대라 1.55의 재건축 비율을 보여주고 있다. 높은 수치다!

재개발과 소규모정비사업에는 임대아파트비율이 정해져 있지만 재건축의 경우 임대아파트비율이 확실히 정해져 있지 않아 산정이 불가능하다. 재건축은 사업성이 너무 좋게 되면 재건축초과이익환수제가 적용돼 이익금을 빼앗아 갈 수 있다. 재건축초과이익환수제란 조합원 1인당 평균이익이 3천만원이 넘어가면 초과이득 분의 최대 50%까지 환수해 간다는 제도다. (자본주의 시대에 내 아파트를 정당한 방법으로 재건축했는데 초과이익분을 환수해 간다는 내용은 명백한 사유재산 침해라고 생각하고 있다.)

본론으로 돌아와서 선우와 붙어있는 삼우아파트도 확인해보자.

● 작전동삼우아파트

1989년도에 지어져 노후건축물에는 해당되고 대지면적은 7,378 m², 3종일반주거지역, 264세대로 확인됐다. 가로주택정비사업도 가능하지만 6m 도로에 접해 있지 않은 부분이 많으니 재건축방식으로 진행한다 가정해 보고 계산해보자.

7,378 m²(대지면적) x 0.3025 = 2,231.8평 [평수환산공식적용]
2,231.8평 x 3(3종일반주거지역 최대 용적률 300%적용) = 6,695평(연면적)
6,695평(연면적) / 34(34평을 짓는다 가정) = 196.9세대
196.9(세대수) / 264(현재 세대수) = 0.74(재건축비율)

재건축비율이 너무 낮아 사업성이 부족하다. 삼우아파트는 선우아파트와 같이 묶어서 재건축이 진행되거나 하지 않으면 큰 메리트

가 없어 보인다. 그래서 두 아파트 중 매수를 한다면 당연히 선우아파트를 매수해야 할 것이다.

07-2. 부동산플래닛

부동산플래닛 웹사이트를 활용해 찾는 방법도 있다.

● 부동산플래닛주안현대

좌측은 부동산플래닛에 접속해 탐색 카테고리에서 토지용도지역에 어떤 것도 활성화시키지 않은 상태이며, 우측은 토지용도지역에서 일반상업지를 활성화시킨 장면이다. 부동산플래닛은 노후도(빨간색, 파란색)와 선택한 일반상업지역만 지도 상에서 보여주니 한눈에 파악하기 쉽다. (이 방법으로 아파트를 찾다가 앞에서 예시를 든 주안현대아파트를 발견했다.)

▲ 네이버지적편집도

네이버부동산에서 제공하는 지적편집도를 통해도 상업지역은 빨간색으로 표기돼 한눈에 알아볼 수 있지만 비슷한 녹색으로 보이는 2종일반주거지역, 3종일반주거지역, 준주거지역이 불확실하다. 그래서 나는 노후도까지 확인할 수 있는 부동산플래닛을 활용해 보고 있다.

이제 내가 이 책에서 알려주고 싶었던 '가치있는 부동산 고르는 법'을 모두 다 아낌없이 서술했다. 지금까지 알게 된 정보를 바탕으로 사업성이 있는 매물을 직접 찾아보도록 하자. 그저 남들이 추천하는 아파트, 보기 좋은 신축 동네, 어쩌다 급매물로 싸게 나온 물건들에 혹해서 고르지 말자. 고수는 직접 지도 위에서 고른다.

PART-5 세금

부동산을 사고, 보유하고, 팔 때 모두 세금이 발생한다. 살 때는 취득세가, 보유할 때는 재산세와 종합부동산세가, 팔 때는 양도소득세가 발생하는 것이다. 세금에 대해서 자세히 다루기엔 너무 복잡하고 범위도 방대하며 경우의 수에 따라 천차만별로 변하기 때문에 자세히 다룰 수는 없지만 기본적인 것들은 꼭 알아두어야 한다. 부동산 거래 시 꼭 알아야 할 세금에 대해서 설명하도록 하겠다.

※ 부동산 정책이 언제 바뀔지 모른다. 이 책이 출간된 뒤에도 세부적인 세금 정책이 바뀔 수 있을 것이다. 이 책을 통해 세금에 대한 기본적인 이해만 잡아 두고, 최신 부동산 뉴스를 통해 스스로 정보를 계속 업데이트 하면 좋겠다. 기본적인 틀을 이해하고 있어야 부동산 뉴스 기사도 알아들을 수 있는 것이니 말이다.

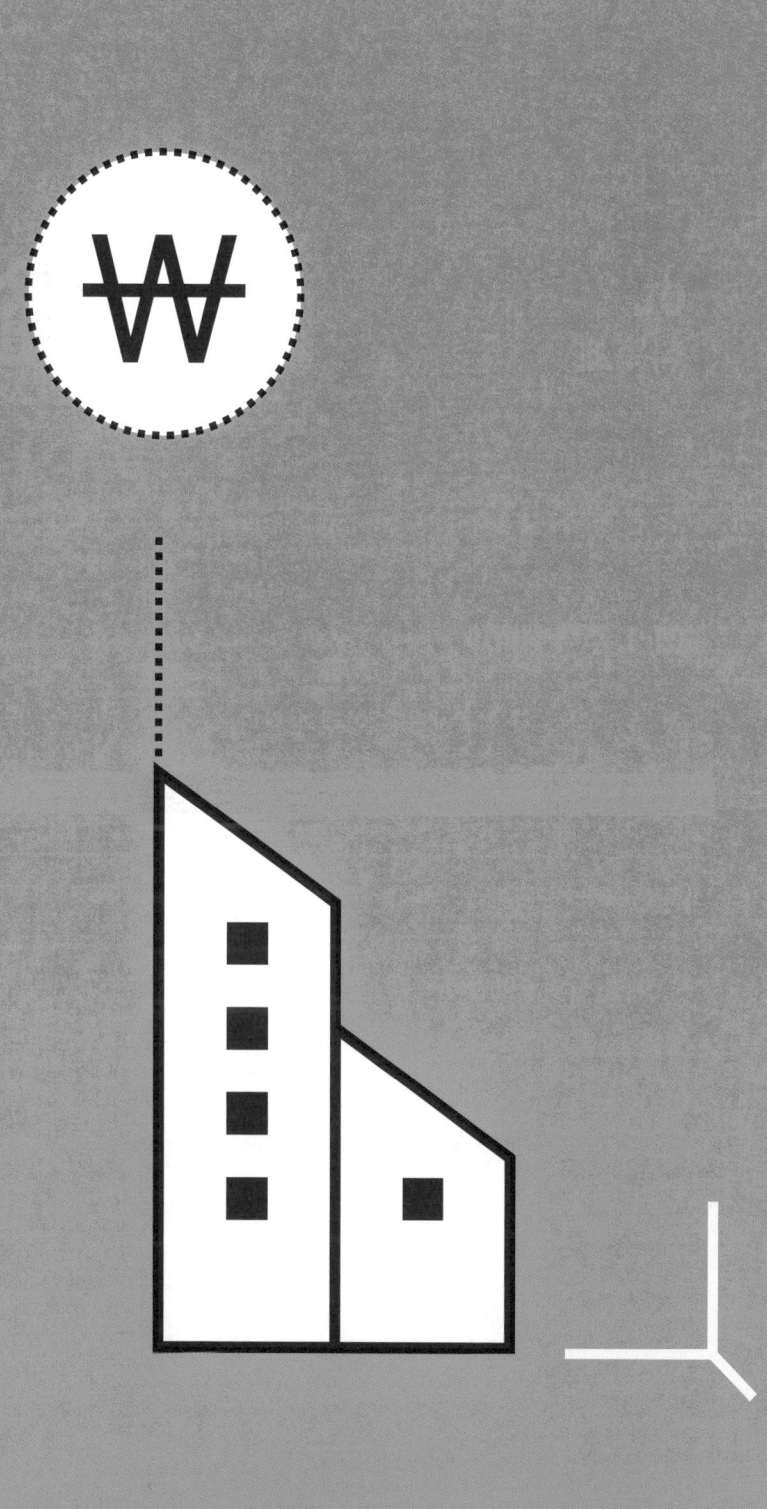

01.
취득세

부동산을 취득할 때 내는 세금이다. 등기 치기 전에 납부해야 하니 자금계획을 짤 때 꼭 염두에 두어야 한다.

01-1. 주택 취득세

첫 주택 취득 시 취득세율은 아래와 같다.

구분	6억원 이하	6억원 이상 9억원 이하	9억원 초과
세율	1%	1~3% (취득가액 x 2/3 - 3억원) x 1/100	3%

*첫 주택 취득세는 투기과열지구, 조정대상지역 이런 것을 따지지 않고 위의 내용만 적용한다.

즉 예를 들어 5억원의 주택을 첫 주택으로 매수하게 되면 취득세는 1%인 500만원이며, 8억원의 주택을 첫 주택으로 매수하게 되면 2.3%(8억원 x 2/3 - 3억원)인 1,840만원이며, 10억원의 주택을 첫 주택으로 매수하게 되면 3%인 3천만원인 것이다.

2주택자, 그리고 법인사업자는 다음과 같이 취득세가 중과된다.

지역	1주택	2주택	3주택	4주택,법인
조정지역 (조정대상지역 투기과열지구)	1~3%	1~3%	6%	6%
非조정대상지역		1~3%	4%	6%

※여기서 말하는 2주택, 3주택, 4주택은 '사고자 하는 집'의 개수까지 포함한 것이다. 즉 내가 현재 주택 2개를 갖고 있고 새로운 세 번째 주택을 사려고 할 때 3주택자로 보고 조정대상지역 6%, 비규제지역 4%의 취득세가 나오는 것이다.

위 내용은 새로 사는 주택이 어떤 지역인지에 따라 결정이 되는 것이다. 예를 들어 투기과열지구 내 2주택을 소유한 상태에서 세 번째 주택을 비규제지역에 소재한 주택으로 매수하게 되면 취득세는 취득가액에 따라 4%가 발생한다. 그러나 비규제지역이 아닌 조정대상지역에 소재한 주택을 세 번째 주택으로 취득하게 되면 취득세가 중과되어 6%가 나온다. 그리고 네 번째 주택을 취득할 시에는 취득세가 6%씩 나온다.

반면 법인이 주택을 취득하는 데는 취득세 6%가 발생된다. 법인 명의로 5억원의 아파트를 매수하게 되면 취득세만 3천만원인 셈이다. 부동산 시장이 극에 달했던 2020년 양도소득세를 내지 않는 법인을 이용한 부동산투자가 활발해지자 정부에서 법인이 주택을 취득시 취득세를 12%까지 중과했다가 최근 부동산시장이 얼어 붙으면서 12%에서 6%로 완화를 했다.

01-2. 취득세 중과를 피하는 경우

1) 오피스텔의 취득세

비주택(오피스텔, 상가, 토지)의 취득세는 4.6%가 발생한다. 그 중에서 주거용으로 많이 활용하는 오피스텔에 대해 먼저 알아보자. 본래 오피스텔은 주택이 아니고 사무실의 용도로 보기 때문에 취득하기 전에는 사무실로 보고 상가 취득세인 4.6%가 발생한다. 하지만 오피스텔을 취득해서 본래의 용도인 사무실로 사용하지 않고 주거용으로 사용하고 있다면, 추가로 오피스텔이 아닌 새 주택을 구입할 때 '실질과세원칙'에 따라 기존 오피스텔도 1주택으로 취급하게 되어 취득세가 중과될 수 있다. 즉, 예를 들어 처음 오피스텔을 구입했을 때 4.6% 취득세를 내고 샀다. 다음 두 번째 오피스텔도 사고 싶다면 역시 취득세 4.6%를 내고 살 수 있다. 그러나 오피스텔을 총 2채를 구입 후 모두 주거용으로 쓰고 있다면(전입신고를 했다면 주거용으로 본다.), 다음에 조정대상지역 내 '주택(오피스텔이 아닌)'을 취득하고자 할 때 문제가 되는 것이다. 기존에 취득했던 오피스텔을 주거용으로 보아 2주택으로 인정돼 다음 주택을 취득할 땐 취득세를 중과(조정지역일 경우 취득세 6%)하여 납부하게 된다.

이 때문에 작년까지 투룸 이상의 아파텔(아파트 + 오피스텔의 합성어로 결국 오피스텔이다.) 매수수요가 풍부했다. 투룸 이상의 아파텔은 아파트의 대체재로서, 특히 대단지 아파트에 둘러싸인 아파텔은 주거환경이 아파트와 같고 인프라도 같이 이용할 수 있다. 거기에 가격이 아파트에 비해 저렴해 인기가 좋은 것이다. 또한 작년까지만 해도 다주택자라면 주택 취득 시 최고 12% 취득세를 냈는데 오피스텔을 취득하게 되면 4.6%로 낮아지니 얼마나 매력적인 투자처였겠는가? 하지만 2023년부터는 다주택자에 대한 취득세가 6%로 줄어들어 오피스텔 취득세 4.6%와 비교하면 큰 차이가 나지 않아 오피스텔 투자에 대한 매력도가 떨어질 듯 하지만 취득세에 대한 개념을 잡기 위해선 필요한 정보이니 알아두도록 하자.

2) 공시가격 1억원 이하 주택

취득세 중과에서 제외되는 대상들이 있다. 가정어린이집, 노인복지주택, 농어촌주택 등이 그렇다. 그리고 대표적으로 '공시가격 1억원 이하의 주택'도 그렇다. 이는 투기의 대상으로 보기 어렵고, 주택시장 침체지역 등 배려가 필요하기에 취득세 중과를 제외해주고 있는 것이다. 공시가격은 정부에서 발표하는 가격을 말한다. 정부에서 제공하는 '부동산공시가격알리미' 사이트에서 공동주택가격, 표준단독주택공시가격, 개별단독주택공시가격을 통해 확인할 수 있으며 대개는 매매가 보다 저렴하다. 이런 공시가격 1억원 이하의 주택을 취득하게 되면 취득세는 1%가 나온다. 즉, 가령 3주택자가 다음 주택을 매수할 때 일반적으로는 무려 취득세 6%를 내야 하지만 공시가격 1억원 이하의 주택은 3주택자일지라도 취득세 1%만 나오는 것이다. 또한 1억원 이하 주택 소유는 다주택으로 여기지 않는다. 즉 공시가격 1억원 이하의 주택 3채를 소유하고 있는 상태에서 다음 주택을 매수할 때도 취득세가 1~3%만 발생한다. 이미 보유하고 있는 주택 3채가 공시가격 1억원 이하이기 때문에 취득세 중과에서 제외가 되어 4번째 주택을 매수할 때도 1주택에 대한 취득세 1~3%만 납부하게 되는 것이다.

지금이야 다주택자 취득세는 최고 6%지만 작년까지만 해도 다주택자에 대한 취득세는 12%였는데 이 금액은 실로 엄청나게 부담되는 금액이었다. 하지만 다주택자도 공시가격 1억원 이하의 주택을 매수할 때 취득세가 1%만 발생하다 보니 전국에 공시가격 1억원 이하의 아파트가 다주택자의 표적이 되었고 수많은 거래와 함께 시세가 올라가는 풍선효과를 야기했다. 2021년 1월 초에 주택거래량 비중에서 1억원 이하의 주택이 40%가량을 차지했으니 말이다. 이런 현상으로 공시가격 1억원 이하의 많은 아파트들이 2022년 공시가격 1억원이 넘어가는 일이 발생했다.

✽공시가격 1억원 이하여도 중과되는 경우
공시가격 1억원 이하라도 특정요건에는 취득세가 1%가 아닌 중과가 되는 경우가 있다. 도시 및 주거환경정비법에 따라 '정비구역'으로 지정, 고시된 지역 또는 '조합설립인가'를 받은 사업장 내의 주택은 공시가격이 1억원 이하라도 취득세가 중과된다. 즉 공시가격 1억원 이하의 빌라라고 할지라도 도시 및 주거환경정비법에 따라 재개발 지정, 고시가 떨어지면 취득세가 중과되는 것이다.

2022년 취득세가 최고 12%에 달할 때의 일인데 법원경매로 투자할 물건을 찾고 있었다. 인천에 모 빌라가 경매로 나왔는데 감정가는 1억 4천만원이었지만 공동주택가격(빌라, 아파트 등 공동으로 사용하는 주택에 대해 정부가 정한 공시가)은 1억원 이하였다. 그 물건은 준주거지역의 땅에 오래된 빌라로, 해당 지역을 가로주택정비사업을 추진하게 되면 사업성이 나올 것으로 예상했고 다주택자인 나로선 취득세 1%만 납부하면 되니 매력을 느껴 입찰 전 임장을 갔다. 그런데 현장에서 확인을 해보니 이미 가로주택정비사업을 추진하고 있었으며 그 날 조합설립인가를 받았다고 했다. 이렇게 되면 경매로 낙찰받을 경우 공시가격이 1억원 이하라 하더라도 이 주택을 취득하게 되면 취득세는 1%가 아닌 중과돼 12%를 납부해야 하는 것이기에 입찰을 포기했다. (지금은 취득세가 6%가 될 것이다.)

3) 재개발·재건축의 매물이 철거되었을 때 '토지' 매입

재개발·재건축의 경우 '관리처분인가', 가로주택정비사업의 경우 '사업시행인가'를 득하게 되면 입주권으로 바뀐다. 그 후에는 이주 일정이 잡히고, 거주민들이 이주하게 되면 철거가 시작된다. 재개발 사업장 내 빌라를 한 채 갖고 있다고 가정 해보자. **이 빌라가 철거되면 즉, 멸실 되면 땅만 남게 된다. 이때 물건을 취득하게 되면 주택에 대한 취득세가 아닌 '토지'에 대한 취득세 4.6%를 납부한다.** 이를 잘만 활용하면 엄청난 절세를 할 수 있다.

2022년 한 지인은 서울시 송파구 가락동에 위치한 헬리오시티에 자가로 거주하고 있으며 분양권 2개를 갖고 있었다. 분양권도 주택수에 포함되기에 이분은 총 3주택을 갖고 있는 것이다. 그리고 추가로 반포 내 아파트의 입주권을 노리고 있었다. 살펴보고 있는 재건축

매물의 가격은 30억원으로, 취득하게 되면 취득세 중과로 12%인 3억 6천만원을 내야 했다. 하지만 아파트가 철거되어 멸실되고 토지만 남게 되면 취득세는 4.6%인 1억3,800만원이 나온다. 무려 2억 2,200만원의 차이가 난다! 그래서 이 분은 구청에 언제 철거 예정인지 계속 확인을 했고 철거날짜와 맞춰서 취득해 토지에 대한 취득세 4.6%를 납부해 취득세를 절약할 수 있었다.

4) 일시적 1가구 2주택자

A주택을 갖고 주거하고 있고 B주택을 매수하며 이사를 생각하고 있다면 이는 주거의 목적이지 투기의 목적이라 보기 어렵기 때문에 '일시적 1가구 2주택'이라 칭하고 취득세 중과를 제외해준다. 일시적 1가구 2주택에 대한 조건이 있는데 이에 대해 알아보자.

> ①. A주택을 취득하고 1년이 지난 시점에서 B주택을 매수해야 한다.
>
> ②. A, B 모두 조정지역(투기과열지구 or 조정대상지역) 내 주택이라면?
> ⇒ A주택(종전주택)을 2년 이내에 매도하면 된다.
>
> ③. A 또는 B, 혹은 A, B모두가 비규제지역 내 주택이라면?
> => A주택(종전주택)을 3년 이내에 매도하면 된다.

문재인정부 시절에는 매수한 B주택에 전입신고 후 실거주를 해야 하는 조건이 있었는데 이번에 삭제되어 거주요건이 없어졌다. 거주요건이 없어짐으로써 선택지가 하나 더 생겼다. 전세를 끼고 매수해도 된다는 것이다! 만약 A주택 1주택을 소유하고 있는데 업그레이드해서 상급지로 이사를 생각하고 있다면 이때 이 '일시적 1가구 2주택 비거주' 요건을 활용해도 좋을 것이다. A아파트를 매도하며 동시에 상급지 B아파트를 전세끼고 매수해 다른 주택에서 월세 생활을 하다가, 나중에 B아파트의 세입자를 내보내고 거주하는 방법이다.

02.
보유세

보유하는 동안 내는 세금으로는 재산세(지방세)와 종합부동산세(국세)가 있다.

02-1. 재산세

매년 6월1일 기준으로 재산을 사실상 소유한 자가 그 해의 재산세 납부대상이 된다. 7월과 9월, 재산세의 50%씩 1년에 두번 부과되며 재산세율은 아래와 같다.

과세표준	세율
6천만원 이하	0.10%
1억5천만원 이하	6만원 + 6천만원 초과금액의 0.15%
3억원 이하	19만5천원 + 1억5천만원 초과금액의 0.25%
3억원 초과	57만원 + 3억원 초과금액의 0.4%

'과세표준'이 얼마인지 계산하는 방법은 '공시가격 x 60%(공정시장가액비율)=과세표준'이다. 재산세는 이렇게 해서 나오는 과세표준을 구간에 따라 세율을 넣어 계산하고 나온 금액에, 지방교육세

의 20%를 더한 값이다.

공동주택가격 5억5천만원의 아파트를 소유하고 있을 경우로 가정하여 계산을 해보자.

> ①. 과세표준 : 55,000만원 x 60%(공정시장가액비율) = 33,000만원
> ②. 57만원 + 3,000만원(3억원 초과금액)의 0.4% = 57만원 + 12만원 = 69만원
> ③. 69만원(재산세) + **13만8천원(지방교육세 등 기타세금 69만원 x 20%)** = 828,000원이 총 납부해야 할 금액이다.

1세대 1주택의 경우는 위의 세율을 적용받지 않고 좀 더 감면되는 세율을 적용받아 위 계산식보다는 적게 나온다. 그리고 과세표준의 기준이 되는 '공정시장가액비율'을 낮추는 등의 정부 정책에 따라 바뀌기도 한다.

재산세는 물건별로 부과를 하며 지방세로 지자체에서 청구를 한다. 만약 서울시 강남구에 아파트 하나, 성남시 분당구에 아파트 하나, 인천시 연수구에 아파트 하나를 소유하고 있다면 강남구청, 분당구청, 연수구청에서 각각 재산세를 우편으로 고지할 것이다.

02-2. 종합부동산세

종합부동산세(이하 종부세)는 인(人)별 과세다. 즉, 한 사람이 얼마만큼의 부동산을 보유하고 있는지에 따라 과세하는 세금이다. 종부세도 재산세와 같이 매년 6월 1일 기준으로 재산을 사실상 소유한

자가 그 해의 종부세 납부대상이 되며 12월에 부과한다. 종부세 납부 기준은 다음과 같다.

❶. 6월1일 기준으로 소유하고 있는 모든 부동산의 공시가격을 더하고 '9억원'을 공제하고 남은 금액에 대해 종부세를 부과한다.

❷. 1세대 1주택자일 경우에는 9억원이 아닌 '12억원'을 공제하고 남은 금액에 대해 종부세를 부과한다.

그렇기 때문에 1세대 1주택자인데 공시가격이 10억원인 아파트를 소유(1세대 1주택자는 12억원 공제)하고 있으면 종부세 납부대상자가 아니고, 1세대 2주택자인데 두 주택 공시가격의 합이 11억원이라면 11억원 - 9억원(공제금액) = 2억원에 대해 종부세를 부과한다.

구분	1) 1세대1주택	2) 1세대1주택	3) 1세대2주택	4) 1세대3주택
소유주택 공시가격	100,000	160,000	30,000	50,000
			20,000	20,000
				30,000
합	100,000	160,000	50,000	100,000
공제금액	-120,000	-120,000	-90,000	-90,000
과세표준	0	40,000	0	10,000

1)의 경우 공시가격 10억원의 1주택을 소유하고 있어 12억원이 공제되어 종부세 납부대상이 되지 않고 **2)의 경우**도 공시가격 16억원의 1주택을 소유하고 있기 때문에 12억원이 공제된다. 그래서 차

액인 4억원이 과세표준이 되어 이에 대한 종부세를 납부하게 되는 것이다. **3)의 경우** 공시가격 3억원과 2억원의 2주택을 소유하고 있는데 공시가격의 합은 5억원이 되고 역시 9억원을 공제 받아 종부세 납부대상이 되지 않는다. **4)의 경우** 공시가격 5억원, 2억원, 3억원의 3주택을 소유하고 있는데 공시가격의 합은 10억원이며 9억원을 공제받은 1억원(과세표준)에 대해 종부세를 납부하게 된다.

그럼 종부세는 얼마나 낼까? 이렇게 구한 과세표준에 종부세율을 곱하면 종부세가 나오는데 기존 종부세율은 아래와 같다.

과세표준	세율
3억원 이하	0.50%
3~6억원	0.70%
6~12억원	1.00%
12~25억원	1.30%
25~50억원	1.50%
50~94억원	2.00%
94억원 초과	2.70%

위 **2)의 예시**를 들어 종부세를 계산해보자. 1주택이며 12억원을 공제 받아 과세표준은 4억원이다. 여기에 공정시장가액비율(2023년 예정 80%)을 곱하면 3억2천만원이 과세표준이 되고 과세표준 3억2천만원의 구간인 0.7%를 곱하면 224만원이 나오게 되는 것이다. (공정시장가액비율은 세금 부과의 기준이 되는 과세표준을 정할 때 적용되는 공시가격의 비율을 말하며 부동산 시장 동향을 반영해

정부에서 정하고 있다.)

02-3. 양도소득세

양도소득세란 집을 팔 때의 세금이다. 양도소득세를 구하는 공식은 아래와 같다.

구분	금액(만원)	비고
매도가격	50,000	
- 매수가격	30,000	
- 필요경비	2,000	취득세, 중개보수, 세무사 및 법무사비용, 자본적 지출 등
= 양도차익	18,000	
- 장기보유특별공제	0	
- 기본공제	250	1년 인별 250만원
= 과세표준	17,750	

차트와 같이 3억원에 매수한 아파트를 5억원에 매도했다고 가정해보자. '필요경비'가 2천만원이 나왔다. (필요경비로 인정되는 것들과 인정되지 않는 것들은 아래의 표를 참조하자.) 매도 가격 5억원에서 매수가격 3억원과 필요경비 2천만원을 차감하면 양도차익은 1억 8천만원이 될 것이다.

※ **양도소득세의 필요경비로 인정되는 것들과 안되는 것들**

인정되는 것들 : 취득세, 수수료(법무사/중개사 등), 거실확장(샷시포함), 상하수도 배관공사, 소유권확보를 위한 소송비용 및 화해비용, 경매시 유치권

변제금액, 토지 개량을 위한 철거비용, 묘지이장비 등

인정되지 않는 것들 : 벽지 및 장판교체비용, 방수공사비, 외벽 도색비용, 보일러수리비용, 냉장고구입비, 위약금, 대출이자 및 연체이자, 임차인 퇴거 보상비용, 경매취득시 세입자 명도비용, 재산세 등 자본적 지출(인테리어, 샷시, 거실확장 등)은 법정증빙(세금계산서, 계산서, 신용카드매출전표, 현금영수증)을 받아야 필요경비로 인정받을 수 있다.

이렇게 나온 1억8천만원이 양도차익인데 이 양도차익에서 장기보유특별공제와 기본공제를 차감한 금액이 양도소득세의 과세표준이 된다. '기본공제'로 '1년에 1인당 250만원까지' 공제해 주고 있으며 같은 년도에 2개의 부동산을 매도해 처음 매도한 부동산에서 250만원을 공제받았다면 두 번째 매도 시엔 인정받지 못한다. 위 사례에서 250만원을 공제하고 과세표준 1억 7,750만원이 나오면 여기서 비과세인지, 일반과세인지에 따라 양도소득세가 책정된다.

양도소득세
1) 비과세

1. 비과세란?

세금을 내지 않는 것을 비과세라 한다. 비과세를 받기 위해선 1세대 1주택이여야 하며 비규제지역의 경우 2년 보유, 조정지역(투기과열지구, 조정대상지역)의 경우 2년 보유와 여기에 2년 실거주 요건까지 충족해야 한다. 위의 예에서 비과세 요건을 충족했다면 양도세를 전혀 내지 않는다. 즉, 3억원에 매수해 5억원에 매도했고 비과세 요건을 충족했다면 양도세는 0원인 셈이다.

1세대 1주택이어야 한다는 점을 예시를 통해 좀더 살펴보자.

예시1)
서울시 강남구(투기과열지구)에 A, B주택 2채를 소유하고 있다. A에 2년 넘게 실거주(비과세요건 충족)하고 있고, B주택은 실거주하지 않고 3년 보유만(비과세요건 불충족) 하고 있다고 가정해보자. 일단 B는 무조건 비과세 요건을 불충족하여 세금을 내야 할 것이고, A를 매도할 때 비과세를 받을 수 있을 것이다. 그런데 여기서 순서가 중요하다 비과세요건을 충족한 A주택을 먼저 팔려고 한다면 현재 '1세대 2주택'이기 때문에 비과세를 받을 수 없다. B주택을 먼저 팔고 1세대 1주택으로 맞춰 놓은 상태에서 A주택을 팔아야 비과세 요건을 받을 수 있으니 매도 순서도 잘 정해야 할 것이다.

예시2)
서울시 강남구(투기과열지구)에 A, B주택 2채를 소유하고 있으며 A, B 모두 2년 실거주를 해 비과세요건을 충족했다고 해도 당장 2주택자이기 때문에 두 주택 모두 비과세를 받을 수 있는 건 아니다. A주택을 먼저 판다면 A주택은 2주택자일 때 판 것이기에 양도세를 납부하고, 1세대 1주택인 상태에서 B주택을 매도할 때에 비과세를 받을 수 있는 것이다. 그러니 역시 매도순서를 잘 정해야 할 것이다.

일시적 1가구 2주택
A주택을 보유하고 있다가 B주택으로 이사를 가기 위해 B주택을 매수하는 것은 투기목적이 아닌 거주의 목적으로 보아 일시적인 2주택자로 '취득세' 중과 제외가 된다고 했다. 이와 함께 일시적 1가구 2주택자에 대한 '양도세'

도 비과세 조항을 두고 있다. 요건은 다음과 같다.

① **1) A주택을 매수한 지 1년이 지난 시점에 B주택을 매수해야 한다.**

② **2) A, B 모두 조정대상지역일 경우**
⇒ 2년 이내에 A주택을 매도해야 함.
A, B중 1주택이라도 비규제지역일 경우
⇒ 3년 이내에 A주택을 매도해야 함.

③ **3) 이때 A주택(기존 주택)이 비과세 요건을 충족해야 한다.**

위 3가지 조건을 만족할 때 일시적 1가구 2주택자도 양도세 비과세를 받을 수 있다. 종전에는 세대원 모두 B주택으로 이사를 해야 하는 요건이 있었는데 윤석열정부에 들어서 이 요건이 삭제되었다. 비과세 혜택도 받을 수 있고, 취득세도 중과가 되지 않으니 이사를 계획 중이라면 꼭 활용해야 할 것이다.

※고가주택양도소득세
단, 비과세에는 가격 상한선이 있어 12억원까지만 비과세 구간이다. 12억원을 넘어가는 주택을 매도할 땐 12억원을 초과하는 수익에 대해서 양도세를 내야 한다.

양도소득세
2) 일반과세

앞에서 다룬 '비과세'는 특별한 규정이다. 모든 소득에는 세금이 따르듯 부동산에 의한 소득에도 세금이 붙는데, 부동산을 팔아서 나온 소득에 대해 일반과세를 적용하여 세금을 납부한다. 세율은 아래와 같다.

과세표준	세율	누진공제
1,200만원 이하	6%	
4,600만원 이하	15%	108만원
8,800만원 이하	24%	522만원
1.5억원 이하	35%	1,490만원
3억원 이하	38%	1,940만원
5억원 이하	40%	2,540만원
10억원 이하	42%	3,540만원
10억원 초과	45%	6,540만원

과세표준 금액에서 세율을 곱하고 누진공제액을 차감하면 세금이 나온다. 위에서 예를 든 사례(매도 가격 5억원, 매수가격 3억원과 필요경비 2천만원을 차감하여 양도차익 1억 8천만원인 경우)에 일반과세를 적용해보자.

구분	금액(만원)	비고
매도가격	50,000	
매수가격	30,000	
필요경비	2,000	취득세, 중개보수, 세무사 및 법무사비용, 자본적 지출
= 양도차익	18,000	
장기보유특별공제	0	
기본공제	250	1년 인별 250만원
= 과세표준	17,750	
일반과세율	6,745	과세표준 곱하기 38% 적용
누진공제액	1,940	
= 양도소득세	4,805	

3억원에 매수한 아파트를 5억원에 매도했다. '필요경비'가 2천만원이 나왔다. 매도가격 5억원에서 매수가격 3억원과 필요경비 2천만원을 차감하면 양도차익은 1억8천만원이 될 것이다. 여기서 기

본공제 250만원을 제하면 과세표준은 1억7,750만원이 되는데 **과세표준인 1억7,750만원의 세율구간인 38%를 적용하면 6,745만원이다. 여기에 누진공제액 1,940만원을 차감하면 4,805만원이 일반과세 양도소득세가 나온다. 그리고 부가세(지방소득세) 10%는 별도로 나오니 부가세를 포함하면 약 5,285만원이 나오게 된다.** 2억원의 차익이 났는데 약 5,285만원을 세금으로 내는 것은 금액이 상당히 크게 느껴질 것이다. 그래서 다들 비과세를 받고 싶어 하는 것이다.

양도소득세
3) 입주권, 분양권 양도세

보유기간	주택 및 입주권	분양권
1년 미만	70%	45%
2년 미만	60%	기본세율
2년 이상	기본세율	

주택과 입주권을 1년 미만으로 보유하고 매도하면 70%의 양도세를, 2년 미만 보유하고 매도하면 60%의 양도세를 납부한다. 2년 이상 보유해야 기본세율인 일반과세가 적용되는 것이다.

이렇듯 세금은 굉장히 복잡하고 자주 바뀌기 때문에 어려운 부분이다. 기본적인 흐름만 인지하고 있다가 자기에게 필요한 부분은 따로 알아보도록 하자.

PART-6
부동산 투자는 어떻게 해야 하나?

어떤 부동산을 투자할지 고르고 골라 어렵게 투자해도, 시장이 반응하지 않으면 가격상승은 이루어지지 않는다. 부동산은 성급하게 굴지 말고 때를 기다려야 한다. 이번 장에서 몇 가지 실제 사례를 살펴볼 것이다. 이 사례들을 통해 어떠한 마음가짐을 갖고 부동산 투자에 임해야 하는지, 사회초년생이라면 어떻게 접근해야 하는지 알려주고자 한다.

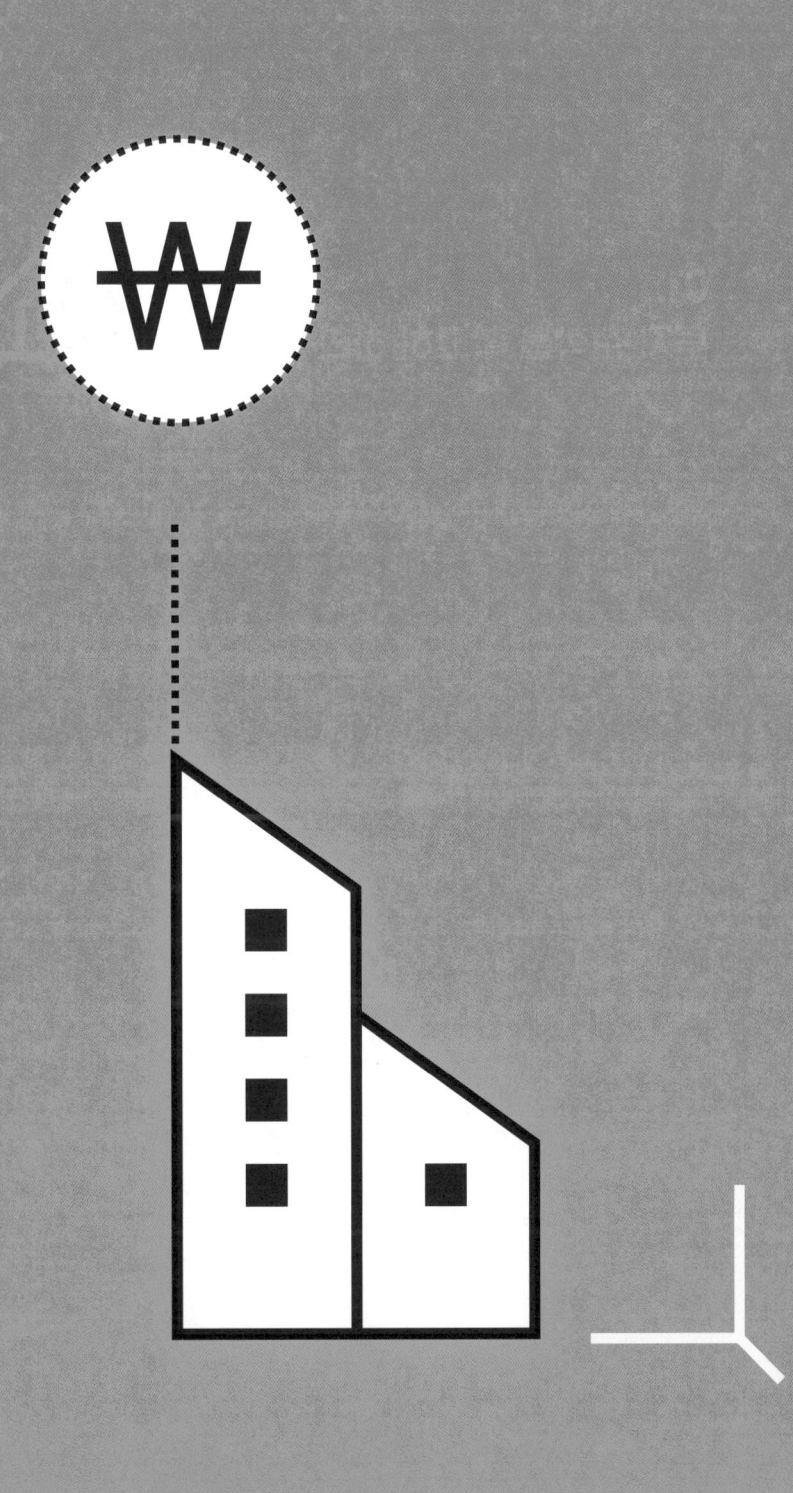

01.
투자 철학을 확고히 하라

유튜브에서 들은 내용인데 나의 투자 철학을 잘 대변해주는 것 같아 소개하겠다.

> A 씨는 맹지(도로가 접해 있지 않은 땅)의 넓은 땅을 소유하고 있었다. 이 맹지와 접해 있는 b땅만 있으면 도로가 접하게 돼 큰 지가상승을 기대할 수 있었다. A 씨는 b땅의 등기부등본을 열람해보고 소유권자인 C 씨의 주소를 확인해 찾아갔다. A 씨는 C 씨의 집에 찾아가 b 땅을 팔라고 했고 C 씨는 안방에 들어가 007가방을 들고 와 어떤 땅인지 잘 모르니 A 씨에게 이 가방에서 찾아보라고 했단다. A 씨는 007가방을 열어보고 크게 놀랐다고 했는데 그 안에는 수많은 등기부등본이 있었다고 했다. A 씨는 007가방에서 b땅의 등기부등본을 찾고서 이 땅이라고 말을 했고 C 씨는 b땅을 2천만원에 샀는데 10년이 지났으니 2억에 사가라고 했고 A 씨는 조금 비싸다고 느껴졌지만 매수했다고 한다. 그리고 A 씨는 C 씨에게 무슨 등기부등본이 이렇게 많냐고 물었고 C 씨는 돈이 생길 때마다 싸면 사뒀다고 대답했다.

부동산 투자는 이렇게 해야 한다. 싸면 사서 모으고 기다리면 되는 것이다. 뭐든 하나에 매몰되면 안 된다. 전 재산을 서울 재개발지역에 투자를 해뒀다고 가정해보자. 그렇게 되면 인간의 본성상 이것에 매몰되어 다른 건 신경 쓰지도 못할 것이다. 이 물건은 한치의 삐걱거림 없이 바른 길로만 가야 하고 무조건 성공해야만 하는 일이 된다. 그러나 인간사가 어찌 그러겠는가? 굴곡이 있기 마련이다. 조합의 문제로 혹은 부동산 시장의 문제로 삐걱거림이 발생할 수 있는데 그런 일이 생기기라도 한다면 온 신경이 예민해지고 다른 건 생각할 여유조차 없어지게 될 것이다. 여기에 경제적으로 힘들어져 현금흐름이 원활하지 않게 되면 이 서울 재개발지역의 물건이 애물단지가 될 것이고, 이것에만 신경을 쓰다가 삶 자체가 망가지게 될 수도 있다. 그렇게 결국은 못 견디고 저렴한 가격에 팔고 나오는 일이 발생한다. 그렇게 손절한 물건이 부동산 상승기가 오면서 가격이 치솟고 재건축 사업이 끝나 신축 아파트가 들어서면 그 특유의 '나 때는 말이야~ 내가 저기 갖고 있었는데 말이야~'가 나오며 과거의 영광에 사로잡히게 되는 것이다.

나의 개인적인 의견을 말하자면 다주택에 대한 포지션은 선택이 아닌 필수라고 생각한다.

1주택을 보유해 실거주하고 있다면 팔아야 돈인 것이다. 판다고 해도 실거주할 집이 필요한데 이미 주변에 집값이 다 올라서 부대비용을 생각하면 갈 수 있는 곳이 마땅치 않다. 실거주의 목적으로 1주택을 보유하고 있는데 정부정책과 인플레이션으로 집값이 올랐다. 그리고 정부는 오른 집값에 따라 보유세를 더 내라고 한다. 내가 집값을 올린 것도 아닌데 보유세가 올라감에 따라 거주비용도 증가한 것이다. 집을 팔고 시골로 내려가서 집 짓고 남은 돈으로 여생을 즐길 거라면 문제가 없겠지만 계속 그 집에서 거주할 거라면 오히려 손해인 것이다. 그렇기 때문에 무조건 다주택자로 가야 하는 것이다. 보유하고 있는 부동산 중 원하는 시세차익이 나오면 매도해 현금을 회수하고, 그 돈으로 다시 재투자하는 방식으로 가야 한다.

시간이 지나면 지날수록 서울의 땅은 희소해질 것이다. 나라면 서울에 주거환경개선이 필요한 지역에 '땅'을 산다고 생각하고 빌라를 매수할 것이다. 이런 곳의 빌라는 "언젠간 주거환경개선사업이 일어나면서 비싸질 것이다."라는 아이디어로 접근하고 매수하면 된다. 앞에서 배운 사업성 분석 방식을 통해 몇 군데를 기억하고 있다가 큰돈이 들어가지 않고 투자해서 잡을 수 있는 매물이 나오면 하나하나 매수해 가보자. 그렇게 10개의 부동산을 매수했는데 갑자기 세 번째 매수한 빌라에서 재개발에 대한 움직임이 일어나며 가격 상승이 가파르게 일어났다면, 미련 없이 팔고 나오면 된다. 그 돈으로 일부는 본인을 위해 쓰고 나머지는 재투자를 하면 된다.

부동산은 호재로 인해 한 단계 크게 오르고 횡보하다가 다른 호재로 한 단계 오르는 계단식으로 상승한다. 입지가 좋아 끝까지 들고 갈 부동산인지 아닌지를 판단해 보고 아니라면 한 단계 올랐을 때 팔고 나오는 전략도 현명하다. 한 채만 보유하고 있으면 미련이 많이 남겠지만 다주택이 되면 미련 없이 여유로워진다. 이렇게 부동산을 늘려나가면서 자본이 일하는 구조를 만들어 두면 어느샌가 자본가가 돼 있을 것이다.

내가 부동산에 미쳐서 연구해보니, 가장 안정적으로 부동산을 통해 부자가 되는 방법은 꼼수를 부리지 말고 원칙을 지키며 시간의 힘을 빌리는 것이다. 산 정상에 올라가는 것이 목표라고 해보자. 암벽등반을 하면 최대한 빨리 올라갈 수 있다. 과연 사고 없이 정상까지 올라갈 수 있을까? 물론 실력이 좋고 운이 좋아 산 정상까지 암벽등반만으로 올라갈 수도 있지만 위험성이 너무 크다. 올라갈 수 있다는 자신감에 도전을 했더라도 생각하지 못한 위험성(강한 바람, 미끄러짐, 예상치 못한 새의 충돌 등)으로 인해 자신의 의지와는 다르게 실수할 수 있다. 암벽등반에서 한 번의 실수는 낭떠러지에 떨어져 죽는 일이 되는 것이다. 투자도 그렇다. 정도를 지키지 못하고 위험한 투자를 즐겼는데 몇 번의 운으로 큰 돈을 벌었다면, 그 성공에 도취되어 마치 그것이 자신의 실력인 양 착각한 채 계속 암벽등반을 할 것이다.

그동안 부동산 시장이 좋아 무엇이든 사면 오르는 시기였다. 산이 높으면 골이 깊은 법이라 분명 하락 시장이 올 것인데 뿌리깊은 나무처럼 자신만의 투자기준을 명확히 세워 어떠한 바람이 불어도 흔들리지 않게 땅속에 뿌리를 깊게 박아야 한다. **자신만의 투자기준을 명확히 세우지 않으면 가벼운 바람에도 흔들리는 갈대처럼 뇌동 매매를 하게 되고, 귀가 얇아져 쉽게 주변의 유혹에 빠지게 된다. 자신의 확고한 투자원칙을 세우고 그것을 한없이 고수하자.**

02.
무주택 사회초년생이
취할 수 있는 부동산 투자방법

사회초년생의 준비법
02-1. 먼저 알아야 할 두 가지

이제 막 회사에 취직한 사회초년생은 어떻게 부동산 투자를 시작할까? 몇 가지 선택지를 던져줄 수 있다. 물론 부동산 시장의 흐름, 정부의 부동산 정책, 심리 등 여러 가지 변수에 따라 상황이 달라질 수 있기 때문에 본인이 결정해야 할 문제다. 그 선택지들을 말하기 전에 다음 두 가지는 알아 두고 접근하자.

첫째, 청약통장은 무조건 가입하자.

되도록이면 한 달 납입금액은 10만원으로 하는게 좋다. 청약에 가점제도 있지만 공공분양일 경우 청약을 얼마나 납입했는지에 따라 당첨이 결정되는데 이때 인정되는 금액은 한 달 최대 10만원이다.

결혼한 한 지인은 계속해서 무주택자로 있었다. 그러다 약 2,200만원정도 납입을 했던 청약통장을 갖고 과천 제이드자이 25평형에 당첨됐다. 분양가는 약 5억 3천만원정도였는데 전매제한으로 인해 정확한 시세파악은 불가하나 집단대출 받을 때 14억원정도 감정평가를 받았다. 물론 팔아서 현금이 들어와야 내 돈이겠지만 어찌 되었든 과천이라는 입지에 신축이라니 마음이 편안한 건 부정할 수 없을 것이다.

한참 부동산 시장이 활황일 때 서울시 내 청약당첨 커트라인은 65점에 육박했다. 그래서 '청약에 당첨이 불가능한데 왜 청약을 가입해야 하나요?'라는 부정적인 말들이 많았다. 그러나 부동산 시장에도 사이클은 있다. 지금이야 인기가 좋지만 하락시장이 올 것이고 그에 따른 청약 인기가 시들해질 시기가 분명히 올 것이다. 언제 어떻게 써먹을지 모르니 저축한다 생각하고 매월 10만원씩 청약통장을 가입해 두자. '카운터 펀치' 한 방을 제대로 날릴 기회가 올 것이다. 지인이 중간에 청약통장을 해지했다면 과천제이드자이에 당첨이 불가능했을 것이다. 자신이 들어놓은 청약통장이 유용하게 쓰일 날이 분명히 올 것이다.

둘째, 대출을 활용하는 것도 능력이다.

대출 파트에서 잠깐 다루긴 했지만 대출을 활용할 줄 알아야 한다. 직장에서 1년 이상 근무를 했다면 소득을 바탕으로 해서 신용대출(마이너스통장 포함)이 가능할 것이다. 1년 동안 열심히 3천만원을 모았다. 생애 최초 대출을 활용해 LTV 80%까지 적용받는다고 해도 살 수 있는 집의 가격은 1억 5천만원 내외다. (대출 1억2천만원

+ 가용현금 3,400만원) 하지만 신용대출을 3천만원 받아 6천만원이란 종잣돈을 만들게 되면 매수 가능한 집의 가격이 최대 3억원까지 올라간다. (대출 2억4천만원 + 가용현금 6천만원) 물론 무리해서 대출을 활용한다면 하락시장에서 버티기 힘들어지지만 스스로 판단했을 때 거주비용의 상한선을 정해두고 그 범위 안에서라면 무조건 대출을 활용해야 한다고 생각한다. 실수령액이 월 300만원이라고 했을 때 매월 지출되는 거주비용(주택담보대출의 원리금 + 신용대출이자 + 기타 관리비)을 어느 정도로 잡는지는 본인 기준에 따라 다르겠지만 내가 솔로라면 200만원까지는 괜찮지 않을까 라는 생각이 든다. (나는 돈을 모으는 재주가 없어 뭐든 사서 묻어두자는 주의다.)

3억원의 돈을 30년 상환 기간, 이자 4.5%로 계산하면 매월 원리금 152만원이 발생한다. 요즘 서울 접근성이 좋은 경기도권 25평형 아파트가 보증금 1억원에 월세 150만원 정도가 형성 돼 있다. 그렇다면 매월 150만원의 월세를 납부하는 것보다 본인 명의로 된 4억원(3억원대출 + 1억원 자기자본)의 아파트를 매수하고 150만원의 원리금을 내는 게 낫지 않겠는가? (물론 월세 150만원의 집과 원리금 150만원을 내는 집의 컨디션, 넓이의 차이는 심할 것이다.) 내가 말하고자 하는 요지는 무리하지 않는 선에서 대출을 활용하면 선택지가 넓어지고 레버리지를 일으켜 큰 수익을 낼 수 있으니 신용대출을 무조건 배제하지 말자는 것이다.

> 사회초년생의 준비법

02-2. 돈이 부족할 때는 재개발 가능성이 있는 빌라를 택하라

집은 얼마든지 마음만 먹으면 살 수 있다. 단, 본인이 살 수 있는 집이 본인 마음에 들지 않을 뿐이다. 나도 그랬다. 1억원만 더 있으면 사고 싶은 집을 살 수 있었는데 1억원이 없었기에 다른 선택을 해야 했다. 아마 대부분의 사람들이 그럴 것이다. 반포에 아파트를 매수해 실거주하는 사람은 조금만 더 보태면 압구정 현대아파트를 살 수 있는데 하며 아쉬워할 것이다.

본인이 가용할 수 있는 현금과 대출을 받았을 때 살 수 있는 금액대를 찾아보고 매수하자. 현금이 부족하다면 빌라를 매수하되 아무 빌라나 매수하지 말고, 가로주택정비사업이 가능한 곳 또는 가능성이 있는 곳을 찾아서 매수하라. 현금 여력이 된다면 경기권 아파트라도 매수하자. 사회 초년생이라면 돈은 부족하지만 시간이라는 무기가 있다.

전 직장에서 같이 일했던 남자 후배가 있었는데 2020년 6월 당시 이 친구는 27살이었다. 현금 5천만원을 모았는데 마침 독립을 해야 할 때였고 이사할 집을 찾고 있었는데 집을 사라고 권유하며 추천해 준 물건이 있었다. 법원경매로 나온 매물인데 성남시 중원구 중앙동에 위치한 투룸 반지하의 빌라였으며 감정가는 1억 400만원이었다. 권리상 전혀 문제없는 물건이었고 감정이 너무 저렴하게 됐고 미래 가치가 훌륭했기에 무조건 입찰하자고 했다.

확신이 들었던 이유는 다음과 같다.

첫 번째, 최고의 입지

성남시 중원구 내 8호선인 단대오거리 역세권이었는데 이 친구의 직장이 위례였기 때문에 출퇴근이 너무 좋았다. 직주근접이라는 최고의 조건이었기 때문에 하락장이 온다 해도 버틸 수 있으리라 예상했다.

두 번째, 재개발에 대한 압력

🔺 20대 주택매수

사진에서 보는 바와 같이 주거환경이 극히 열악해 주거개선이 필요한 지역이었다. 심지어 과거에 재개발이 진행됐었다가 주민의 의지로 재개발이 무산된 지역이었다. 당시 주민의 의지만 부족할 뿐

사업성, 재개발을 위한 요건 등은 충족됐었다. 하지만 최근 성남 집값이 많이 올라감에 따라 주민의 의지 또한 충족되었을 것이라 예상했다.

세 번째, 낮은 감정가격

법원경매라는 것이 채권자가 돈을 받기 위해 법원에 경매를 신청하고 입찰자가 낙찰받으면 그 돈으로 채권자에게 돈을 돌려주는(배당) 일을 해주는 것인데 보통 경매를 신청하면 6개월 정도 뒤에 경매 매물로 나온다. 경매로 팔 때 가격을 산정하기 위한 감정평가가 이뤄지는데 경매가 시작되는 시점으로부터 약 6개월 전에 감정이 이뤄져 감정가격이 책정된다. 당시 부동산 시장에서 6개월이라는 시간은 굉장히 긴 시간(6개월안에 억 단위로 오른 곳도 있었다.)이었고 이 시간 동안 물건지의 동네는 분위기가 완전 바뀌었다. 당시 분위기는 성남시의 아파트값이 치솟으면서 재개발에 대한 압력으로 인해 오래된 빌라의 매수수요가 폭발을 하던 시기라 그것이 고스란히 매가로 이어졌고 비슷한 대지지분(4.7평)의 오래된 빌라들이 1억원 중후반대에 팔려나갔다. 하지만 감정가격이 1억400만원이니 얼마나 저렴한가?

물론 단점도 있었다.

첫 번째, 열악한 주거환경과 반지하

주거환경이 너무 열악하고 반지하다. 과연 이런 데서 실거주할 수 있을까? 이 친구는 20대 후반의 남성이기 때문에 큰 문제가 되지 않을 거라 강력하게 추천을 했지만 여성이었다면 내가 그렇게까지 추천을 할 수 있었을까?

🔺 **20대 주택매수** - 현장을 나가보니 출입구쪽은 반지하였지만 반대편은 사진과 같이 1층 같아 보였으며 이 친구도 이 정도는 실거주하는데 전혀 문제가 되지 않을 거라고 말했다.

두 번째, 언제 될지 모르는 재개발

주거환경이 너무 열악해 재개발을 해줘야 하긴 하지만 언제 될지는 모르는 것이다. 운이 좋으면 내년이라도 추진이 되겠지만 부동산 시장이 꺾이면서 무산이 된다면 빌라는 잘 팔리지도 않고 고생할 수 있다. 그래도 이 친구는 어차피 독립을 해야 했고 괜찮은 위치에 실거주할 집, 혼자 살기 넉넉한 넓이(투룸), 그리고 직접 봤을 때 생각보다 괜찮은 컨디션 덕분에 입찰하기로 굳게 마음을 먹었다.

경매당일 성남지법으로 향했다. 이 친구는 1억3,300만원을 썼으나 22명이 응찰하며 1억7,100만원에 낙찰됐다. 낙찰가율 164%인 1억7,100만원에 낙찰되니 '반지하 빌라를 왜 저렇게 비싸게 낙찰 받아가지?' 하는 분위기로 장내가 살짝 술렁거렸다. 그로부터 2년이 지난 2022년 6월 이 물건의 시세는 4~5억원이 됐다. 공공재개발을 위한 움직임이 일어나면서 시세가 확 뛴 것이다. 시세가 오를 줄은 알고 있었고 재개발을 할 거란 것도 알고 있었지만 이렇게 빨리 진행되고 시세에 반영될 줄은 나도 몰랐다.

나이가 어릴 수록 시간에 투자해야 한다. 이 친구는 돈이 부족했지만 어렸고 시간이라는 무기가 있어서 이런 물건을 투자하자고 권했다. 그리고 남자였기 때문에 '몸테크'가 가능하니 그런 이점을 살려 재개발이 가능한, 재개발을 해줄 수밖에 없는 열악한 곳에 들어가 살자고 한 것이다. 그렇게 거주하다가 재개발이 진행되면 프리미엄을 받고 팔고 나와서 그 돈으로 다음 거주지를 업그레이드하거나 입주권을 받아 신축에 입주하면 되는 것이고, 재개발이 안되고 사정이 생겨 이사를 해야 한다면 적당한 가격을 받고 팔고 나와도 된다.

물론 이런 투자방법은 불확실성에 배팅하는 것이기 때문에 되도록이면 안전한 아파트로 가는 것을 추천한다. 그러나 정 아파트를 살 돈이 없을 경우에 충분히 시도할 수 있는 투자 방법이다. 위에서 배운 대로 사업성이 나오는 빌라를 매수하고, 그리고 그 곳에 거주하며 퇴근 후 가로주택정비사업을 직접 추진하는 것도 좋은 방법이다.

> 사회초년생의 준비법

02-3. 20 m² 이하의 주택을 매수 후 청약하는 방법

전용면적 20m² 이하의 주택을 1채 소유하고 있을 경우에는 무주택으로 간주가 되어 청약이 가능하다. 이건 소형저가주택과는 다르게 공공분양 및 특별공급도 가능하다. 20m² 이하라면 6평이기 때문에 원룸인데 작지만 사회초년생이라면 거주하는데 큰 문제는 없을 것이다. 지방사는 사람이 일자리 때문에 서울에 올라와 자취방을 구해야 하는 사람에게 맞는 전략이다.

자취방을 구한다고 생각해 보자. 월세, 전세가 있다. 요새 원룸을 구하려면 보증금 1천만원에 월세 50만원을 줘야 한다. 전세는 얼마인가? 최소 1억2천만원은 줘야 구할 수 있을 것이다. 차라리 20m² 이하의 원룸을 매수하는 방법은 어떨까? 제값을 주고 매수하는 것이 아닌 법원경매를 통해 저렴하게 사면 된다. 1억2천만원에 나오는 물건을 1억원에 산다면 그것만으로도 2천만원 이득이 아닌가. 월세, 전세, 매수의 방법을 비교해보겠다. 월세는 보증금 1천만원에 월세 50만원, 전세는 1억2천만원, 매수는 법원경매로 감정가격 1억2천만원인데 1억원에 낙찰받는다고 가정해보자.

구분	월세	전세	매수
보증금 및 가격	1,000	12,000	10,000
대출		10,000(전세자금대출)	8,000(생애최초주택담보대출)
필요자금	1,000	2,000	2,000
월 지출	50(월세)	25(이자 4%)	43(이자5% 원리금균등상환)

| 연 지출 | 600 | 300 | 516(원금 120, 이자 396) |

월세는 매월 50만원씩 1년이면 600만원이 지출된다. 전세는 2천만원만 있으면 1억원은 전세자금대출을 받아 가능할 것이다. 전세로 살 때 월 비용은, 이자 4%로 잡으면 25만원씩 발생되어 1년이면 300만원이 지출된다. 매수할 경우에는 생애최초주택담보대출(이자5%)을 80%까지 해준다고 가정했을 때 초기자본은 2천만원이 필요하며 매달 원리금이 43만원이 나오는데 이 중 원금은 약 9.6만원 이자는 약 33만원이 나온다. 원금은 대출금액에서 차감되니 이자만 계산하면 연 396만원을 지출하게 된다. 전세자금대출에 대한 이자보다는 96만원 더 발생되지만 본인 명의의 부동산이기 때문에 사용, 수익, 처분이 가능하다. 매우 드문 확률이기는 하지만 매수한 빌라의 지역이 재개발로 묶이면서 엄청난 가격 상승이 생길 수도 있고 재개발이 아니더라도 시간이 흘러 시세가 오르면 1억3천만원에 팔고 나와도 되며, 1억2천만원에 전세를 줘도 되고 월세를 줘도 된다. 거기에 20m² 이하이기 때문에 특별공급 등 청약도 가능하니 옵션이 다양하다.

하지만 단점도 있으니 함께 고려하자.

먼저 첫째, 원룸의 특성상 큰 시세차익을 내기는 어렵다. 2016년 법원경매로 1억1천만원에 낙찰받은 상왕십리역 부근 원룸도 현재 시세가 약 1억3~4천만원 밖에 되지 않는다. 그리고 원룸은 재개발에 대한 이슈가 아니면 잘 팔리지 않는다. 그렇기 때문에 법원경매로 저렴하게 매수해야 하는 것이다.

둘째, 원하는 위치를 얻기가 힘들다. 전세나 월세의 형태로 거주할 때는 회사 근처에 있는 주택을 고를 수 있는데 법원경매로 매수하는 방법은 원하는 위치에 나오는 게 쉽지가 않다. 회사는 강남역인데 멀리 은평구 쪽에서 경매 매물이 나오거나 강북구에 있는 물건이 나왔는데 낙찰받게 되면 출퇴근이 꽤 힘들 것이다.

> ❋ **좀 더 돈이 있다면 법원경매로 투룸형 오피스텔을 낙찰받아도 된다.**
> 오피스텔은 주택이 아니기 때문에 무주택자로 취급하며 당연히 청약도 가능하다. 투룸형 오피스텔은 원룸형 빌라보다는 그래도 적당한 가격에 팔릴 수 있다. 그래도 법원경매를 이용한다면 최대한 저렴하게 사는 것이 좋다.

사회초년생의 준비법
02-4. 퇴근 후에는 투자공부를 하라

앞서 말한 방법 중에서 무엇을 선택할지는 본인이 결정해야 한다. 무조건적인 정답은 없다. 본인의 직장 위치와 월 수입, 라이프스타일에 따라 자기 자신에게 잘 맞는 방법이 무엇인지 파악하고, 실천으로 옮기자. 주변에 흔들리지 말고 우직하게 나가자.

취준생 때는 앞날이 너무도 막막하다. 과연 이런 낮은 스펙으로 취직을 할 수 있는지 준비해야 할 것은 왜 그렇게 많은지. 하지만 그 어려운 관문을 뚫고 취직에 성공해 서울로 상경하면 마치 성공한 인생 마냥 세상이 다르게 보일 것이다. 잘 다려진 정장을 입고 2호선 지하철을 이용해 회사가 있는 강남역으로 이동한다. 관계자 외 출입이 불가능한 회사 1층 로비를 사원증을 이용해 출근하고 점심식사 후에는 스타벅스 커피 한 잔을 여유롭게 마시고 퇴근할 때는 어렵게 입사한 회사의 사원증을 목에 건 채 집까지 이동하며 이것이 그동안 내가 꿈꿔온 삶이라며 한껏 취해 살아간다. 하지만 서울살이 자취를 하면서 심각한 수준의 월세와 품위유지를 위한 지출은 늘어갔다. 점차 누적되는 카드사용금액으로 인해 모이지 않는 돈, 여기에 안드로메다로 날아가 버린 집값을 보면 현실을 자각하는 데 오랜 시간이 걸리지 않을 것이다.

일은 적당히 하라고 말해주고 싶다. 이렇게 말하면 감히 신성한 노동을 모욕한다고 욕하는 사람도 있을 텐데 노동을 아예 하지 말라는 게 아니라 내가 맡은 업무는 차질없이 끝내고 굳이 상사의 눈치를 보며 야근하거나 개인 생활에 침해가 갈 정도로 일을 하지 말라는 뜻이다. 그렇게 일한다 해도 알아주는 이 하나 없고 월급도 올라가지 않는다. 직장의 월급으로 부자가 됐다는 얘기를 들어 본 적이 있는가? 직장인 중 아주 드물게 임원이 돼 월급이 많아질 수는 있겠지만 월급만으로는 먹고만 살 뿐 부자가 되지 못한다는 것은 잘 알고 있을 것이다.

과거와는 달리 지금은 천재 한 명이 만 명, 10만 명을 먹여 살리는 시대다. 직장 일을 시작하고 3개월 정도(어쩌면 그보다 더 빨리) 일을 해보면 내가 천재인지 아닌지는 바로 판단할 수 있을 것이다. 냉정히 따져보고 내가 천재가 될 수 없다면 과감히 일에 대한 욕심을 버리면 천재 직장동료가 알아서 임원이 되고 회사를 먹여 살릴 테니 그 친구들의 일에 딴지 걸며 발을 거는 일만 하지 않으면 된다. 물론 나의 커리어를 위해 더 나은 조건의 이직을 위해 또는 퇴직 후 이 분야를 창업하기 위해 등등 분명한 목적이 있다면 얘기는 달라질 것이다. 하지만 그것이 아니라면 일은 적당히 하고 그 외 시간에는 투자 공부를 하는 것이 인생에 훨씬 도움이 될 것이라 생각한다.

무엇이든 마찬가지겠지만 부동산도 지속적인 관심이 없으면 흐름과 지식을 잊어버리게 된다. 지속적인 관심이 있어야 어떤 부동산정책이 발표가 되고 그로 인해 시장에 어떤 영향이 미치는지 체크를 할 수 있고 어느 지역이 조정받고 어느 지역이 매물이 쌓이는지 등 파악이 가능하다. **그래서 부동산을 매수하지 않더라도 시장참여자로 남아 지속적인 관심을 갖는 것이 필요하다.** 실제로 부동산에서 급매가 나오면 무주택자가 매수하는 것이 아니다. '부동산에 관심 많고 부지런한 사람'이 매수해 시세차익을 얻는 것이다.

우리나라 직장인들이 부자가 되지 못하는 이유는 '일만' 잘하기 때문이 아닐까? 일만 해왔기 때문에 퇴직하고 나면 홀로 설 수 있는 방법을 몰라 잘못된 투자와 창업으로 퇴직금을 날리는 일이 발생하는 것이다. 이제 퇴근 후 근무 외적인 시간은 부동산뿐만 아니라 주식 등 자본가로 살아남을 수 있는 힘을 길러야 한다.

✅ 빌라 전세를 조심해야 하는 이유

사정이 여의치 않아 전세를 살아야 해 빌라를 전세로 들어가겠다고 한다면 아래의 글을 잘 읽어보고 꼭 주의하자.

A는 서울시 내 빌라를 갖고 있다. 사정이 생겨 매도하고자 부동산 중개 앱을 통해 2억 2천만원에 매도한다고 글을 올렸다. 올리고 하루가 지나지 않았는데 부동산으로부터 계속해서 전화가 왔다. 전화의 내용은 하나 같이 '손에 2억2천만원만 쥐어 주면 되겠느냐?'는 내용이었다. 갑작스럽게 많은 전화가 오는 바람에 너무 싸게 내놓은 건 아닌지 재개발이 진행되는데 본인이 모르고 있는것인지 하는 생각이 들어 확인해 보니 그렇지도 않았다. 이후 계약하기로 한 부동산에서 집을 보지도 않고 가계약금 200만원을 A에게 보내줬다. 그 이후로도 다른 부동산에서 계속 전화가 와서 이미 가계약금을 입금받았다고 알려줬다. 하지만 자기네가 가계약금에 대해 배액배상을 해주고 A에게 2억3천만원을 주겠다고 제안했다. A는 마다할 이유가 없었다. 결국 2억 3천만원을 주겠다는 B 부동산과 계약을 진행하기로 했다. B부동산에서 집을 보고 싶다고 약속 날짜를 잡고 집을 보러 왔는데 웬 여자 한 명을 데리고 왔다. 그 여자는 집주인 A에게 에어컨은 갖고 갈 것이냐고 물어봤다. 집주인 A는 에어컨을 갖고 간다고 말을 했는데 이에 뒤질세라 B 부동산은 그 여자에게 말했다. "누나~ 그냥 여기 해~ 여기 하면 내가 에어컨 사줄게~ "
집주인 A는 '그 여자가 매수하려나 보다. 이 여자는 B와 친분이 있구나.'라고 생각했다. 그렇게 돌아갔고 다음 날 B부동산으로부터 계약서를 쓰자고 연락이 와서 계약서 쓸 날짜와 약속장소를 잡았다. 약속 당일, 집주인 A는 약속장소인 공인중개사 사무실로 이동했다. 사무실 내부로 들어가니 한 직원이 무슨 일로 왔느냐 묻길래 계약서를 쓰러 왔다고 했다. 잠시 기다리라고 해서 기다렸더니 뒤늦게 부동산 B가 그날 본 여자와 같이 왔다. 그리고는 쓴다는 계약서가 매매계약서가 아닌 전세계약서였다. B는 집주인 A에게 조용히 다가와 다음에 본 계약을 쓰자고 했다. A는 어쨌든 자신에게 매매가 이상의 돈이 먼저 들어오는 것이니 상관없어 보였다. 그렇게 집주인 A는 그 여자와 2억6천만원에 전세계약서를 썼고 계약금은 5%인 1,300만원을 받았다. 그렇게 B와 그 여자는 돌아갔다. 그렇게 한 달의 시간이 흘렀고 잔금 2억4,700만원이 입금돼 전세금인 총 2억6천만원이 집주인 A에게 입금됐다. 그리고 부동산 B에게 다시 전화가 와서 본 매매계약을 쓰기 위한 날짜와 장소를 잡았다.

약속 당일 A는 매매계약서를 쓰기 위해 약속장소로 이동했는데 커피숍이었고, 법무사 사무장 1명과 부동산 B, 그리고 어수룩해 보이는 다른 1명이 있었다. 부동산 B는 매매계약서를 쓰자고 하고 사무장이 매매계약을 진행했으며 매매대금은 2억6천만원으로 작성하고 매수인은 어수룩해 보이는 그 사람이었다. 매수인은 전세금(2억6천만원)을 떠안는 조건으로 추가비용 없이 그 빌라를 매수하는 것이다. 모든 계약이 끝나고 집주인 A는 2억6천만원 중 매매대금으로 받기로 한 2억3천만원과 양도소득세 1,500만원을 제외한 나머지 1,500만원을 B에게 수수료로 입금해 주었다.

B는 공인중개사 자격증이 없는 개인이다. 그렇기 때문에 전세계약서를 작성할 때 인근 공인중개사사무실에 방문해 그곳에서 작성한 것이고 매매계약서를 작성할 땐 법무사를 통해 작성한 것이다.

여기서 최대 피해자는 누구일까? 바로 세입자인 여성분이다. 왜 그럴까? 세입자가 2년을 실거주하고 방을 빼고 싶다고 가정해보자. 분명 집주인에게 집을 뺄 테니 전세보증금 2억6천만원을 돌려 달라고 할 것이다. 과연 새 집주인은 2억6천만원이라는 돈을 어디서 마련해 올까? 다음 세입자에게 받아야 할 텐데 새 집주인은 2억 6천만원을 돌려줄 의지가 있을까? **돌려줄 의지가 있든 없든 집주인이 2억 6천만원에 들어올 다음 세입자를 구해야 하지만 집주인은 그럴 의지가 없을 것(어쩌면 자기가 그 빌라를 갖고 있는 지도 모를 수 있다. 위 사례에서 어수룩해 보이는 새 집주인은 B가 노숙인 등 아무것도 모르는 사람을 데려와서 앞세운 것이다.)**이니 결국 세입자가 다음 세입자를 구해와야 할 것이다. 하지만 너무 과하게 전세보증금을 받았기 때문에 매매가에 달하는 전세보증금을 내고 들어올 다음 세입자는 없을 것이다. 시간이 많이 흘러 전세보증금 2억6천만원이 적정할 때는 들어오겠지만 그 긴 시간 동안 보증금을 돌려받지 못하는 세입자의 스트레스는 어떻게 보상받을 수 있을까?

한 방법으로 법원에 경매를 신청하는 방법이 있다. "판사님 집주인이 제 보증금을 돌려주지 않고 있으니 이 물건(세입자가 거주하고 있는 빌라)을 팔아서 제 보증금을 돌려주세요."라고 요청하는 것이다. 그런데 이 경매라는 것이 바로 진행이 되는 것도 아니고 진행되는 데만 6개월 정도가 소요된다. 설사 경매가 진행된다 해도 처음 시작되는 가격은 대략 2억7천만원 정도가 될 것인데 빌라 경매는 **특수한 상황(빌라가 재개발이 될 가능성이 있거나 재개발이 진행중일 때**

등)을 제외하고는 정가에 낙찰되지 않는다. 80%금액인 2억1,600만원에 낙찰된다 해도 세입자의 보증금이 2억6천만원이니 4,400만원(2억6천만원 - 2억1,600만원)을 받아가지 못하게 되는 것이다. 이 금액(미배당보증금)은 낙찰자가 인수하여 세입자에게 돌려줘야 하는데 이를 당연히 알고 있는 경매하시는 분들은 이 물건에 입찰할 리 없어 오랜 시간 유찰이 된다. 그 오랜 시간 동안 전세보증금을 돌려받지 못하니 기회비용하며 스트레스는 온전히 세입자의 몫이 된다.

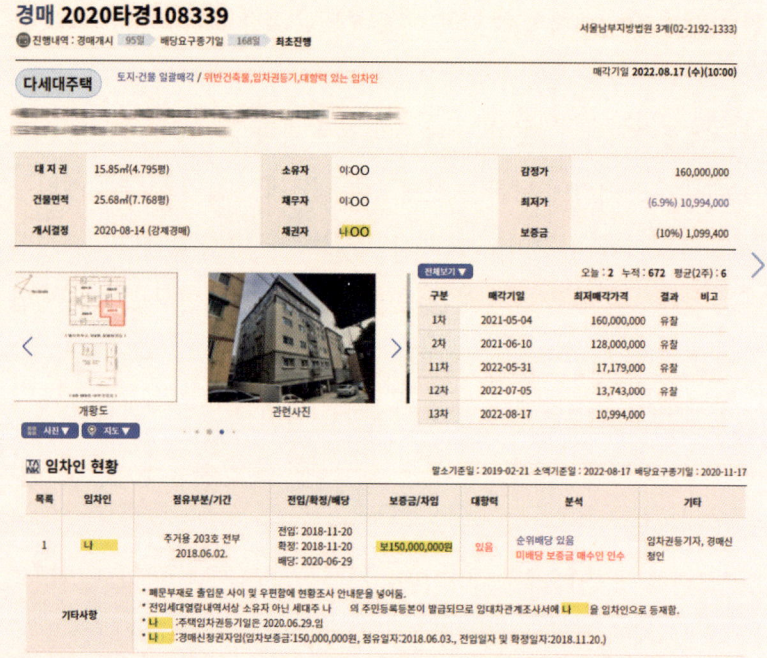

● 전세보증금사기

위 사건은 음영처리된 나씨가 전세보증금 1억5천만원에 2018년

11월부터 거주하다 전세계약이 만료되는 2019년 11월이 되어도 전세보증금을 돌려주지 않자 경매신청을 한 사건이다. 1억6천만원에 감정되고 2021년 5월 4일에 첫 경매가 열렸지만, 그 아래 가격으로 낙찰될 것이고 세입자가 미처 돌려받지 못한 보증금은 낙찰자가 인수하여 돌려줘야 하는 것이라 계속해서 유찰돼 아직까지 낙찰이 안 되고 있다. 결국 2022년 8월 17일 1천만원에 경매가 이뤄지는데 그나마 이번에는 낙찰될 가능성이 있어 보인다. 이번에 낙찰된다고 해서 바로 보증금을 돌려받을 수 있는 것은 아니고, 낙찰자도 다음 세입자를 구해서 보증금을 돌려줄 것으로 보인다. 그때까지 세입자는 보증금을 돌려받지 못하니 얼마나 고통스러운 일이겠는가? 전세계약이 끝난 2019년 11월부터 2022년 8월까지인 약 3년 동안 고통받는 것이다.

이런 일을 피하기 위해서는 전세를 들어가기 전에 전세보증금이 적정한 수준인지 꼭 파악해 봐야 한다. 네이버 부동산이나 직방, 다방의 앱을 통해 주변에 비슷한 수준의 컨디션의 전세가는 얼마나 하는지 파악을 해보고 계약하려는 집과 비교를 해보아야 하는 것이다. **또한, 해당 빌라의 시세가 얼마나 되는지도 파악해 봐야 한다.** 시세 대비해서 전세보증금이 높으면 나중에 위 사건과 같이 집이 경매로 넘어가게 될 때 보증금을 돌려받지 못할 확률이 커진다. 그러니 전세보증금이 과한 곳에는 전세를 들어가지 않아야 하고 혹은 차라리 전세보증금을 줄이고 줄인 보증금만큼 월세로 가능하냐고 물어보아야 한다.

또한 해당부동산에 등기부등본을 뽑아서 대출이 실행됐는지, 실행이 됐다면 얼마만큼 실행돼 근저당이 잡혔는지도 확인을 해봐야 한다. 이 부분은 공인중개사가 확인해 주니 등기부등본을 확인할 수 있는 능력이 안된다면 직접 공인중개사와 계약서를 작성하도록 하자.

> 사회초년생의 준비법

02-5. 부동산 투자 사례를 보며 느끼라

이제 책을 마무리하며 내가 겪은 몇몇 사례들을 이야기해주려고 한다. 이 사례들을 보며 **부동산 투자는 결국엔 마인드와 기다림이라는 것을 느끼길 바란다.**

사례1

2019년 10월 나는 위례신도시에서 작은 음식점을 맡아 점장의 역할로 운영하고 있었으며 26살의 철수와 같이 일을 했다. 철수는 대학교를 중퇴하고 일찍이 요식업에서 일을 했는데 아끼고 아껴 5천만원을 모을 수 있었다. 경제 쪽에는 전혀 관심 없었던 철수에게 나는 같이 일하는 동안 '집은 무조건 한 채는 사야 한다'라는 이야기를 세뇌(?)시킬 수 있었다. 음식점이 저녁 장사를 하는 덕에 오전에는 부동산을 보러 갈 수 있었는데 철수를 데리고 아파트를 보여주며 임장을 다녔고 그 중 가능한 가격대의 아파트를 몇 개 추려냈다.

첫 번째는, 서울시 노원구 공릉등에 위치한 공릉라이프3단지 13평형(2억1천만원) 이었고, 두 번째는 서울시 도봉구 창동에 위치한 창동주공17단지 15평형(2억4천만원)이었으며, 다른 하나는 서울시 노원구 월계동에 위치한 월계주공2단지 15평형(2억2천만원)이었다. 당시 서울 내 중형 평형의 아파트값은 다 올랐는데 소형아파트 가격이 안 올랐고 현장 분위기는 막 거래가 일어나는 느낌을 받았다. 공릉라이프3단지는 7호선 공릉역에 위치해 있어 7호선을 이용하면 강남까지 접근이 괜찮았고 주변 정리가 깔끔하며 초등학교도 가까웠다. 그리고 중랑천 건너편으로 GTX-C의 정차역인 광운대역과 광운대역 뒤로 엄청난 개발계획 등이 있어 매력적으로 다가왔다. 창동주공17단지는 창동역세권개발과 더불어 GTX-C의 정차역인 창동역이 있었고 월계주공2단지도 2025년 개통 예정된 동북선이 바로 앞에 생겨 괜찮아 보였지만 결국 임장을 다녀보고 내부를 보고 첫 번째인 공릉라이프3단지를 매수하기로 결정했다. 철수는 당시 현금이 5천만원이었지만 신용대출을 2천만원까지 받을 수 있었으며 보금자리론을 받는다면 70%의 대출이 가능해 조금 무리해서 매수할 수 있었다. 보금자리론 1억4천만원에 대한 30년 상환 이자 2.8%(당시 이자가 낮았으므로)를 계산하면 원리금 상환액이 매월 57만원에 신용대출에 대한 이자 매월 9만원, 총 월 66만원이라는 돈은 당시 연봉이 3천만원이었던 철수에겐 큰 부담이 되지 않을 것이라 생각했다. 다음 날 같이 부동산을 방문하기로 결정한 날 철수와 같이 근무를 하고 있는데 철수가 나에게 물었다.

"점장님 공릉라이프3단지 사면 얼마나 벌 수 있을 거 같아요?"

이 질문을 받고 나는 속으로 '아직 세뇌가 덜 됐구나' 라는 생각을 했다.

"부모님 집에서 나와 독립해야 된다면서? 그럼 너 살집이 필요할 텐데 원룸을 월세로 구해도 매월 최소 50만원이야. 그거보다는 투룸 아파트에 살면서 66만원, 아니 원금 빼고 이자만 내면 41만원인데 차라리 이게 낫지 않겠냐? 이민 갈 거 아니라면 평생 한국에 살아야 할 테고 요식업쪽에 있으려면 너도 서울에 남아 있어야 할 텐데 서울에 집 한 채는 있어야 할 거 아니야?"

그럼에도 불구하고 철수의 믿음(?)이 부족해 보여 공릉라이프3단지 아파트의 시세 차트를 보여주며 말해주었다.

"지금까지 이력을 보면 이 아파트는 매년 1천만원씩은 올랐어. 그걸로 미루어 보아 내년에도 1천만원은 오를 것으로 보여. 너 연봉이 지금 3천만원인데 4천만원으로 올려준다는데 안 할 이유 있어?"

"아니요! 당연히 해야죠!"

설득이 된 줄 알았다. 그런데 다음 날 철수는 못산다고 연락이 왔다. 이 아파트는 현재 4억원에 형성중이며 이 아파트뿐 아니라 월계주공2단지, 창동주공 17단지 모두 4억원대에 시세가 형성중이다.

그리고 시간이 흘러 2020년 1월. 가로주택정비사업에 빠진 나는 서울시 중랑구 중랑동에 위치한 한 아파트를 보게 됐다. 가로주택정비사업이 진행 중이었고 시공사는 라온건설로 정해져 있었다. 평형 구성에 이의가 제기돼 사업이 조금 지체되고 있었지만 계속 진행 중이었고 7호선, 경의중앙선인 상봉역 더블역세권이라는 장점도 가지고 있었다. 가로주택정비사업이 완료되면 입주하면 되니까 일단 잡아 두자는 전략이었다. 무엇보다 1억8천만원이라 금액적으로 큰 부담이 없어 철수에게 강력추천을 하고 출근하기 전 시간을 내서 철수를 데리고 현장에 방문했다. 부동산 사장님께 브리핑을 듣고 나는 가계약금 100만원이라도 넣자고 했지만 철수는 부모님과 상의한 후 결정을 해야 한다면서 거절을 했다.

그 다음 날 역시 철수는 매수하지 못한다고 말했다. 철수네 부모님은 당시 송파에서 전세를 살고 있으며 청약통장을 계속 납입하고 있는데 점수가 55점대라고 했다. 이번에 한 아파트에 청약을 넣게 되었는데 당첨이 된다면 계약금이 필요한데 그중 철수가 모은 돈을 빌려 달라 하는 것이었다. 당시 청약과열로 인한 청약 커트라인 점수는 약 60점대였는데 55점은 참 애매한 점수였다. 85㎡ 이상 추첨제를 넣는다고 해도 분양가가 9억원이 넘어가니 중도금대출이 안 나왔는데 현금 여력이 부족한 철수네는 당첨돼도 분양가 납부가 불가한 상황이니 무조건 가점제를 넣었어야 했는데 그 점수로는 당첨이 힘들어 보였다.

개인적인 욕심은 살아보니 결국 내가 잘되어야 부모님께 잘 할 수 있는 것이라 일단 너부터 집을 사라고 말하고 싶었다. 부모님이 자식에게 말씀해주는 것이 틀린 것이 아니라 지금 세대와 맞지 않는 경우가 참 많다. 우리 부모님도 아직까지 대출은 절대 받지 않으려 하시고 만에 하나 대출을 받는다 해도 최대한 빨리 갚으려 하신다. 우리 어머니도 내 유튜브를 시청하시는데 영상을 통해 부동산을 매수했다는 것을 알게 되시는 날엔 전화가 온다. 돈이 어디 있어서 또 샀냐? 대출은 왜 받았냐? 금리가 올라간다는데 어찌하려고 하냐? 아파트값 떨어진다는데 어떻게 하려고 하냐? 라며 항상 걱정을 하신다. 부모님 세대엔 저축을 미덕으로 삼고 노동을 최우선으로 여기며 열심히 모아 저축하며 집을 사는 것이 당연한 시기였던 터라 그것을 말씀하시는 것이다. 하지만 자본주의 시대인 지금은 노동도 중요하지만 자본적 수익이 더 중요해졌고 저축도 중요하지만 자본적 투자가 더 중요해진 시기다. 이제 세대가 다른 만큼 부모님의 말씀을 적당히 들어야 하는 것이다. 그러나 **만약에 내가 철수에게 강하게** 권하고 억지로 아파트를 사라고 했는데 부모님이 청약에 당첨된다면 무슨 원망을 들을까? 철수네 가정사에 내가 굳이 강하게 개입할 필요는 없고 그럴 권리도 없기에 그 이후로는 아파트를 사라고 추천을 하지 않았다. 그러나 철수네 부모님은 청약에 떨어지셨고 이 아파트는 현재 3억원의 시세로 형성되고 있다.

사례2

우리 부부는 시간이 날 때마다 같이 임장을 다닌다. 2019년 10월 어느 날도 와이프와 함께 미미삼(미륭, 미성, 삼호아파트)에 임장을 갔다. 미미삼은 강북에 성산시영아파트와 함께 재건축 핫이슈로 꼽히고 있다. 광운대역 뒤편에 소재한 미미삼은 3,930세대의 대단지로 광운대역세권개발 및 GTX-C의 정차역이 되는 광운대역에서 탑승하면 삼성역까지 15분대에 접근이 가능한 것 등 호재가 많다. 부동산 사장님은 엄청난 브리핑으로 와이프의 머릿속에 미미삼의 미래를 그려줬고, 와이프도 이 아파트 좋다, 엄청나게 발전할 것 같다고 말했다. 우리는 운이 좋게 아파트 실내도 볼 수 있었는데 옛날 아파트답게 전부 남향배치가 돼 있었고 그로 인해 햇빛이 강하게 들어와서 실내가 굉장히 밝았다. 당시 20평형의 매매가는 5억원이었으며 보금자리론 대출을 받으면 2억원만 있으면 살 수 있었다. 돈을 조금 투자해 실내를 리모델링을 하면 우리 부부에겐 너무 완벽한 보금자리였다.

문제는 출퇴근이었다. 나야 자차로 이동하니 동부간선도로를 타고 위례까지 가면 되었지만 강남역으로 출퇴근하는 와이프의 의견을 무시할 수 없었고, 무엇보다 12월에 있을 청약을 노리고 있었기에 생각해 보겠다고 말하고 공인중개사 사무실을 나왔다. 당시 매수하려는 사모님이 한 분 계셨는데 그 분이 하셨던 말씀이 잊혀지질 않는다.
"아이고~ 서울에 이만한 규모에 재건축 단지의 아파트를 이 가격에 살 수 있는 게 말이 돼요? "
지금 이 아파트는 2021년 9월 최고가 8억7,500만원을 찍고 현재는 7억5천만원에 나와있다.

사례3

2019년 우리 부부는 신혼희망타운 청약을 기다리고 있었다. 당시 나는 20m² 이하의 원룸 2채를 소유하고 있었는데 청약을 하기 위해서는 무주택으로 만들어야 했다. 둘 다 법원경매로 낙찰받은 것으로 한 채는 앞서 말했던 2호선 상왕십리역 부근에 있는 원룸이었고, 다른 한 채는 장위뉴타운 13구역이었던 장위동에 소재한 원룸이었다. 상왕십리역 부근의 원룸은 1억1천만원에 낙찰 받았으며 장위동에 있는 원룸은 6,500만원에 낙찰받았다. 둘 다 20m² 이하의 원룸이었기에 한 채만 보유할 경우 무주택으로 간주되어 청약이 가능했기에 '어서 둘 중 하나만 팔려라.'라는 심정으로 상왕십리역 원룸은 1억2,500만원에, 장위동에 있는 원룸은 6,500만원에 내놨다. 그렇게 한 달이 흘렀지만 감감무소식이었고 점점 청약날짜는 다가와 마음만 급해졌다. 그러던 중 장위동 원룸의 매수자가 나타났다. 장위동 원룸은 장위뉴타운 13구역에 있었지만, (故) 박원순 서울시장 시절 뉴타운이 해제되면서 신축들이 우후죽순처럼 생겨나고 재개발을 위한 동네의 노후도가 부족한 듯 보였고, 무엇보다 1층이었지만 해가 잘 들지 않아 벽에 곰팡이가 많이 생겨서 세입자의 컴플레인이 심했다. 이쯤 되니 사준다는 것에 감사함을 느껴 거의 손해 보다시피 매도를 했다. (그 집에서 월세는 받았지만 곰팡이제거 비용, 보일러 교체 비용, 부동산 수수료 등으로 손해였다.) 그래도 세입자의 컴플레인에서 해방됐다는 안도감과 청약을 할 수 있다는 기쁨에 좋아했다. 12월에 신혼희망타운에 청약을 했지만 떨어졌다. 그리고 오세훈 서울시장이 취임을 했고 부동산 임장을 다니다 장위뉴타운14구역의 인근 부동산에 방문했다. 장위뉴타운13구역이 오세훈 서울시장이 당선되면서 공공재개발 추진구역에 선정이 돼 가격이 크게 올랐다고 듣게 됐다. 내가 매도한 지분 3평의 원룸은 2억5천만원~3억원에 형성됐다고 한다. 매도한 지 불과 2년 만에 벌어진 일이다.

알겠는가? 결국엔 마인드다. 사업성 분석을 해서 어느 아파트가 사업성이 좋은지 아무리 분석해 내도 내가 그 아파트를 사지 않으면 소용없다. 아니 사실 사업성 분석이 필요 없다. 우리나라 부동산 역사상 정도의 차이일 뿐 오르지 않은 부동산은 없었다. 서울 혹은 경기권에 아무 아파트나 사두고 안 팔고 기다렸으면 물론 내려갈 때도 있었겠지만 결국엔 올랐을 것이다.

때로 용적률을 따지고, 용도지역을 따지며 사업성 분석을 하고, 주변 호재를 파악해 이 아파트를 살지 저 아파트를 살지 저울질하며 어렵게 매수했는데 남의 떡이 더 커 보인다고 내가 매수한 아파트는 그대로인데 직장동료가 매수한 아파트는 올라가는 걸 보면 배가 아프고 고통스럽다. '투자는 달리는 말에 올라타는 것'이라 말하는 직장동료의 말을 다시 새겨 듣고 매수한 아파트를 팔고 직장동료와 같은 아파트를 매수했더니 이번에는 매도한 아파트가 올라간다. 더욱 고통스럽다.

어떤 누군가는 사업성 분석없이 아파트를 매수했는데 가격이 오르든 떨어지든 자기 일만 열심히 하고 별 신경을 쓰지 않는다. 그렇게 시간이 흘러 아파트 가격이 올라 적당한 가격에 매도하고 그 돈으로 다시 부동산 투자를 반복한다. 이렇게 올곧은 마인드로 살면서 저절로 투자 고수가 되는 사람들이 있다.

인간의 본성이 그렇다. 현재의 삶에 만족하지 않고, 특히 나보다 더 많이 갖고 있는 사람과 비교하며 자기의 삶에 부정적이 되고 고통받으며 옳지 못한 선택을 하게 된다. 인간의 본성을 역행해야 한다. 남과 비교하지 않고 자기가 생각한 아이디어로 투자를 하고, 그 아이디어가 실현될 때까지 끌고 가서 수익실현이 가능할 때 매도하고 재투자를 반복하자. 그리고 너무 많은 생각은 독이 될 수 있으니 적당히 생각하고 과감하게 움직이고 가격이 오를 때까지 기다리면 된다. 급하게 팔지 말아야 한다. 부동산은 억지로 매도하려 하면 팔리지 않으며 제 값을 받기도 어렵다. 기다릴 줄 아는 것도 능력이고 실력이다. 기다리면 분명 이 집이 필요한 사람이 나타나기 마련이다. 때가 되면 자연스레 팔리게 된다.

에필로그

정치에 대해 전혀 관심이 없었다. 심지어 노무현 대통령 시절엔 당시 대통령이 누구인지도 몰라 친한 친구들이 놀란 적도 있었다. 하지만 정치(정책)와 부동산은 떼려야 뗄 수 없는 관계라는 것을 깨닫게 됐다. 이런 걸 몰랐으니 법원경매만 알고 있던 나는 돈이 안되는 왕십리원룸을 샀던 것이다.

실수를 겪으며 뒤늦게 부동산을 사랑하게 되었다. 부동산이 좋았다. 퇴근하고 새벽까지 잠도 안자며 아파트를 찾고 내재가치를 분석하고 좋은 아파트를 찾게 되면 소름이 돋았고 아무도 모르는 흙 속의 진주를 찾은 것 같아 기뻤다. 그러다 유튜브를 해보게 됐다. 미약하게나마 내가 아는 것들을 유튜브를 통해 알려주고 싶었다. 워낙 내 멋대로 하는 방송이라 매니악적인 방송이 됐고 구독자도 그렇게 많지가 않다. 하지만 너무 감사하게도 이런 나에게 책을 쓰자고 제안을 해주셨다. (책을 제안해주신 메리포핀스대표님께 이 자리를 빌어 감사의 말씀을 전한다.) 부족하다 생각했지만 최선을 다해 나의 지식을 알려주고자 이 책을 집필했다.

나는 미래를 예측하는 것은 불가능하다고 생각하고 있다. 그래서 부동산 차트나 지표 등을 분석하여 '앞으로 어떻게 될 것이다' 라는 것이 아닌 기본에 충실한 접근법을 제시하고 싶었다. 그것은 바로 땅의 가치를 파악하고 재건축이 됐을 때 얼만큼의 수익을 가져다 주는지 파악하는 것이었다. 특히 4장 부동산 실전 투자 부분에 그런 것들을 최대한 담으려고 노력했다. 독자분들 입장에서는 읽는데 굉장히 어렵고 따분할 수 있겠다. 그러나 결국은 스스로 컴퓨터를 켜서 혼자 엑셀로 계산할 줄 알아야 하고 그런 아파트를 찾아서 스스로 사업성 분석을 할 줄 알아야 한다. 그렇게 되면 주변의 말에 휘둘리지 않고 자신만의 아파트를 찾을 수 있다.

물론 이 책을 한번 읽었다고 해서 절대 부동산 고수가 될 수 없다. 아니 시중에 나와 있는 모든 부동산 책을 읽었다고 해서 절대 부동산 전문가가 될 수 없다. 마케팅을 배운다고 생각해 보자. 마케팅에 관련된 책을 여러 권 읽었다고 해서 마케팅을 잘 할수 있겠는가? 책에서 배운 대로 써먹고 그거에 대한 결과를 직접 겪어보고 효과가 나오지 않는다면 전략을 수정해서 여러 번 해보고 경험해 봐야 한다. 부동산도 마찬가지다. 직접 해보고 느껴야 한다! 부동산 수강생 중 한 명은 직장인인데도 불구하고 굉장히 열정적이었다. 내가 가르쳐 준 대로 스스로 사업성 분석을 해보고 시간 날 때마다 임장을 다닌다. 어쩌면 나보다 더 많은 아파트의 사업성을 돌려본 듯하다. 여러분도 이렇게 해야 한다. 시간이 날 때마다 인터넷에서 아파트를 찾아보고 아파트 혹은 빌라지역에 대한 사업성을 돌려보고 임장해 보라. 직접 가서 느낌을 받아야 절대 그 아파트에 대해서 잊어버리지 않는다. 또한 사업성 분석을 했을 때는 좋은 아파트였지만 현장에 가보면 느낌이 또 다를 때가 있기 때문에 임장이 중요한 것이다. 그렇게 하나 하나 아파트 및 각 지역에 익숙해지고, 이렇게 익숙해진 지역이 많아져야 전체적인 흐름이 머릿속에 그려지게 된다. 사람의 머리가 신기한게 이렇게 데이터가 누적되다 보면 자기만의 알고리즘이 형성된다. 그렇게 투자를 하는 기준이 뚜렷해지는 것이다. 이렇게 꾸준히 하려면 부동산이 재밌어야 하고 과정을 즐겨야 한다. 다시 한번 강조하지만 지루할지언정 계산 산식을 직접 해보며 이것을 자기 것으로 체득하기를 바란다. 부디 이 책이 부동산 지식을 터득하는 데 쓸만한 도움이 되었으면 좋겠다. 독자 여러분의 행운을 빈다!

늙어서 노는 부동산 교과서

1판 1쇄   2023년 4월 6일
1판 2쇄   2023년 6월 12일
지은이   노현승
발행인   송서림
내지 디자인 민미홍
표지 디자인 김철수
교정교열   이나경, 조재봉, 김다미

펴낸곳   ㈜메리포핀스
주소   경기도 김포시 김포한강2로 262, 504호
등록   2018년 5월 9일
홈페이지   http://marypoppinsbooks.com/

이 책은 저작권법에 따라 보호받는 저작물이므로 무단 전대와 복제를 금지하며, 이 책의 내용 전부 또는 일부를 이용하려면 반드시 저작권자와 ㈜메리포핀스의 서면 동의를 받아야 합니다.